이게 되네?

챗GPT

미친 기획 × 마케팅 59제

저자 **이나현, 황성민**

"AI를 써야 한다는 건 알겠는데... 막상 뭘 어떻게 써야 할지 모르겠어요."

이 책을 쓰기 시작하며 가장 많이 들었던 말입니다. 누구나 한 번쯤은 챗GPT를 열어봤고, 어떤 사람은 그림을 그리는 AI를 써봤을지도 모릅니다. **그런데 정작 '내 일에 AI를 어떻게 써야 하지?'라는 질문 앞에서는 손이 쉽게 움직이지 않죠.** 어떤 도구가 있는지도 모르겠고, 뭐가 유용한지도 감이 잡히지 않으니까요. 저는 이 책이 그 막막함을 가로질러 줄 '지도' 같은 책이 되기를 바랍니다. 그리고 가능하다면, 가볍고 재미있는 마음으로 따라가 볼 수 있는 '여행 안내서' 같았으면 합니다.

이 책은 'AI로 기획과 마케팅을 한다면, 대체 어떤 일이 가능할까?'라는 물음에서 시작되었습니다. 기획자, 마케터, 디자이너, 창업자 등 아이디어를 일로 바꾸는 사람들의 머릿속은 늘 바쁩니다. 트렌드 분석부터 일정 관리, 콘텐츠 제작, 홍보 전략까지 해야 할 일은 너무 많고, 시간은 늘 부족하죠. 그래서 **이 책은 실제 상황을 바탕으로 59가지 실습 예제를 구성하여 독자 여러분이 지금 당장 AI를 업무에 사용할 수 있도록 했습니다.**

- "소금빵 가게를 열고 싶은데, 요즘 어떤 빵이 유행이지?"
  - 챗GPT와 구글 트렌드, **썸트렌드**를 활용해 인기 키워드 분석!
- "지역 축제를 기획해야 하는데, 주요 테마와 감성을 어떻게 잡으면 좋을까?"
  - 챗GPT로 스토리텔링하고, **달리**로 키 비주얼 만들기!
- "반려동물 생일 파티도 요즘 유행이라던데?"
  - 챗GPT로 이벤트 공급업체를 찾고, **퍼플렉시티**로 알맞은 장소 선정까지 뚝딱!

처음부터 끝까지 읽지 않아도 괜찮습니다. 지금 내가 하고 있는 일, 또는 가장 궁금한 챕터부터 펼쳐보세요. 필요한 도구를 골라 써보면서 나만의 루틴을 만들고, 실패하더라도 다시 시도하면 됩니다. AI는 다시 시켜도 화내지 않거든요! **분명한 건, 이제는 '누가 AI를 쓰느냐'보다 '누가 AI를 잘 쓰느냐'가 중요한 시대가 되었다는 겁니다.** 이 책을 읽고 난 후, 여러분이 직접 만든 AI 결과물이 세상에 새로운 무언가를 만들어내는 데 기여하길 바랍니다. 그리고 무엇보다 '아, 나도 할 수 있구나' 하는 자신감을 얻게 되기를 바랍니다. 이 책이 여러분의 일과 아이디어에 기적 같은 변화를 선물할 것입니다.

저자 이나현, 황성민

AI는 더 이상 데이터 전문가만의 도구가 아닙니다. 이 책은 기획과 마케팅의 다양한 장면 속에서 AI를 실제로 어떻게 활용할 수 있는지를 구체적으로 보여줍니다. 특히 비개발자도 따라할 수 있는 실습 중심 구성 덕분에, 데이터 기반의 사고와 실행력을 누구나 자연스럽게 익힐 수 있습니다. AI의 일상화와 실무화를 고민하는 모든 분께 자신 있게 추천합니다.

강형준, 데이터브릭스코리아 대표 겸 지사장

AI가 바꾸는 세상 이야기는 많지만, 이 책은 그걸 '진짜 내 일'로 바꾸는 법을 알려줍니다. 현장 중심의 예시와 바로 따라 해볼 수 있는 실습 구성 덕분에 읽는 내내 손이 바빴습니다. AI가 실무자의 훌륭한 동료가 되는 생생한 과정을 경험하고 싶다면, 이 책은 아주 훌륭한 출발점이 될 겁니다. 도구가 변하면 일의 방식이 달라지고, 일의 방식이 달라지면 결국 삶이 달라집니다. 변화의 시대, 일하는 방식을 새롭게 설계하고 싶은 모든 사람에게 권하고 싶은 책입니다.

이지혜, 카카오엔터프라이즈 부사장

AI의 잠재력을 실현하는 데 가장 중요한 요소는 기술 자체가 아니라, 그 기술을 누구나 활용할 수 있도록 만드는 체계입니다. 이 책은 다양한 기획과 마케팅 장면 속에서 AI를 실제로 활용할 수 있는 구체적인 사례와 실습 과정을 제공합니다. 기술을 손끝에서 익히고 싶은 팀, 조직, 현장에 꼭 필요한 책입니다. 디지털 전환을 실행하는 사람이라면 반드시 읽어야 할 실용서입니다.

김필수, 네이버 대외협력 실장

'AI 실무서'라는 말이 아깝지 않습니다. 행사 기획부터 공간 디자인, 콘텐츠 제작 등 마이스(MICE) 현장에서 적용 및 활용이 가능한 과제를 사례 중심으로 구성해 AI를 어떻게, 어디에 적용할 수 있는지를 상세히 알려줍니다. 일상 속 디지털 전환(DX)의 변화 속에서 행사 기획자는 물론 콘텐츠 제작자에게 가장 확실하고 유용한 AI 활용 지침서가 될 것입니다.

이선우, 이데일리 관광·MICE 전문기자 (The BeLT 센터장)

Q1 챗GPT는 유료로 써야 하나요?

챗GPT를 유료로 사용하면 더 많은 질문을 할 수 있고, 더욱 수준 높은 답변을 내놓는 모델을 이용할 수 있습니다. 당연히 유료로 사용하는 것이 더 좋지만, 처음에는 무료로 이용해 보다가 '더 이상 질문을 할 수 없습니다. 내일 다시 질문하세요'와 같은 메시지가 나오거나 답변 수준이 마음에 들지 않는다면 그때 유료로 전환하는 것을 권장합니다. 또한 챗GPT를 자주 활용할 계획이라면 유료 버전이 더욱 효율적입니다. 장기적으로 보면 시간과 노력 면에서 투자할 가치가 충분하기 때문입니다.

Q2 챗GPT 답변이 책과 달라요!

챗GPT는 많은 책과 글을 읽고 배운 인공지능이에요. 그래서 같은 질문을 해도 사람처럼 그때그때 여러 가지 답변을 생각해낼 수 있어요. 또 새로운 데이터를 학습하거나 업데이트로 인해 책에 나온 내용과 답변이 달라질 수도 있습니다. 그러므로 답변이 책과 일치하는지 확인하기보다는 내가 챗GPT를 사용하는 목적에 알맞은 답변을 내놓았는지 판단하는 것이 더 중요합니다.

Q3 챗GPT는 거짓말을 한다면서요? 어떻게 믿고 쓸 수 있나요?

모든 AI 도구는 할루시네이션이라는 거짓 정보를 생성하는 문제를 가지고 있습니다. 하지만 기술이 점차 발전하면서 챗GPT 외 AI 도구들의 할루시네이션 발생 빈도가 많이 낮아졌어요. 그러나 완벽한 오류 방지는 아직 어렵습니다. 그럴 때는 '검색' 기능을 통해 만들어낸 결과물의 출처가 무엇인지 정확히 확인하거나 전문가의 검증 등이 필요하다는 사실을 잊지 마세요!

Q4   AI가 사람이 하는 일을 대체할 거라던데요?

관점을 바꿔서 AI를 내 업무의 동료로 생각해보세요. 반복 업무나 굳이 내가 하지 않아도 될 일은 AI에게 시켜두고 그 시간에 AI가 할 수 없는 일들을 한다면 업무 생산성이 500% 이상 높아질 것입니다. 여러분이 이 책으로 경험했으면 하는 것은 'AI와 협업하는 방법'입니다. 챗GPT를 적절히 활용하면 개인의 업무 역량은 물론 조직 전체가 더 큰 성과를 낼 수 있을 것입니다.

Q5   구글 계정이 필요한가요?

이 책에서는 30여 가지가 넘는 다양한 AI 도구를 활용해 실습을 진행합니다. 이때 회원 가입 과정이 반드시 필요한데, 매번 새로 가입하려면 매우 번거로울 수 있습니다. 구글 계정을 이용하면 모든 AI 도구에 간편하게 로그인해 사용할 수 있습니다. 본인이 주로 사용하는 구글 계정을 이용하거나, AI 도구 활용을 위한 새 구글 계정을 만들어두면 보다 편리하게 다양한 AI 도구에 접근할 수 있습니다.

기획, 마케팅에 활용할 수 있는 AI 도구는 무궁무진합니다. 이 책은 50여 개의 AI 도구를 종합하여 다양한 기획, 마케팅 업무를 수행합니다. 어떤 도구가 있는지 알아볼까요?

종합

챗GPT = 종합 AI 도구

제미나이 = 구글 웍스 기반 종합 AI 도구

자료조사

퍼플렉시티 = 실시간 데이터 검색

사이스페이스 = 논문 검색

릴리스AI = 유튜브 요약

chatPDF = 강의 자료 분석

펠로 = 트렌드 조사, 시각화

이미지 처리

어도비 컬러 = 키 비주얼 추출

DALL·E

달리, 코파일럿 디자이너, 스테이블 디퓨전 = 이미지 생성

Canva

캔바, 미리캔버스 = 프로토타입 디자인 생성

M

목커 = 제품 프로토타입 이미지 생성

설문조사

모아폼 = 영어 설문지 제작

퀴지즈 = AI 기반 퀴즈
자동 생성

웨이브온 =
심리 테스트형 설문지 제작

음성, 음악 처리

보이스모드 = AI 음성 처리

클로바 노트 = 받아쓰기, 정리

수노, 멜로디오, 아이바 =
음악 생성 인공지능

일정

구글캘린더 + 제미나이 =
개인 일정 관리

노션 = 프로젝트 일정 관리

MYRO

마이로 = 여행 일정 자동 생성

설문조사

디-아이디 = AI 아바타 영상 생성

디스크립트 = 영상 자막 자동 생성

가상 공간

 Spatial

스페이셜 = 가상 전시회 제작

✓ 골든래빗 독자 학습 100% 지원 　+

골든래빗은 책을 구매하신 독자 여러분을 위해 다양한 학습 지원을 제공합니다. 오픈카톡방, 유튜브 강의, 커뮤니티를 통해 원하는 자료를 다운로드하고 더 쉽게 공부해보세요.

☞ 저자 선생님의 오픈카톡방을 활용하세요

책을 봐도, 챗GPT에게 질문해도 어렵다면?! 저자 선생님과 함께 공부해보세요. 이곳에서 책 속의 기획을 위한 챗GPT 프롬프트 노하우뿐만 아니라 실전에서 활용할 수 있는 다양한 팁과 궁금증을 자유롭게 질문하고, 정보를 교류해보세요. 함께 배우면 어렵지 않습니다!

- **오픈카톡방** : open.kakao.com/o/gE6NH0ah

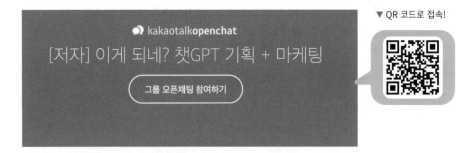

PC에서 오픈채팅이 실행되지 않는다면 아래 메뉴를 확인하세요!

✓ Contents +

Part 01
AI로 시장 조사하기

Part 02 AI로 축제, 행사, 공간 디자인하기

Part 03 AI로 일정 세우고 계획하기

Part 04 AI로 마케팅하고 홍보하기

Part 05 AI로 운영하기

Part 06 AI로 평가하고 개선하기

AI로
시장 조사하기

챗GPT가
그렇게 좋다고?

본격적으로 사업을 시작하기 전에는 '내 상품이 정말 잘 팔릴까?'라는 고민이 들기 마련입니다. 이때 시행착오를 줄이려면 시장 조사가 필수입니다. 시장 조사는 타겟층, 트렌드, 경쟁사를 파악하는 중요한 과정입니다. 다양한 AI 도구를 활용하면서 인기 키워드를 찾고, 경쟁사의 상품 데이터를 체계적으로 정리하며, 실시간 트렌드 분석을 통해 더 나은 전략을 세울 수 있습니다. 이 장에서는 AI를 활용해 타겟층 분석부터 트렌드 파악까지 시장 조사를 효과적으로 수행하는 방법을 알아보겠습니다.

💬 이 그림은 챗GPT에게 "토끼가 AI 도구를 활용해서 시장 조사를 하고 데이터를 정리하는 장면을 지브리 스타일로 그려줘"라고 요청하여 받았습니다.

(Chapter 01)

소금빵 장사를 위한 AI 활용

상품을 판매하기 위해 고민해 본 적이 있나요? 어떤 상품을 만들어야 사람들이 좋아하고, 잘 팔릴까요? **이런 고민을 해결하려면 감이나 운보다는 데이터에 의존하는 것이 효과적입니다.** 예를 들어 사람들이 상품에 대해 무엇을 검색하고 언제, 어디에서 해당 상품에 관심이 높은지 파악하는 것이 좋겠죠. 그럴 때 AI와 도구를 활용하면 키워드를 효과적으로 분석하고 고객 선호도를 빠르게 파악할 수 있습니다. 여기서는 구체적으로 '소금빵 장사를 하는 상황'을 가정해 실습을 진행합니다. 여기서 사용하는 AI 도구는 다음과 같습니다.

TIP 참고로 여기서는 AI 도구 외에도 기본 데이터 분석 도구도 함께 활용합니다.

- 챗GPT : 종합 데이터 분석 도구

- 썸트렌드 : 키워드 분석 + 시각화 도구

- 구글 트렌드 : 워드의 검색량, 시간별 변화, 지역별 인기, 연관 검색어 등을 분석할 수 있는 유용한 데이터 분석 도구

- 카카오 데이터 트렌드 : 성별, 연령, 지역 기반의 국내 검색 트렌드 분석 도구

- 리스틀리 : 데이터 수집 및 다운로드 도구

미친활용 01 구글 트렌드로 인기 키워드 분석하기

소금빵 장사를 시작할 때 가장 중요한 첫 단계는 **인기 키워드를 분석하는 겁니다.** 이를 통해 잠재 고객층의 관심사를 명확히 파악할 수 있습니다. 적절한 분석 도구를 활용하면 검색량, 관심도, 트렌드 변화를 실시간으로 추적할 수 있으며, 이를 바탕으로 메뉴 구성이나 마케팅 전략을 최적화할 수 있습니다. 예를 들어 어떤 소금빵이 가장 인기가 있는지, 사람들이 선호하는 재료는 무엇인지 알 수 있습니다. 이런 데이터 기반 접근은 소금빵을 차별화된 매력으로 포지셔닝하는 데 큰 도움이 됩니다. 그럼 가장 먼저 구글 트렌드^{Google Trend}로 데이터 분석을 시작하겠습니다.

> **TIP** 구글 트렌드는 AI 도구는 아니지만 기초 데이터를 비교 분석하기에 좋은 도구입니다.

01 구글 트렌드 trends.google.co.kr/trends에 접속합니다. 접속 후에는 ❶ 오른쪽 위에 표시된 지역이 [대한민국]인지 확인하세요. ❷ 왼쪽 위에 있는 [탐색]을 누르세요. 그러면 검색어를 입력할 수 있는 창이 활성화됩니다. 여기에 소금빵을 입력하고 **Enter**를 누릅니다.

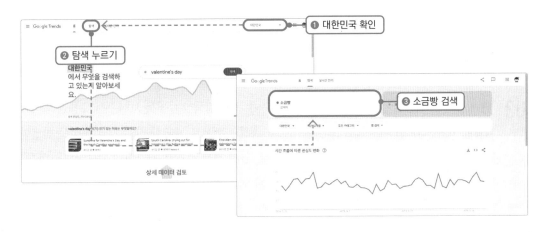

검색 결과에는 '시간 흐름에 따른 관심도 변화' 그래프가 나타납니다. 이 그래프를 통해 사람들이 소금빵을 언제 가장 많이 검색했는지 알 수 있습니다. **특정 기간에 검색량이 크게 증가했다면 그 시기에 소금빵 마케팅을 집중적으로 하는 것이 좋습니다.** 반대로 검색량이 낮은 시기에는 프로모션을 강화하거나 새 이벤트를 기획할 수도 있습니다.

그래프를 보면 소금빵에 대한 검색량은 연중 비교적 안정적인 수준을 유지하면서 5월과 12월에 관심이 급격히 증가하는 패턴을 보이고 있습니다. 특히 하반기에는 9월 이후 검색량이 서서히 증가하는 양상을 보이며, 12월에 최고점을 기록하는 것을 확인할 수 있습니다. 이런 트렌드를 바탕으로 연말 시즌(11~12월)을 중심으로 마케팅 활동을 집중적으로 전개하는 것이 좋겠네요.

02 검색 결과 중간에는 지도와 지역 리스트에 지역별 검색량 비교를 보여줍니다. 쉽게 말해 어느 지역에서 소금빵을 가장 많이 검색했는지 지도로 확인할 수 있습니다.

그림을 보면 **서울특별시, 대전광역시, 인천광역시 등에서 소금빵의 검색량이 높습니다.** 검색량이 높은 지역에서 소금빵 관련 매장을 집중해 홍보하거나 팝업 스토어를 기획하는 등의 마케팅 전략을 떠올려 볼 수 있겠네요. 검색량이 낮은 지역은 다른 홍보 방식을 활용해 고객층을 확대할 방법을 고민해야겠죠.

03 '관련 주제'는 사람들이 '소금빵'을 검색할 때 자주 연관 검색한 주제를 보여주는 유용한 데이터입니다. 이런 정보를 바탕으로 소금빵 매장을 특정 콘셉트로 계획하거나, 지역 특성을 반영한 매장을 설계하는 아이디어를 얻을 수 있습니다. 연관 검색 주제가 시간이 지남에 따라 어떻게 변하는지를 관찰하면 새로운 트렌드를 빠르게 파악할 수 있습니다.

04 '관련 검색어' 섹션은 사람들이 '소금빵'을 검색할 때 추가로 입력한 키워드를 보여줍니다. 급상 승 키워드(+200%)는 최근 트렌드와 연결될 가능성이 있습니다. 이를 기반으로 소금빵 메뉴를 개발하거나 해당 브랜드와의 콜라보레이션을 기획할 수 있습니다.

05 관련 주제와 관련 검색어에 나온 키워드로 추가 정보를 탐색하거나 검색 및 비교 검색어에 추가 해 데이터를 분석하고 싶다면 키워드 오른쪽에 있는 ⋮ 버튼을 눌러 나오는 메뉴의 옵션을 활용 할 수 있습니다.

구글 트렌드는 전반적인 키워드 트렌드와 글로벌 데이터를 확인하는 데 용이해 고객 관심사를 정확히 파악하고 성공적인 마케팅 전략을 수립하는 데 유용합니다. 구글에서 제공한 데이터를 활용해 한 단 계씩 전략을 실행해보세요.

미친 활용 02 카카오 데이터 트렌드의 검색어 인사이트 기능 활용하기

카카오 데이터 트렌드^{Kakao Data Trend}는 한국 사용자들이 특정 키워드에 대해 어떻게 검색했는지를 분석할 수 있는 유용한 플랫폼입니다. 특히 성별, 연령별, 지역별 검색량과 같은 세부 데이터를 제공하기 때문에 소금빵 장사를 준비하는 데 중요한 시장 조사 정보를 얻을 수 있습니다. 소금빵 장사를 위한 시장 조사를 단계별로 실행하겠습니다.

01 먼저 카카오 데이터 트렌드 datatrend.kakao.com에 접속합니다. [검색어 인사이트] 화면에서 ❶ 검색어에 '소금빵'을 입력하고 ❷ 기간, 기준 등의 옵션을 설정한 후 ❸ [검색어 조회하기]를 누릅니다.

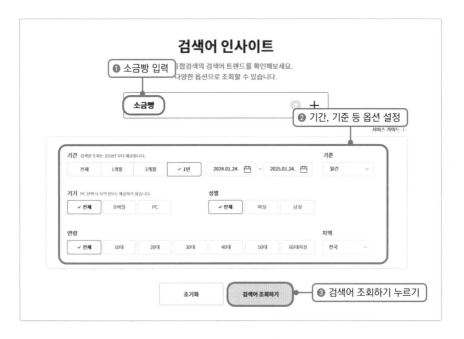

02 그러면 검색량 변화 추이, 성별 검색량 비교, 연령별 검색량 비교, 지역별 검색량 그래프가 나옵니다. 이 중 검색량 변화 추이와 지역별 검색량 변화 추이는 구글 트렌드에서 살펴본 것과 비슷합니다. 다른 결과가 있다면 성별 검색량 비교와 연령별 검색량 비교입니다. 이어서 이 두 가지만 구체적으로 알아보겠습니다.

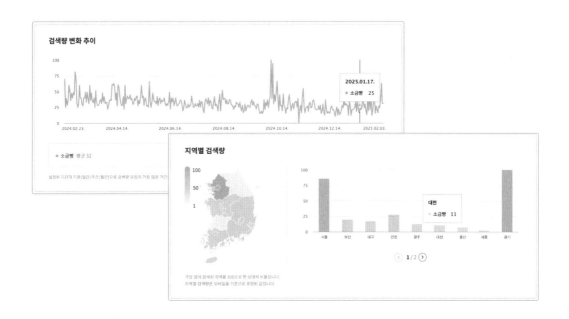

03 성별 검색량 비교는 남성과 여성 중 누가 소금빵에 더 많은 관심을 보였는지를 보여줍니다. 그 래프를 보면 여성 검색량이 55%로 남성보다 더 많습니다. 그러면 여성 고객을 겨냥한 SNS 마케 팅이나 여성에게 선호도가 높은 메뉴(예 : 달콤한 소금빵)를 개발할 수 있습니다. 또는 여성들이 선호하는 감각적인 디자인의 포장이나 건강한 재료를 강조한 메뉴(예 : 히말라야 소금을 사용한 건강 소금빵)를 기획해 여성 고객이 관심을 가질 만한 콘텐츠를 제작해 홍보할 수 있습니다.

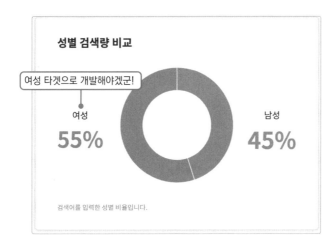

04 연령별 검색량 비교는 10~60대 검색량을 시각적으로 보여줍니다. 검색량이 높은 연령층에 맞춰 홍보 전략을 수립하면 좋겠네요.

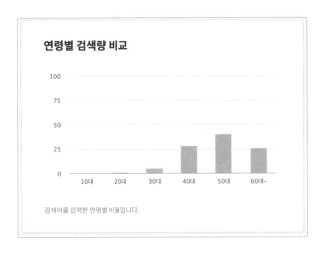

결과를 보면 50대가 가장 많은 관심을 보였고, 그 뒤로 40대와 60대 순이므로 중장년층(40~60대)을 타겟으로 한 메뉴와 마케팅 전략을 수립합니다. 전통적인 맛을 강조하거나 추억을 떠올릴 수 있는 스토리텔링 마케팅을 기획해도 좋을 것입니다. 중장년층이 선호하는 채널(네이버 블로그, 지역 커뮤니티 등)에서 광고를 노출하거나 건강 관련 키워드를 포함한 메뉴를 개발할 수도 있습니다. 이렇게 연령별 데이터를 바탕으로 선호 스타일을 분석하면 타겟층에 특화된 제품 라인을 기획할 수 있습니다.

앞서 살펴본 구글 트렌드와 카카오 데이터 트렌드 모두 트렌드 파악과 타겟팅에 특화된 통계 기반 플랫폼입니다. 특히 카카오 데이터 트렌드는 한국 시장에 맞춘 세부적인 타겟 분석에 강점을 갖고 있기 때문에 목적에 따라 두 도구를 적절히 활용하는 것이 중요합니다.

미친 활용 03 썸트렌드로 메뉴 개발 아이디어 도출하기

이제 소금빵 메뉴를 개발할 차례입니다. 성공적인 개발을 위해서는 감각에 의존하기보다 소셜 빅데이터 분석 플랫폼을 활용해 소비자의 관심사와 트렌드를 데이터를 기반으로 파악하는 것이 중요합니다. 이번 실습에서는 데이터를 기반으로 트렌드를 분석하고 이를 반영한 차별화된 소금빵 메뉴를 개발하겠습니다.

썸트렌드^{Sometrend}는 소셜 미디어와 온라인 플랫폼에서 생성된 데이터를 분석해 트렌드를 한눈에 파악하는 소셜 빅데이터 분석 플랫폼입니다. 트위터, 인스타그램, 유튜브, 블로그, 뉴스 등 다양한 채널에서 수집된 데이터를 바탕으로 특정 키워드와 주제의 언급량, 감성 분석, 연관 키워드를 시각화하여 제공합니다. 이번에는 썸트렌드를 활용하여 소금빵에 대한 사람들의 관심사를 파악하겠습니다.

01 ❶ 썸트렌드 some.co.kr에 접속하고 ❷ 오른쪽 위의 로그인 버튼을 클릭해 회원 가입 후 로그인한 다음, ❸ 화면 중앙 상단의 [분석센터]를 선택합니다.

TIP 로그인은 네이버, 구글, 카카오 계정 등으로도 가능합니다.

02 분석센터에서 [소셜 분석], [비교 분석], [유튜브 분석] 메뉴를 활용해봅시다. 먼저 [소셜 분석]을 사용해 소셜 미디어 데이터를 분석하고 인사이트를 도출하겠습니다. 검색창에 '소금빵'을 입력해 검색한 다음 [소셜 분석]의 [언급량 분석]을 눌러보세요.

언급량 추이 그래프를 보면 특정 기간 동안 소금빵에 대한 언급량이 급증한 시점이 있습니다. 이는 특정 이슈나 트렌드의 영향을 받은 것으로 보입니다. 예를 들어 인기 유튜버가 소금빵을 소개했거나 특정 브랜드에서 소금빵 관련 이벤트를 진행했을 가능성이 있습니다.

언급량이 급증한 시점을 마우스로 클릭하면 소셜 미디어와 온라인 플랫폼 등에서 소금빵을 언급한 데이터가 나타납니다.

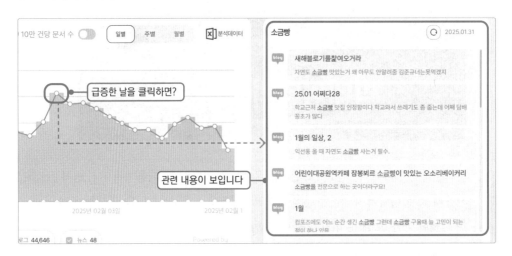

오른쪽에는 관련 데이터의 출처도 함께 업데이트되는 것을 확인할 수 있습니다. 특히 소금빵 관련 콘텐츠는 블로그가 가장 활발한 채널임을 확인할 수 있습니다. 이 시점에 어떤 이유로 관심이 높아졌는지 해당 링크를 통해 조사하면 비슷한 캠페인이나 콘텐츠를 기획할 수도 있습니다.

03 하단의 [유튜브 반응 확인]에서는 소금빵과 관련된 유튜브 인기 콘텐츠를 확인할 수 있습니다. 조회 수와 좋아요 수가 높은 콘텐츠가 트렌드를 주도했으며, 특히 유튜브 콘텐츠에서는 소금빵을 만드는 과정과 맛 평가, 새로운 스타일의 소금빵 등이 많은 관심을 받았음을 알 수 있습니다. 좋아요와 조회 수가 가장 많은 콘텐츠(소금빵 만들기)를 참고하면 소금빵을 홍보하는 콘텐츠를 제작하거나 협업할 유튜버를 섭외할 수 있습니다.

04 다음으로 [소셜 분석 → 연관어 분석]에 있는 연관어를 통해 소비자들의 반응을 살펴보겠습니다. 연관어는 SNS 게시글 안에서 소금빵과 함께 언급된 단어입니다.

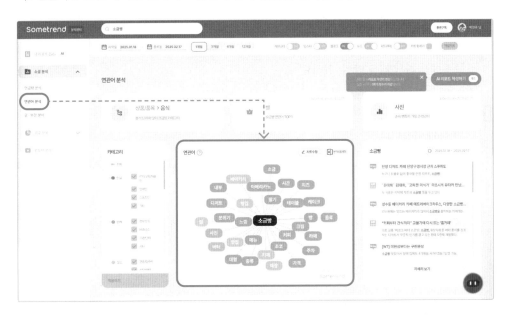

연관어 분석을 보면 '베이커리', '치즈', '크림', '버터', '디저트'와 같은 키워드가 소금빵과 강하게 연결되어 있습니다. 이를 이용해 치즈, 크림, 버터 등의 재료를 활용한 새로운 소금빵 메뉴를 개발할 수 있습니다. 예를 들어 '치즈 크림소금빵' 또는 '버터 소금빵'과 같은 메뉴를 만들어볼 수 있겠네요. 또한 '아메리카노', '커피', '라떼' 등 음료와 연관된 단어도 보입니다. 음료와 세트를 구성하는 데 커피와 잘 어울리는 소금빵 세트를 기획하거나 고객들이 음료와 함께 즐길 수 있는 간단한 메뉴 프로모션을 진행하면 소비자 반응이 좋겠죠?

05 이번에는 연관어 분석 맨 위에 있는 순위 변화를 살펴보겠습니다.

'빵'이라는 키워드가 순위 변화에서 가장 큰 상승세를 보였습니다. 특히 '소금빵'이 연관어 TOP1을 기록한 것을 보면 소금빵 열풍이 여전히 이어지고 있음을 알 수 있습니다. 상품/품목 중에서는 '음식' 카테고리가 가장 높은 연관도를 보이며, 소비자들의 관심이 디저트와 베이커리에 집중되어 있다는 점도 확인할 수 있습니다. '사진' 키워드도 높은 순위 변동을 보였는데, 소금빵을 주제로 한 SNS 인증샷과 리뷰가 활발하게 공유되고 있다는 의미로 해석할 수 있습니다. 전반적으로 소금빵을 중심으로 한 베이커리 트렌드와 SNS 콘텐츠 생산이 최근 소비자 관심의 중심에 있다는 점을 알 수 있네요.

06 오른쪽에 있는 '소금빵' 섹션에는 사람들이 소금빵에 대해 남긴 블로그 글과 뉴스 기사의 출처가 나와 있습니다.

예를 들어 소금빵과 연관어가 많은 '카페'를 클릭하면 '한옥마을 카페 소금빵'과 같은 특정 키워드를 통해 특정 지역에서의 관심도를 파악할 수 있습니다. 어떤 지역에서 소금빵 맛집이 화제가

되고 있다면 해당 지역 맞춤형 프로모션을 기획해볼 수 있겠죠.

07 또 다른 연관어를 보면 '분위기', '느낌', '테이블'과 같은 감성적 키워드도 나타납니다. 이것으로 소금빵이 단순히 음식이 아닌 카페의 분위기와 어울리는 아이템으로 인식되고 있다고 추론해볼 수 있습니다.

이런 결과를 바탕으로 소금빵을 고급스러운 카페 분위기와 연관 짓는 마케팅 전략을 활용하는 브랜딩 전략을 수립할 수 있습니다. 또한 감성적인 키워드를 반영한 세련된 포장과 매장 인테리어를 통해 고객 경험을 강화할 수 있습니다.

08 이번에는 [소셜 분석 → 긍·부정 분석]을 활용해봅시다. 메뉴를 눌러 화면을 이동하세요. 먼저 긍·부정 비율을 살펴보면 긍정 비율이 94%로 매우 높은 것을 알 수 있습니다.

09 소금빵의 맛과 품질에 대한 긍정적인 반응이 많으니 마케팅 메시지로 활용할 수 있는 키워드를 긍·부정 워드클라우드에서 얻어도 좋겠습니다. 워드클라우드를 보면 긍정적인 키워드 중 언급이 많은 키워드일수록 글자가 크게 나타납니다.

이 키워드를 활용하면 부드럽거나 겉바속촉의 특징을 강조한 메뉴를 개발하거나 홍보 문구를 만들 수 있습니다. 부정적인 키워드는 가능하면 피하는 게 좋겠죠?

10 이제 또 다른 메뉴를 사용해봅시다. [비교 분석 → 연관어 비교]로 이동하세요. 그런 다음 비교할 단어를 입력해줍니다. 여기서는 앞서 소금빵과 높은 연관 키워드로 나온 '크림소금빵'과 '치즈소금빵'을 비교하겠습니다.

TIP 연관어 입력 시 띄어쓰기와 쉼표(,)는 사용할 수 없습니다.

연관 키워드를 입력하면 크림소금빵과 치즈소금빵을 한눈에 비교할 수 있는 시각 자료를 보여줍니다. 결과를 보면 크림소금빵은 딸기, 디저트, 우유, 케이크, 소금 등 다양한 연관어와 연결되어 다채로운 이미지를 가지고 있습니다. 반면 치즈소금빵은 비교적 제한된 연관어로 단순하고 명확한 이미지를 보입니다.

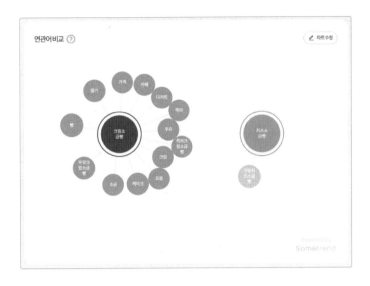

따라서 크림소금빵은 디저트, 카페 등 다양한 콘셉트와 연계 가능성이 높아 고급 디저트나 시즌한정 메뉴로 활용하기 적합하며, 딸기나 크림 등을 활용해 '딸기 크림소금빵', '초콜릿 크림소금빵' 등의 새로운 메뉴를 개발할 수도 있을 것입니다.

11 또 다른 실습을 해보겠습니다. 아무래도 소금빵 메뉴 개발을 한다고 하면 연관 검색어에 있는 키워드를 이용하기 마련입니다. **07**단계와 같이 연관 검색어를 다시 살펴보면 크림, 버터가 눈에 띕니다.

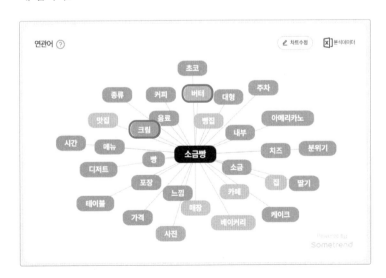

12 이를 이용하여 두 메뉴에 따른 연관 검색어를 다시 살펴봅니다. [비교 분석 → 연관어 비교]로 다시 넘어가서 '크림소금빵'과 '버터소금빵'을 입력하면 다음과 같은 시각 자료를 보여줍니다.

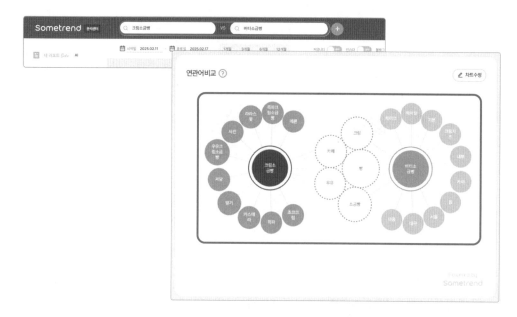

크림소금빵은 딸기, 초코크림, 카스타드, 라이스 시럽 등 달콤한 요소들과 자주 연관되며, 부드럽고 달콤한 디저트를 선호하는 소비자들이 SNS에 사진을 공유하는 문화도 활발합니다. '저당' 키워드가 포함된 점은 건강한 디저트에 대한 관심을 나타내며, 메뉴 개발 시 저당 크림 버전이나 건강하면서도 달콤한 맛을 내는 여러 조합을 고려할 수 있습니다. 시각적 요소를 반영한 메뉴명과 플레이팅도 중요합니다.

버터소금빵은 웨이팅, 집, 대구, 서울 등과 연관되어 인기를 보여주며, 집·마음과 같은 키워드는 홈카페나 힐링 디저트로의 인식을 나타냅니다. 고메 버터, 크림치즈 등 프리미엄 재료를 활용한 심플하지만 깊은 맛의 메뉴, 즉 '홈카페용 세트'나 '굿즈 패키지' 구성도 좋은 전략이 될 수 있습니다.

7000%노하우 **AI가 대신 데이터 분석 리포트를 써준다면?**

데이터를 어떻게 분석해야 할지 막막하다면 [AI 리포트 작성하기] 기능을 활용해보세요. 썸트렌드의 [AI 리포트 작성하기] 버튼은 분석센터 화면의 오른쪽 상단에 있습니다. 이 기능을 사용하면 AI가 제품 및 브랜드 반응 분석, 소비자 트렌드 분석, 주요 관심사 유형화 등 핵심 정보를 담은 리포트를 자동으로 생성해줍니다.

회원 가입 후 이 기능은 총 5회까지 무료로 사용할 수 있으며, 한 번 사용 시 1회의 횟수가 차감됩니다. AI가 생성한 리포트는 초안 형태로 제공되며 이를 바탕으로 내용을 자유롭게 편집할 수 있습니다. 편집을 마친 후에는 [저장하기]를 눌러 완성된 보고서로 활용하면 됩니다. 이 기능은 데이터를 효과적으로 정리하고 빠르게 분석해야 할 때 매우 유용합니다.

미친 활용 04 챗GPT, 리스틀리로 경쟁사 상품 목록 정리하기

경쟁사 상품을 철저히 분석하는 것은 성공적인 메뉴 개발과 마케팅 전략의 핵심입니다. 경쟁사가 어떤 제품을 선보이고 고객이 그 제품에 어떻게 반응하는지를 파악하면 우리 상품의 차별화를 위한 중요한 힌트를 얻을 수 있습니다. 이번 실습에서는 시장 전략 수립을 위한 경쟁사의 상품 목록을 체계적으로 정리하는 방법을 알아보겠습니다.

소금빵 경쟁사 상품을 체계적으로 분석하고 정리하려면 데이터를 효율적으로 수집하고 정리할 수 있는 도구를 활용하는 것이 중요합니다. **이 과정에서 챗GPT와 리스틀리**Listly**는 훌륭한 조합이 될 수 있습니다.** 먼저 챗GPT는 검색의 효율성을 높여 소금빵을 판매하는 웹사이트나 주요 정보를 빠르게 찾아내는 데 도움을 줍니다. 리스틀리는 이렇게 수집한 데이터를 목록으로 정리하고 직관적으로 관리할 수 있게 해줍니다. 이번 실습에서는 챗GPT를 활용해 경쟁사 데이터를 검색하고, 수집한 정보를 리스틀리와 함께 체계적으로 정리하는 방법을 단계별로 알아보겠습니다.

01 먼저 챗GPT에게 웹 검색 기능을 활용해 소금빵 경쟁사 상품의 데이터를 수집할 수 있는 사이트를 찾아달라고 요청합니다.

> 소금빵 경쟁사 상품의 목록을 정리하기 위해 활용할 수 있는 사이트를 알려줘.

> 소금빵 경쟁사 상품 목록을 정리하기 위해 활용할 수 있는 사이트로는 신세계백화점 온라인몰이 있습니다. 이곳에서는 다양한 브랜드의 소금빵 제품을 한눈에 비교할 수 있으며 제품명, 가격, 리뷰 등을 확인할 수 있습니다. 이를 통해 경쟁사들의 상품 구성과 가격대를 파악하는 데 도움이 될 겁니다(다채로운 라이프스타일의 시작, 신세계몰). 또한 아이디어스와 같은 온라인 플랫폼에서도 소금빵을 판매하는 여러 소상공인의 제품을 찾아볼 수 있습니다. 이런 플랫폼을 통해 다양한 소금빵 제품의 특징과 소비자 반응을 살펴볼 수 있습니다(아이디어스). 이런 사이트들을 활용해 경쟁사들의 상품 목록을 정리하고, 시장에서 어떤 제품들이 인기를 얻고 있는지 분석할 수 있습니다.

챗GPT가 추천한 두 개의 사이트를 비교한 결과 아이디어스 홈페이지가 소금빵을 구매한 소비자들의 평점과 후기 데이터를 더 풍부하게 제공하고 있었습니다. 따라서 이번 실습에서는 아이디어스에서 '소금빵'을 검색한 페이지를 활용해 데이터를 수집하고, 리스틀리를 활용해 데이터를 효율적으로 정리해 보겠습니다.

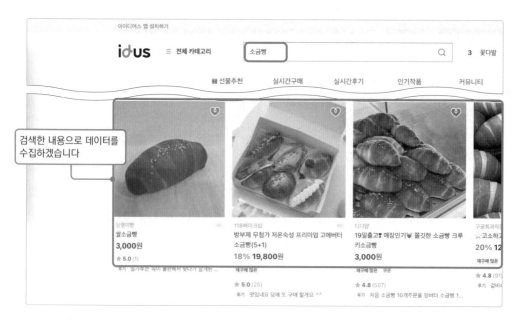

검색한 내용으로 데이터를 수집하겠습니다

02 리스틀리 사이트 www.listly.io/ko에 접속합니다. 리스틀리는 크롬 확장 프로그램으로 추가해 사용할 수 있습니다. [크롬 확장 프로그램 추가]를 누릅니다.

03 크롬 브라우저 창 상단의 메뉴바 오른쪽에 있는 퍼즐 조각 버튼을 누른 후 설치되어 있는 확장 프로그램 목록에서 [Listly]를 눌러 활성화시킵니다. 오른쪽과 같은 창이 뜨면 회원 가입을 진행한 후 로 그인하세요.

TIP 회원 가입 후 이메일 인증이 필요 합니다.

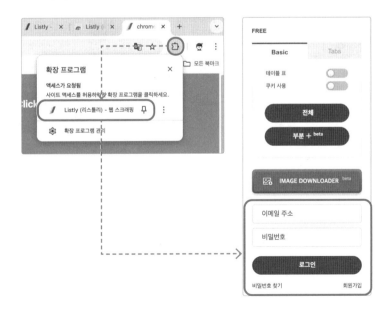

04 이제 데이터를 수집하기 위한 옵션을 설정해야 합니다. 홈페이지 데이터 전체를 수집하면 분석에 필요하지 않는 데이터까지 수집될 수 있으므로 [부분 + beta] 메뉴를 선택합니다.

05 [부분 + beta]를 선택하면 일단은 아무것도 보이지 않지만 화면에 마우스 커서를 올려보면 십자가 모양의 커서로 바뀌어 있습니다. 아이디어스 홈페이지 www.idus.com에 접속하여 이 기능을 활성화한 후 십자가 모양의 커서를 움직여 수집하고자 하는 데이터를 클릭합니다. 저는 소금빵 경쟁사 상품을 분석하기 위해 '소금빵'을 검색한 결과 화면에서 필요한 상품명과 가격, 평점과 상품평 개수, 후기를 선택했습니다. 선택했을 때 나머지 전체 데이터에도 선택이 적용되는지 확인하면서 모든 데이터를 균일하게 선택해야 합니다. 잘 선택되지 않으면 [X]를 눌러 취소하세요.

모든 데이터를 선택했으면 이제 [RUN LISTLY]를 누릅니다.

06 데이터 수집이 완료되면 수집된 데이터의 정보가 나타납니다. 이때 추출할 탭을 별도로 지정할 수도 있습니다. 우리는 모든 경쟁사의 제품을 정리하는 것이 목적이기 때문에 추출된 모든 데이터를 사용하겠습니다. 최초로 선택되어 있는 옵션을 그대로 두고 [엑셀]을 눌러 다운로드하겠습니다.

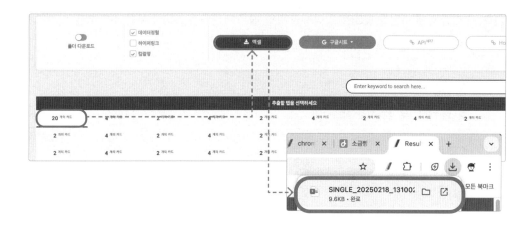

무료 플랜을 이용하는 회원은 무료 데이터 추출을 하루에 10번 할 수 있으며, 결과 데이터를 한 번 다운로드하면 1회씩 차감이 됩니다. 또한 무료 플랜의 데이터 보관 시간은 5분입니다. 시간이 지나면 결과 데이터가 삭제되므로 5분 안에 다운로드해야 번거롭지 않게 작업을 할 수 있습니다.

07 엑셀 파일에는 홈페이지에서 데이터 추출 항목으로 선택한 상품명, 가격, 평점, 리뷰 수, 후기와 같은 정보가 담겨 있습니다. 이때 LABEL-1과 같은 항목들을 알아보기 쉬운 이름으로 수정하면 더 좋습니다. 데이터 파일을 챗GPT에 첨부하기 전에 이 작업을 먼저 해야 분석 과정이 훨씬 간편해지고, 보다 정확한 결과를 얻을 수 있습니다.

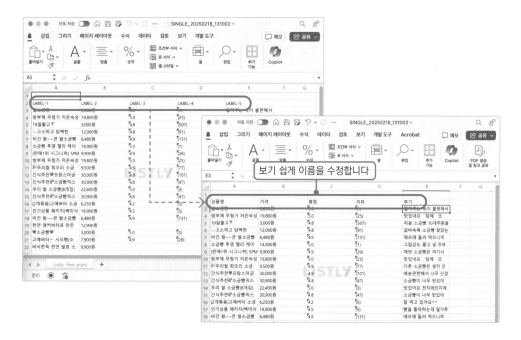

08 정리한 엑셀 파일을 챗GPT 입력창의 파일 첨부 버튼을 누르고 첨부합니다. 파일 업로드가 완료되면 다음과 같이 표로 정리해달라고 명령하겠습니다.

👤💬

첨부한 데이터를 표로 정리해줘.

🤖💬

데이터를 표 형태로 정리했습니다. 아래 표는 아이디어스 소금빵 상품 목록에서 가져온 데이터를 포함하고 있습니다.

상품명	가격	평점	리뷰 수	후기	링크
설이후출고🍞소금빵믹스 벌크🍞9+1	30,900원	4.8	(46)	소금빵 믹스 구성 마음에 드네요. 냉동보관 후 먹고 싶을 때마다 먹으니 갓 나온 빵을 항상...	상품 보기
인기상품 패키지(백미식 빵+바게트+소금빵2개)	19,900원	4.5	(5)	빵을 좋아하는데 밀가루 빵은 속이 불편해서 쌀빵 검색하다 구성이 좋아서 주문했어요!...	상품 보기
☆고소하고 담백한☆ 소금빵 6개	12,000원	4.8	(80)	너무 맛있어요~ 재구매합니다	상품 보기
31일출고💛 매장인기♥ 쫄깃한 소금빵 크루키소금빵	3,000원	4.8	(502)	전자렌지 돌려 먹으면 너무 맛있어요	상품 보기

이 표는 상품명, 가격, 평점, 리뷰 수, 후기 및 상품 링크를 포함하고 있어 데이터 분석 및 활용에 용이합니다. 추가 작업이나 다른 정리가 필요하면 말씀해주세요!

보고서 작성이 필요하다면 챗GPT에 추가 작업을 요청해 데이터를 정리할 수 있습니다. 우리가 리스틀리에서 데이터를 추출할 때 텍스트만 추출하지 않고 기본(default)으로 추출한 이유는 소금빵 제품명에 들어 있는 이모티콘도 트렌드 파악의 데이터로 활용할 수 있기 때문입니다. 다음 실습에서도 이데이터를 계속 사용하겠습니다.

미친 활용 05] 챗GPT로 데이터 분석을 통한 전략 수립하기

사업을 성공으로 이끌기 위해서는 직감만으로 의사결정을 내리기보다는 데이터를 기반으로 명확한 인사이트를 도출하는 것이 중요합니다. 데이터는 우리가 놓칠 수 있는 고객의 요구와 시장의 트렌드, 그리고 경쟁사의 강점과 약점을 정확히 보여주는 거울과도 같습니다. 이번에는 앞서 수집한 데이터를 바탕으로 챗GPT를 활용해 소금빵 사업에 필요한 주요 시사점을 도출하고 이를 바탕으로 전략을 수립하겠습니다. 데이터를 활용하는 구체적인 방법과 실질적인 인사이트를 확인하여 사업의 경쟁력을 높이는 데 도움이 될 것입니다.

01 **미친활용 04** 챗GPT, 리스틀리로 경쟁사 상품 목록 정리하기에서 수집한 엑셀 파일을 이용하겠습니다. 앞 단계에서 챗GPT에 데이터를 이미 올려둔 상태이므로 바로 다음과 같이 질문합니다.

> 첨부한 이 엑셀 파일에는 소금빵과 관련된 경쟁사 상품의 데이터가 담겨 있어. 이 데이터를 분석해서 우리 소금빵 사업에 활용할 수 있는 주요 인사이트를 도출해줘.

소금빵 데이터를 바탕으로 얻을 수 있는 주요 시사점(인사이트):

1. 고객 선호 맛과 특징
- ‘소금빵’이라는 키워드가 자주 언급되며, 고객들이 특정 맛이나 품질을 중시함을 보여줌.
  - 고객 반응에서 ‘맛있어요’, ‘부드럽다’, ‘촉촉하다’ 같은 긍정적인 표현이 자주 등장했음.
  - 이는 부드럽고 촉촉한 식감을 가진 소금빵을 강조하거나, 맛의 균형(짭짤함과 고소함)을 맞추는 것이 중요하다는 것을 나타냄.

2. 적정 가격대와 판매 전략
- 데이터에서 **1만 원 ~ 3만 원 사이**의 상품이 가장 많이 분포.
  - 이 가격대가 고객들이 선호하는 구매 범위일 가능성이 높음.
  - **프리미엄 제품**은 3만 원 이상으로, 고급 재료나 독특한 특징을 강조해 차별화 가능.
  - 초기 전략으로 1만 원대의 합리적인 가격을 제시하면서 품질을 강조한 상품 출시를 고려할 수 있음.

3. 리뷰에서 반영할 요소
- 고객 반응에서 **재구매 의사**가 있는 긍정적 리뷰(예 : "재구매합니다")가 자주 언급됨.
  - 이는 **고객 충성도**를 높이기 위해 꾸준히 품질을 유지하고, 리뷰 이벤트나 프로모션으로 재구매를 유도할 필요가 있음을 시사.
  - 예를 들어 "3+1 행사" 또는 리뷰 작성 고객에게 할인 쿠폰 제공 등.

4. 상품명과 홍보 키워드
- 상품명에서 **감성적인 표현(예 : 고소하고 담백한, 쫄깃한, 프리미엄)**과 **이모티콘**이 사용된 것이 눈에 띔.
  - 소셜 미디어와 온라인 플랫폼에서 감성적이고 눈길을 끄는 이름을 사용하는 것이 효과적임.
  - 자사 상품명을 지을 때 이런 감성적이고 차별화된 표현을 활용 가능.

5. 패키지와 구성 상품

- 패키지 상품(예 : 소금빵 믹스, 인기 세트)도 자주 등장.
  - 소금빵 단일상품 뿐만 아니라, 식사빵 또는 디저트와 함께 구성한 패키지 상품을 제공하면 판매 확대 가능.
  - 고객들에게 "한 번에 여러 종류를 맛볼 수 있다"는 만족감을 줄 수 있음.

6. 후기와 평점 활용

- 4.5점 이상의 높은 평점 상품이 많아, 고객의 만족도를 보여줌.
  - 자사 제품의 신뢰도를 높이기 위해 고객 후기를 적극적으로 활용.
  - "고객 후기에서 인증된 맛" 같은 문구를 사용하거나, 고객 리뷰를 비주얼 요소로 포함한 마케팅이 효과적일 것.

---

02 결과를 바탕으로 도출한 주요 인사이트를 표로 정리해달라고 요청하고, 경쟁사 상품의 데이터를 바탕으로 실행 가능한 전략을 간단하게 설명해달라고 하겠습니다.

데이터 분석 결과를 요약해서 표로 작성해줘. 그리고 이 데이터를 바탕으로 가능한 실행 전략을 간단하게 정리해줘.

아래는 "소금빵 데이터를 바탕으로 얻을 수 있는 주요 시사점(인사이트)"을 표로 정리한 버전입니다. 가독성을 높이고 핵심 내용을 쉽게 파악할 수 있도록 구성했습니다.

카테고리	시사점(인사이트)
고객 선호 맛과 특징	고객들은 촉촉하고 부드러운 식감, 짭짤하고 고소한 맛을 선호하며, 이런 특성을 가진 소금빵에 대한 긍정적인 반응이 많음.
적정 가격대	주요 가격대는 **1만 원 ~ 3만 원** 사이로, 이 범위 내에서 제품을 구성하면 고객의 구매 가능성을 높일 수 있음.
재구매 유도	고객 리뷰에서 "재구매" 언급이 많아, 리뷰 이벤트나 단골 고객 할인 등의 재구매 유도 전략이 효과적일 것으로 보임.
상품명과 마케팅	감성적이고 흥미로운 표현(예 : "쫄깃한", "프리미엄")과 이모티콘 사용이 눈에 띄며, 이는 소셜 미디어 홍보와 마케팅에서 중요한 역할을 할 수 있음.
패키지 상품 구성	패키지(예 : 소금빵 세트)나 다양한 맛의 소금빵을 포함한 구성 상품이 고객에게 긍정적 반응을 얻고 있음.
후기와 신뢰도	고객 후기에서 높은 평점(4.5 이상)이 자주 나타나며, 이를 적극 활용해 신뢰도를 높이는 마케팅 전략이 필요함.

실행 가능한 전략

1.**메뉴 개발**: 촉촉하고 부드러운 소금빵 개발, 고급 버터 또는 히말라야 소금을 사용하는 레시피 시도.

2.**가격 정책**: 1만 원대의 합리적인 가격과 프리미엄 옵션(3만 원 이상)을 함께 구성.

3.**홍보 전략**: 감성적인 상품명과 함께 소셜 미디어 중심의 마케팅(인스타그램 해시태그, 후기 이벤트 활용).

4.**패키지 상품**: 소금빵 + 디저트(예 : 커피, 크림) 패키지 상품 출시.

5.**재구매 유도**: 리뷰 이벤트, 단골 고객 할인 쿠폰 제공.

위 데이터를 기반으로 소금빵 사업에서 고객에게 어필할 수 있는 강점을 정리하고 실행 전략을 구체화하면 성공적인 시장 진입이 가능할 겁니다.

03 추가적인 분석을 요청해 소금빵 사업의 차별화 전략을 수립하겠습니다.

고객 반응에서 긍정적인 요소를 추출해서 소금빵의 차별화 전략을 세워줘.

고객 반응에서 추출한 긍정적인 요소를 바탕으로 소금빵 차별화 전략을 세워 보겠습니다.

1. 고객 반응에서 추출한 긍정적인 요소

데이터에서 자주 등장한 긍정적인 키워드와 고객들이 언급한 요소를 분석한 결과, 다음과 같은 주요 포인트가 도출되었습니다:

긍정 요소	의미
'맛있어요'	기본적으로 맛이 뛰어나야 하며, 고객의 미각을 만족시키는 것이 중요함.
'촉촉한'	빵의 식감에 대한 만족도가 높으며, 부드럽고 촉촉한 텍스처가 긍정적으로 평가받고 있음.
'부드러운'	식감과 관련된 표현으로, 고객이 빵을 먹을 때 느끼는 편안함과 고급스러운 이미지를 전달함.
'고소한'	고소한 풍미가 중요한 만족 요소로, 고객들이 맛에서 느끼는 긍정적인 경험을 강조.
'재구매합니다'	제품의 품질과 맛에 대한 신뢰감이 높아 재구매 의사가 있는 고객이 많음.

2. 소금빵 차별화 전략

위의 긍정적인 요소를 기반으로 차별화된 소금빵 제품과 마케팅 전략을 제안합니다.

(1) 제품 차별화

1.**프리미엄 재료 사용:**

  ○ 히말라야 핑크 소금, 고급 발효 버터, 유기농 밀가루 등을 활용해 고급스러움을 강조.

  ○ 예 : "히말라야 핑크 소금을 사용한 프리미엄 촉촉 소금빵."

2.**독특한 식감 개발:**

- 촉촉하고 부드러운 식감에 바삭함을 더한 이중 텍스처 개발.

- 예 : "겉은 바삭, 속은 촉촉한 혁신적인 소금빵."

3.**건강 지향 소금빵 출시:**

- 저염 소금빵, 글루텐 프리 소금빵, 식이섬유를 강화한 건강 빵.

- 예 : "건강을 생각한 저염 촉촉 소금빵."

(2) 마케팅 차별화

1.**스토리텔링 기반 홍보:**

- 빵에 사용된 재료의 기원과 품질을 강조.

- 예 : "소금 한 알까지 엄선된 재료로 만든 특별한 소금빵."

2.**소셜 미디어 캠페인:**

- 고객 리뷰와 촉촉한 빵을 강조한 비주얼 콘텐츠 제작.

- "촉촉함에 빠지다"라는 해시태그를 활용한 홍보 캠페인.

3.**리뷰 기반 신뢰 구축:**

- 고객 리뷰에서 언급된 긍정적인 요소를 마케팅 문구에 활용.

- 예 : "재구매율 1위! 부드럽고 촉촉한 소금빵."

(3) 고객 충성도 강화

1.**재구매 유도 프로모션:**

- 일정 구매 시 추가 증정 이벤트(예 : "소금빵 5개 구매 시 1개 무료").

- 리뷰 작성 고객에게 할인 쿠폰 제공.

2.**멤버십 프로그램 도입:**

- 멤버십 가입 고객에게 신제품 시식 기회 제공.

- 구매 금액에 따른 포인트 적립.

3.**테이스팅 이벤트:**

- 매장에서 고객들이 다양한 소금빵을 시식하고 의견을 남길 수 있는 체험 행사.

3. 차별화된 핵심 메시지

위 전략을 기반으로 한 핵심 메시지는 다음과 같습니다:

- "촉촉하고 부드러운 소금빵, 한 번 맛보면 계속 찾게 되는 맛."

- "재료부터 다른 프리미엄 소금빵, 지금 바로 경험하세요."

- "건강을 생각한 저염 소금빵으로 일상의 특별함을 더하세요."

도출한 결과는 실제 고객의 반응 데이터를 기반으로 만들어졌기 때문에 소비자들이 소금빵에 기대하는 요소를 충족하고 경쟁사와 차별화된 이미지를 구축하는 데 효과적입니다. 챗GPT에게 질문할 때는 '전략을 수립해줘'보다는 '차별화 전략을 수립해줘'라는 식으로 구체적으로 요청하면 더 유용한 답변을 받을 수 있습니다. 챗GPT를 활용해 도출하는 데이터 인사이트는 단순한 소금빵 사업을 넘어 더 다양한 비즈니스 아이디어에 응용할 수 있습니다.

1000% 노하우 소금빵 판매, 올바른 선택인지 확인하고 싶다면?

경쟁 상품의 키워드 트렌드를 효과적으로 분석하고 싶다면 네이버 데이터랩을 활용해보세요. 네이버 데이터랩은 네이버에서 자주 검색된 키워드와 최신 트렌드를 실시간으로 확인할 수 있습니다. AI를 기반으로 데이터를 분석해 시장 반응을 빠르게 파악할 수 있기 때문에 소비자 관심도를 분석하는 데 유용합니다.

먼저 네이버 데이터랩(datalab.naver.com)에 접속한 후 [검색어 트렌드]로 이동합니다. 주제어는 최대 5개까지 입력할 수 있습니다. 이어서 분석할 기간, 범위, 성별, 연령을 선택합니다. 마지막으로 [네이버 검색 데이터 조회] 버튼을 눌러 검색 결과를 확인합니다. 여기서는 실습을 위해 챗GPT에게 인기 있는 디저트 5종(소금빵, 크로플, 앙버터, 바스크 치즈케이크, 인절미)을 추천받아 주제어를 입력했습니다.

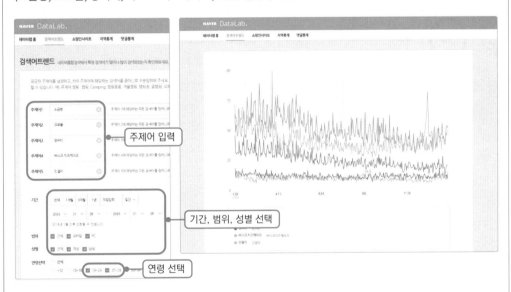

20대 소비자의 검색 패턴을 살펴보면 전반적으로 변동성이 크고 검색량 자체가 높게 나타나는 것을 볼 수 있습니다. 따라서 20대 소비자는 디저트 트렌드 변화에 민감하며, 특정 디저트가 유행하면 집중적으로 검색하는 특징이 있는 것을 알 수 있습니다. 특히 높은 검색량을 보이는 소금빵과 바스크 치즈케이크가 트렌디한 디저트로 자리 잡았음을 알 수 있네요.

Chapter 02

카페 창업을 위한 AI 활용

카페 창업을 준비할 때 가장 중요한 것은 고객의 니즈를 정확히 파악하는 것입니다. 이때 감각이나 조언에 의존하기보다는 데이터를 활용하는 것이 효과적입니다. 설문조사를 이용하면 고객이 중요하게 생각하는 요소(커피 맛, 분위기, 가성비 등)를 구체적으로 파악할 수 있습니다. 이번 장에서는 AI 도구를 활용한 설문 문항 작성, 노코드 플랫폼을 통한 데이터 수집, 그리고 데이터 분석을 통해 의미 있는 인사이트를 도출하는 방법을 배워보겠습니다. 여기서 사용하는 도구는 다음과 같습니다.

- 챗GPT : 설문 문항 생성, 심리 테스트 기획, 설문 결과 분석 및 전략 수립 도구
- 모아폼 : 영어 설문지 제작 및 배포 도구
- 웨이브온 : 심리 테스트형 설문지 제작 및 배포 도구

미친 활용 06 챗GPT로 설문 문항 자동으로 만들기

효과적인 설문조사는 적절한 질문에서 시작됩니다. 하지만 설문 문항을 하나하나 작성하려면 어떤 질문이 더 효과적일지 고민하는 시간이 상당히 걸립니다. 이때 AI 도구를 활용하면 설문 문항을 쉽고 빠르게 생성할 수 있습니다. 카페 창업과 관련된 설문 문항도 단 몇 초 만에 작성 가능하며, 고객의 니즈와

선호도를 정확히 파악할 수 있는 질문도 거뜬하게 만들어냅니다. 이번 단계에서는 챗GPT로 설문 문항을 자동으로 생성하는 방법을 알아보겠습니다.

01 카페 창업을 준비 중이라면 고객이 선호하는 메뉴, 카페 분위기, 가격대 등을 파악하는 것이 중요합니다. 챗GPT에게 고객의 선호도를 구체적으로 파악하기 위한 설문 문항 작성을 다음과 같이 명령합니다.

👤 💬

카페 창업 준비를 위해 고객의 선호도를 조사하는 설문 문항을 작성해줘. 질문은 메뉴, 카페 분위기, 가격대, 위치 선호도 등을 포함해줘.

🤖 💬

카페 창업 준비를 위한 고객 선호도 조사 설문 문항

1. 메뉴 선호도

　1.평소 카페에서 가장 선호하는 음료는 무엇인가요? (중복 선택 가능)
- 아메리카노
- 라떼 (예 : 카페라떼, 바닐라라떼)
- 스페셜티 커피
- 티 (예 : 허브티, 녹차)
- 스무디/프라푸치노
- 기타: (직접 작성)

...생략... ─── 대답이 너무 길고, 생략해도 이 책의 학습에 영향이 없을 때는 이처럼 생략하겠습니다

4. 위치 선호도

　8.주로 카페를 방문하는 장소는 어디인가요?
- 집 근처
- 직장/학교 근처
- 번화가나 쇼핑몰 근처
- 공원/야외 공간 근처
- 기타: (직접 작성)

　9.카페를 방문할 때 교통 접근성을 중요하게 생각하시나요?
- 매우 중요하다
- 어느 정도 중요하다

○ 중요하지 않다

5. 기타 의견

10. 카페에 바라는 점이나 추가로 제안하고 싶은 아이디어가 있다면 자유롭게 적어주세요.

○ (직접 작성)

02 챗GPT가 생성한 문항이 설문 목적에 맞는지 확인한 후에 필요에 따라 문항을 추가하거나 수정할 수 있습니다. 생성된 문항이 너무 일반적이라고 가정하고 추가로 세부 문항을 요청하겠습니다.

위 질문 중 '좋아하는 커피나 음료 종류'를 더 구체화해줘. 예를 들어 라떼, 아메리카노, 콜드브루 등의 옵션을 포함해서 다시 작성해줘.

좋아하는 커피나 음료 종류 질문을 구체화해 다양한 옵션을 포함한 문항으로 작성했습니다:

1. 평소 카페에서 가장 자주 마시는 커피나 음료 종류는 무엇인가요? (중복 선택 가능)

- 커피류
  ○ 아메리카노
  ○ 카페라떼
  ○ 바닐라라떼
  ○ 콜드브루
  ○ 카푸치노
  ○ 마키아토
  ○ 모카
  ○ 기타: (직접 작성)
- 티(Tea)
  ○ 허브티
  ○ 녹차
  ○ 홍차
  ○ 밀크티
  ○ 기타: (직접 작성)

- 스페셜 음료
  - 스무디
  - 프라푸치노
  - 에이드 (예 : 레몬에이드, 청포도에이드)
  - 무알콜 칵테일 (모히또, 선라이즈 등)
  - 기타: (직접 작성)
- 건강 음료
  - 과일 주스 (예 : 오렌지, 사과)
  - 디톡스 워터
  - 저당 음료
  - 식물성 우유 기반 음료 (오트밀크, 아몬드 밀크 등)
  - 기타: (직접 작성)

요청에 따라 커피와 음료 종류에 대한 설문 문항을 다양하게 구성해 고객의 음료 선호도를 보다 명확히 파악할 수 있도록 설계했습니다. 이를 통해 창업하고자 하는 카페의 콘셉트에 맞는 데이터를 효과적으로 수집할 수 있는 설문 문항을 완성하여 고객의 취향과 니즈를 반영한 맞춤형 카페를 설계하는 데 큰 도움을 받을 수 있습니다.

미친 활용 07 모아폼으로 영어 설문지 쉽게 만들기

설문지를 만들고 배포하는 과정이 어렵게 느껴지시나요? 노코드 설문 도구를 활용하면 코딩 지식 없이도 설문 문항 작성부터 디자인, 데이터 수집까지 간편하게 해결할 수 있습니다. 모아폼MoaForm은 한국어와 영어 설문 문항을 간편하게 생성하고, 노코드 방식을 통해 설문지 디자인부터 배포까지 손쉽게 완성할 수 있는 도구입니다. **특히 한국어 설문 제작에 특화된 AI 기능은 정교한 문항을 빠르게 작성할 수 있도록 도와주며, 이를 영어로 변환해서 활용할 수 있다는 점이 큰 장점입니다.** 이번 실습에서는 모아폼을 활용해 한국어 설문의 초안을 작성하고, 이를 영어로 전환해 설문지를 완성하는 과정을 진행하겠습니다.

01 모아폼 웹사이트 ko.moaform.com에 접속하여 회원 가입 후 로그인합니다. 무료 플랜으로도 기본적인 설문 제작은 모두 할 수 있습니다. **구글 계정이 있다면 간단한 정보 동의만 체크하면 바로 로그인해 사용할 수 있습니다.**

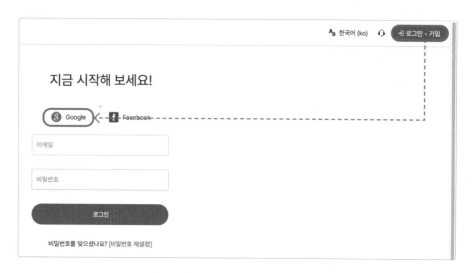

02 로그인 후 대시보드에서 [+ 만들기]를 선택한 후 [새 설문]을 클릭하세요. 그러면 모달창으로 새 설문지를 어떻게 만들지에 대한 옵션이 나옵니다. 중앙에 있는 [AI 설문 만들기]를 클릭하세요.

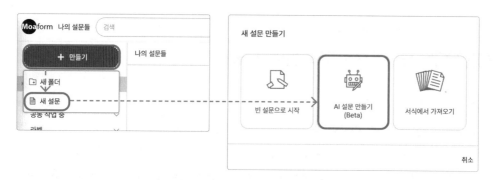

03 AI 설문 만들기 화면 왼쪽에 프롬프트를 입력하면 오른쪽에 AI가 자동으로 설문지를 생성해줍니다. 이번 실습에서는 외국인을 위한 카페 창업을 준비하기 위한 설문 문항과 설문지를 제작하겠습니다. 화면 왼쪽의 프롬프트 입력창에 질문을 입력한 후 [보내기] 버튼을 누릅니다.

외국인들을 위한 카페 창업 준비를 위해 고객의 선호도를 조사하는 설문 문항을 작성해줘.

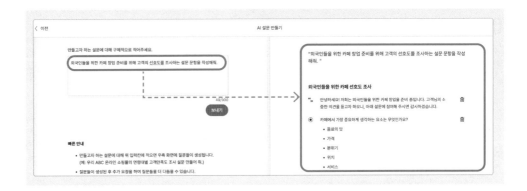

화면 오른쪽에 외국인을 위한 카페 창업에 대한 설문 문항이 생성되었습니다. 설문 문항이 충분하다면 하단의 [만들기] 버튼을 누르면 설문지를 편집할 수 있는 화면으로 넘어갑니다. 만일 설문 주제를 변경하거나 새로운 형식의 설문 문항을 설계하고 싶다면 오른쪽 하단의 [초기화]를 눌러 새로운 설문을 생성하면 됩니다. 질문이 생성된 후에 추가적으로 질문을 다듬고 싶다면 왼쪽 프롬프트 입력창에 추가 정보를 입력하면 됩니다.

04 설문 결과를 보다 의미 있게 분석하려면 응답자의 기본적인 배경 정보인 인구통계 정보가 필요합니다. 생성된 설문지에 설문 참가자의 정보를 수집하기 위해 인구통계용 질문 몇 가지를 더 추가해달라고 요청하겠습니다.

응답자의 정보를 파악할 수 있는 인구통계용 질문들을 몇 개를 객관식으로 추가해줘.

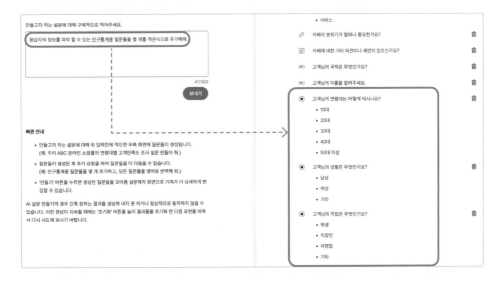

05 이제 완성된 설문 문항을 영어로 번역해 설문지를 완성하겠습니다.

모든 질문을 영어로 번역해 줘.

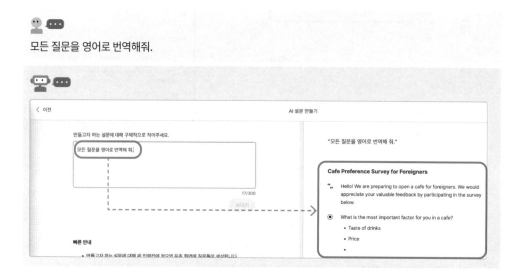

완성된 설문 문항 하단의 [만들기]를 클릭한 후 편집 화면으로 이동합니다.

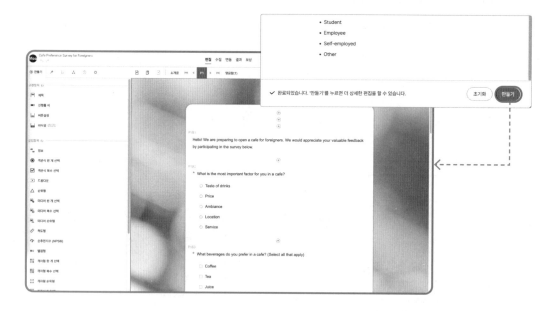

06 편집 화면의 왼쪽 상단에는 설문 문항과 설문지를 수정할 수 있는 메뉴들이 있습니다. 수정이 필요한 문항을 클릭하면 화면 왼쪽에 수정 창이 활성화됩니다. 여기에서 객관식 한 개 선택으로 설정되어 있는 설문 항목의 응답 방식을 복수 선택할 수 있도록 변경하겠습니다.

❶ 편집 화면에서 객관식 선택 설문 항목을 선택한 다음 ❷ 상단의 [객관식 한 개 선택] 옵션을
[객관식 복수 선택] 옵션으로 변경합니다.

응답 방식을 복수 선택으로 변경하면 '답변설정'에 [복수 선택 가능 개수] 메뉴가 생성됩니다.
선택지가 5개라면 최솟값을 1, 최댓값을 5로 설정합니다.

> **TIP** 여기서는 질문 내용, 답변 옵션, 응답 형식 외에도 다양한 설정을 변경할 수 있습니다. 필수 응답 여부를
> 설정하거나, 응답 옵션의 순서를 변경하고, 기타 응답 항목을 추가하는 등 설문의 세부적인 부분을 조정
> 할 수 있습니다.

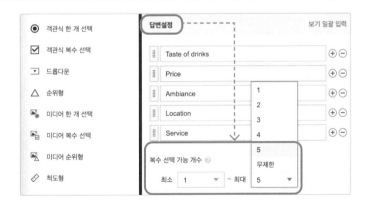

07 왼쪽 상단 메뉴에서 [설정]을 클릭합니다. 설정 화면에서 [항목 번호 형식] 드롭다운 메뉴를 클
릭한 후 원하는 스타일의 번호 형식을 선택합니다. 번호 형식을 선택하면 자동으로 오른쪽 설문
지 문항에 번호가 생성됩니다.

TIP 설문 응답 데이터를 효과적으로 분석하려면 설문 문항에 번호를 지정하는 것이 중요하므로 이 단계를 필히 진행하는 것을 권장합니다.

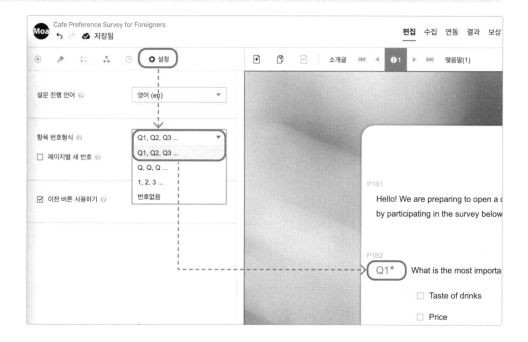

08 설문지가 완성되었다면 설문지 오른쪽 상단에 있는 [미리 보기] 버튼을 클릭해 설문지의 완성된 형태를 확인합니다. 모아폼의 미리 보기 기능은 PC, 태블릿, 모바일 등 다양한 화면에서 설문지를 확인할 수 있도록 지원합니다.

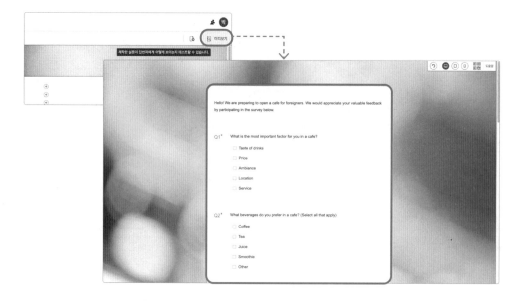

QR 코드로 미리 보기도 할 수 있습니다. 이렇게 테스트까지 마쳐야 실제 설문 응답자가 보는 설문지가 어떻게 생겼는지 확인할 수 있습니다. 이 과정을 통해 설문지의 배치, 디자인, 문항 오류 등을 사전에 점검하고 최적화된 설문지를 완성합니다.

09 상단의 [수집] 버튼을 클릭하면 중복 응답 허용, 시작 및 종료 시간, 비밀번호 설정 등 설문지의 다양한 옵션을 조정할 수 있습니다. 설정 항목은 설문 구성에 따라 달라지므로 꼼꼼히 확인해야 합니다.

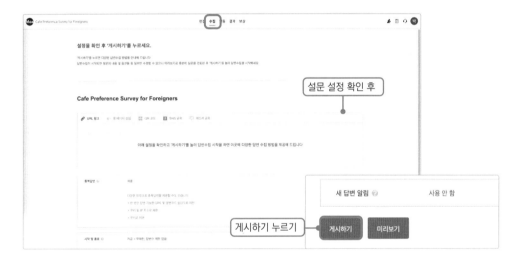

모든 설정이 끝난 후 [게시하기]를 클릭하면 설문지의 URL 링크와 QR 코드가 자동 생성되며, 이를 다른 사람에게 공유하고 응답을 받을 수 있습니다.

7000% 노하우 — 설문 응답률을 높이고 싶다면?

설문 응답률을 높이는 가장 효과적인 방법 중 하나는 적절한 보상을 제공하는 겁니다. 보상은 응답률을 증가 시킬 뿐 아니라, 더 정성 어린 답변을 유도해 설문의 질적 향상에도 긍정적인 영향을 미칩니다. 모아폼에서 는 설문 응답자를 대상으로 커피 쿠폰이나 다양한 기프트 카드와 메시지를 함께 보낼 수 있는 기능을 제공합 니다. 설문지 작성 종료 후 바로 결제가 가능하며, 응답 데이터를 확인한 후 당첨자를 손쉽게 선정할 수 있습 니다. 따라서 모아폼을 이용하면 설문 문항 작성부터 설문지 제작, 응답 데이터 수집, 그리고 보상 제공까지 모든 과정을 한 번에 해결할 수 있어 편리합니다. 설문 성공률을 높이고 싶다면 보상을 적극 활용해보세요!

미친 활용 08 챗GPT, 웨이브온으로 심리 테스트형 설문지 만들기

고객의 선호도를 파악하는 설문조사라고 해서 항상 딱딱할 필요는 없습니다. 심리 테스트형 설문지는 참여자들에게 재미와 몰입감을 제공하는 동시에 중요한 데이터를 수집할 수 있는 효과적인 방법입니 다. 이번 실습에서는 챗GPT와 웨이브온^{Waveon}을 활용해 카페 창업을 위한 고객 선호도 조사를 심리 테스트형 설문지로 재미있고 창의적으로 제작하는 방법을 알아보겠습니다.

> **TIP** 웨이브온은 직관적인 인터페이스와 다양한 디자인 옵션을 제공하는 노코드 설문 도구로, 특히 한국어 설문 제작과 데이터 관리에 강점이 있습니다. 사용자는 간단한 드래그 앤 드롭 방식만으로 설문지를 구 성할 수 있으며, 시각적인 요소와 로직 설정을 통해 설문을 더욱 창의적이고 효과적으로 제작할 수 있습 니다.

01 챗GPT를 활용해 카페 창업을 위한 심리 테스트형 설문을 제작하려면 먼저 구체적인 정보를 제공하는 것이 중요합니다. 요청 시 설문의 주제와 목적을 명확히 전달하면 보다 정확하고 유용한 설문 문항을 생성할 수 있습니다. 예를 들어 대학가에 카페를 창업하려고 한다면 다음과 같은 방식으로 챗GPT에게 요청할 수 있습니다.

👤 💬

대학생들을 대상으로 한 심리 테스트형 설문 문항 5개를 만들어줘. 설문 주제는 대학가 카페 창업이고, 질문은 카페 이용 습관과 선호도를 파악할 수 있도록 작성해줘. 각 문항은 간단한 선택지와 함께 제공해줘.

🤖 💬

대학생들의 카페 이용 습관과 선호도를 재미있게 파악할 수 있는 설문 문항을 다음과 같이 구성할 수 있습니다. 각 질문은 심리 테스트 느낌을 살려 흥미로운 스토리와 선택지를 제공합니다.

Q1. 카페에 가는 가장 큰 이유는?

- A) 과제나 공부를 하러 간다.
- B) 친구들과 수다를 떨러 간다.
- C) 맛있는 음료와 디저트를 즐기러 간다.

Q2. 좋아하는 카페 분위기는?

- A) 조용하고 집중하기 좋은 분위기.
- B) 활기차고 트렌디한 인테리어.
- C) 아늑하고 편안한 공간.

Q3. 카페에서 가장 중요한 요소는?

- A) 맛있는 음료와 디저트.
- B) 합리적인 가격.
- C) 빠르고 친절한 서비스.

Q4. 계절별 한정 메뉴가 있다면?

- A) 꼭 한 번 시도해본다.
- B) 기존 메뉴를 더 선호한다.
- C) 리뷰를 보고 나서 결정한다.

Q5. 카페의 운영 시간이 중요하다면?

- A) 아침 일찍 여는 카페가 좋다.
- B) 늦은 밤까지 운영하는 카페가 좋다.
- C) 운영 시간은 상관없다.

심리 테스트형 설문지는 설문 응답자의 선택 패턴을 기반으로 응답자의 성격, 취향, 또는 선호도를 재미있고 직관적으로 나타내는 결과를 포함하는 것이 핵심입니다. 따라서 설문 문항을 작성할 때는 결과 항목까지 고려해 질문을 구성하는 것이 중요합니다. 챗GPT에게 설문 문항과 결과 항목까지 포함한 문항을 요청하겠습니다.

방금 작성한 설문 문항은 결과 항목이 없어. 설문 응답자의 선택 패턴을 기반으로 각 응답자를 재미있고 직관적으로 나타내는 결과를 포함해줘. 설문 결과 항목은 응답자를 카페 메뉴나 분위기에 비유해 유쾌하게 표현해줘.

…설문 문항 생략…

결과 항목

결과 1: "조용한 아지트 카페"

- 설명:
  당신은 조용한 공간에서 집중하며 시간을 보내는 것을 선호합니다. 깔끔한 인테리어와 편안한 좌석, 잔잔한 음악이 흐르는 카페가 당신에게 잘 맞습니다.
- 추천:
  "아메리카노 한 잔과 함께 자신만의 시간을 즐길 수 있는 카페를 찾아보세요!"

결과 2: "활기찬 소셜 카페"

- 설명:
  사람들과 어울리며 에너지를 얻는 당신은 밝고 활기찬 분위기의 카페를 선호합니다. 화려한 인테리어와 SNS에 올릴 만한 감각적인 메뉴들이 가득한 곳이 당신에게 제격입니다.
- 추천:
  "트렌디한 시그니처 음료가 있는 카페에서 친구들과의 시간을 만끽해보세요!"

결과 3: "디저트 전문 힐링 카페"

- 설명:
  당신은 디저트를 사랑합니다! 예쁜 디저트와 달콤한 음료를 즐기며 힐링하는 시간이 당신에게 최고의 휴식입니다.
- 추천:
  "독특한 디저트와 따뜻한 음료를 제공하는 아늑한 카페를 방문해보세요."

결과 매칭 방법

1. 각 질문에서 A, B, C 응답을 기준으로 점수를 매긴 후, 가장 많이 선택된 응답 유형에 따라 결과를 매칭합니다.
2. 예 : A를 가장 많이 선택 → "조용한 아지트 카페" 결과 제공.

02 이제 설문 문항이 완성되었으니 설문지를 작성하겠습니다. 웨이브온 www.waveon.io에 접속
하면 간편하게 시작할 수 있습니다. 구글 계정이 있다면 바로 서비스를 이용할 수 있습니다.

TIP 온라인 스트리밍 서비스 웨이브온과 헷갈리지 마세요.

로그인을 완료하면 즉시 대시보드 화면으로 이동합니다. 대시보드에서는 템플릿, 워크스페이스
등 다양한 기능을 한눈에 확인하고 바로 사용할 수 있습니다.

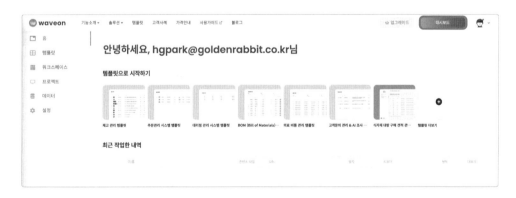

03 웨이브온에서 설문 제작을 시작하려면 먼저 왼쪽 메뉴바의 [템플릿]을 클릭해 다양한 템플릿 샘플을 확인하면 됩니다. [템플릿]을 누르면 먼저 당신의 업종을 물어봅니다. 여러분이 속한 것 중 아무거나 선택하세요.

04 업종 선택이 끝나면 이제 본격적으로 심리 테스트 템플릿을 사용해봅시다. 웨이브온 무료 버전은 유료 콘텐츠 사용이 제한되지만 심리·유형 테스트 템플릿은 무료로 제공합니다. 무료 버전으로도 충분히 매력적인 설문을 제작할 수 있습니다. 템플릿 검색에서 '심리'를 검색하고 [심리테스트 와이어 프레임]을 선택하세요.

템플릿을 선택하기 전에 [미리 보기] 버튼을 눌러 템플릿의 디자인과 구조를 미리 확인할 수도 있습니다. 해당 템플릿이 적합하다고 판단되면 [이 템플릿으로 시작하기] 버튼을 눌러 설문

편집을 시작합니다.

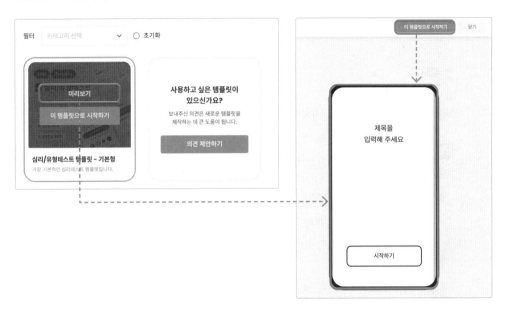

05 작업창이 활성화되면 먼저 기본 정보로 설문 제목과 커버 이미지를 설정합니다.

제목과 이미지는 설문에 대한 첫인상을 결정짓는 중요한 요소이므로 내용을 효과적으로 전달할 수 있는 제목과 시각적으로 매력적인 이미지를 선택하는 것이 중요합니다. 이 내용을 채우기 위해 다시 챗GPT를 소환하겠습니다.

👤 💬

좀 전에 작성한 '대학생 대상 심리 테스트형 설문 문항'을 이용해서 심리테스형 설문지를 제작하려고 해. 설문지에 들어갈 설문의 제목과 커버 이미지가 필요해.

🤖 💬

설문지 제목 예시

1. **"나만의 완벽한 카페 찾기 테스트"**

   대학가 카페 창업을 위한 심리 테스트로, 참가자들이 자신의 카페 취향과 선호도를 재미있게 파악할 수 있는 제목입니다.

2. **"내가 원하는 카페는?"**

   간단하면서도 직관적인 제목으로, 설문에 대한 흥미를 끌 수 있습니다.

3. **"당신의 완벽한 카페 스타일은?"**

   심리 테스트의 느낌을 살리면서 설문 목적을 명확히 전달합니다.

커버 이미지 아이디어

1. **이미지 콘셉트 1: "카페 분위기와 따뜻한 음료"**
   - 배경: 아늑한 카페 내부, 나무 테이블 위에 커피와 디저트가 놓여 있는 이미지.
   - 주제: "당신의 취향을 발견해보세요!"라는 문구와 함께 설문 제목 삽입.

2. **이미지 콘셉트 2: "대학생들의 모임"**
   - 배경: 대학생들이 카페에서 즐겁게 이야기하거나 공부하는 모습.
   - 주제: "나만의 완벽한 카페를 찾아보세요!"라는 문구 추가.

3. **이미지 콘셉트 3: "다양한 카페 메뉴와 음료"**
   - 배경: 다양한 음료와 디저트(아메리카노, 라떼, 머핀 등)가 담긴 감각적인 이미지.
   - 주제: "취향에 딱 맞는 카페 메뉴를 찾아보세요!"라는 문구 삽입.

커버 이미지 제작 방법

- Canva, Freepik과 같은 디자인 플랫폼에서 위와 같은 테마로 템플릿을 검색한 뒤 커스터마이징.
- 색상은 부드러운 파스텔 톤이나 따뜻한 브라운 계열을 사용해 카페의 아늑한 분위기를 강조.
- 설문 제목을 이미지에 배치해 가독성을 높이고, 독자들의 관심을 끌 수 있는 디자인을 완성하세요.

참고로 챗GPT에는 이미지 생성 AI인 달리(DALL·E)가 통합되어 있습니다. 텍스트로 원하는 이미지를 설명하면 그 설명에 맞는 그림을 생성해주므로 이것을 활용해봅시다.

커버 이미지 아이디어 중 이미지 콘셉트 1: 카페 분위기와 따뜻한 음료의 이미지를 그려줘.

요청한 대로 카페 분위기를 표현한 따뜻하고 아늑한 이미지를 준비했습니다. 하지만 디저트로 소금빵이 포함되었네요. 이 디저트를 소금빵이 아닌 딸기 케이크로 수정하면 더 잘 어울릴 것 같습니다. 챗GPT에게 이미지 수정 요청을 진행하겠습니다.

생성된 이미지를 클릭하면 왼쪽에는 이미지를 편집할 수 있는 창이, 오른쪽에는 대화창이 나타납니다. 이미지 상단의 4개의 아이콘 중 가장 왼쪽에 있는 [선택] 아이콘을 클릭합니다. 이 아이콘을 선택하면 동그란 모양의 커서가 생성되며, 이를 이용해 수정할 부분을 선택할 수 있습니다.

커서로 소금빵 이미지를 클릭해 선택합니다. 만일 선택하려는 부분의 영역이 너무 작거나 크다면 왼쪽 상단에 있는 동그라미 크기 조절 옵션을 이용해 커서 크기를 조정할 수 있습니다. 선택한 영역은 점선과 함께 파란색으로 표시됩니다.

영역을 선택하면 오른쪽 프롬프트 입력창에 [선택 항목 편집]이라는 채팅창이 활성화됩니다. 여기에 수정 요청을 입력하면 됩니다.

요청을 입력하면 선택한 소금빵 이미지가 딸기 케이크로 변경됩니다. 변경된 이미지를 확인한 뒤 추가로 조정이 필요하면 다시 영역을 선택해 수정 요청을 할 수 있습니다. 원하는 대로 수정이 완료되면 이미지를 다운로드합니다.

06 설문지의 제목과 커버 이미지가 준비되었으니 이제 본격적으로 설문지를 만들겠습니다. 먼저 기본 정보 입력창에서 준비한 설문지의 제목을 입력하고 앞에서 만든 커버 이미지를 업로드합니다. 그리고 화면 하단의 [다음] 버튼을 클릭하면 결과를 편집할 수 있는 단계로 이동합니다.

07 입력창에 챗GPT가 준비한 결과 항목을 하나씩 추가합니다. 오른쪽 화면에 표시되는 미리 보기 화면은 설문지의 전체 구성과 내용을 실시간으로 보여주지만, 현재 단계에서는 설문 문항과 결과 항목 입력에만 집중합니다. 입력을 완료한 후 [다음] 버튼을 누릅니다.

> **TIP** 미리 보기 화면의 메뉴 구성과 세부 내용은 설문 문항 입력을 마친 후에도 언제든 수정할 수 있습니다. 따라서 지금은 준비된 문항과 결과만 입력한 뒤 나중에 전체적인 편집과 구성을 조정하면 됩니다.

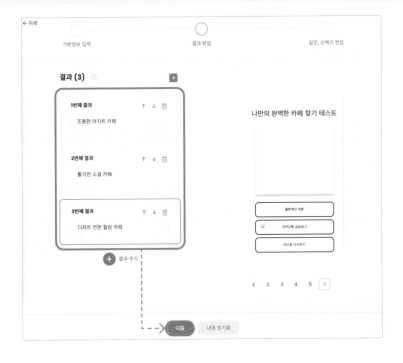

08 이제 준비된 설문 문항과 선택지를 입력할 차례입니다. 질문을 추가하려면 오른쪽 위의 [+] 버튼이나 하단의 [+ 질문 추가] 버튼을 클릭합니다. 이때 질문과 선택지의 기본값은 1개입니다. 만약 선택지가 1개 이상 필요하다면 오른쪽 위의 그리드 아이콘 ▦ 을 클릭하고, [선택지 템플릿 변경] 옵션에서 '일렬형 선택지 3개'를 선택한 후 [선택한 템플릿 사용] 버튼을 눌러 선택지를 설정합니다.

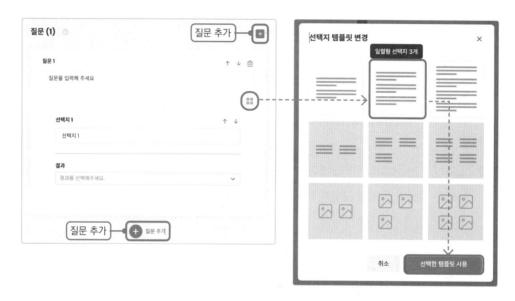

09 질문과 선택지 1, 2, 3 내용을 입력한 다음 결과를 선택합니다. 결과는 앞서 입력한 항목 중 하나를 선택하면 됩니다. 이 과정을 반복해 설문을 여러 개 만듭니다. 모든 입력이 완료되면 화면 하단의 [확인] 버튼을 누르고 [적용하기]를 눌러 저장합니다. 이렇게 하면 설문 문항과 결괏값이 모두 연결된 설문지가 완성되며 최종 수정 페이지로 이동합니다.

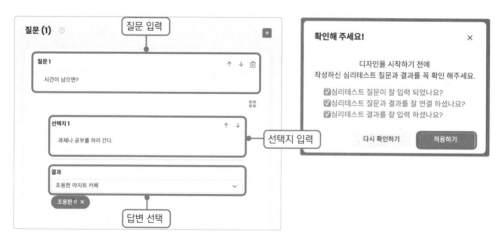

10 수정 페이지에서는 왼쪽 메뉴바를 통해 설문지를 페이지별로 편집할 수 있습니다. 각 페이지에서 텍스트, 배경색 등 다양한 요소를 조정할 수 있어, 원하는 콘셉트에 맞는 설문지를 손쉽게 완성할 수 있습니다.

결과 페이지에서는 텍스트를 추가하거나 배경색을 변경해 결과가 더욱 돋보이게 만들 수 있습니다. 또한 설문지 하단의 메뉴바를 수정하거나 필요한 경우 재배치해 설문지의 디자인과 구성을 더욱 깔끔하고 직관적으로 정리할 수도 있습니다. 설문지의 내용뿐만 아니라 시각적인 완성도를 높이면 응답자의 참여를 더욱 유도할 수 있습니다. 다음 그림을 참고해 설문지의 스타일을 완성하세요.

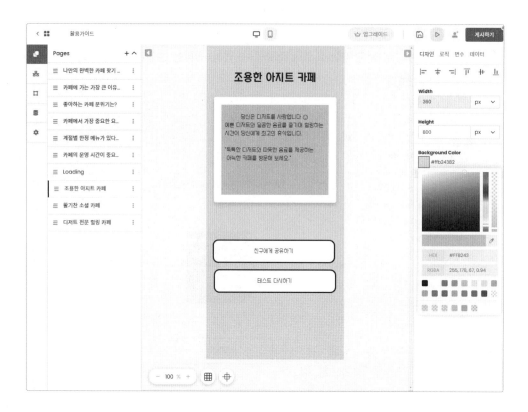

11 스타일 수정을 마치면 설정 메뉴로 이동합니다. 설정 메뉴의 [도메인 설정]을 누르면 설문지의 도메인 주소를 변경할 수 있습니다. 여기서부터는 유료로 제공하는 기능입니다. 꼭 설문지를 배포하고 싶다면 유료로 계정을 전환하기 바랍니다.

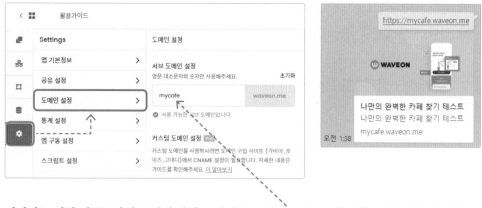

여기서는 이번 설문조사의 주제에 맞춰 도메인 주소를 mycafe로 설정해보았습니다. 이렇게 도메인 주소를 주제와 연관지어 설정하면 설문지 링크가 훨씬 더 직관적이므로 응답자들에게 전달할 때 유리합니다.

단, 무료 회원의 경우 일부 기능에 제한이 있을 수 있으므로 현재 구독 중인 플랜을 확인하고 필요한 경우 유료 플랜으로 업그레이드하여 더 많은 기능을 활용해보기 바랍니다. 설문지 제작 과정에서 플랜의 제약이 생긴다면 해당 제한 사항을 검토한 후 알맞은 옵션으로 조정하는 것이 좋습니다.

12 마지막으로 [게시하기]를 눌러 설문지 작업을 완료합니다. 심리 테스트 형식의 설문은 재미있고 직관적이므로 설문 응답자에게도 긍정적인 경험을 제공합니다. 이런 설문 형식은 단순한 데이터 수집을 넘어 고객과의 상호작용을 강화하며, 설문 자체를 하나의 즐거운 경험으로 만들 수 있습니다.

미친 활용 09 챗GPT로 설문 결과 분석하고 데이터 시각화하기

설문 결과를 단순히 수집하는 것만으로는 부족합니다. 이를 통해 고객의 니즈와 선호도를 보다 명확히 파악할 수 있어야 합니다. 데이터를 시각화하면 숫자와 텍스트로만 구성된 정보를 그래프나 차트 형태로 표현해 데이터를 보다 쉽게 이해하고 인사이트를 도출할 수 있습니다. 이번에는 AI를 활용해 설문 데이터를 체계적으로 분석하고, 이를 막대 그래프와 같은 시각화 도구로 표현하는 방법을 살펴보겠습니다.

01 샘플 데이터는 설문 응답 결과를 분석하고 실습하기 위한 기초 자료로 유용합니다. 챗GPT에게 샘플 데이터를 생성하도록 요청하면 설정한 설문 문항에 적합한 응답 데이터를 간단히 생성할 수 있습니다. 다음과 같이 챗GPT에게 설문 항목을 제시하고 샘플 데이터 생성을 요청하겠습니다.

대학생 대상 설문 조사 결과 샘플 데이터를 만들어줘. 항목은 '카페 방문 이유', '선호 메뉴', '방문 빈도', '카페 분위기', '중요한 요소'로 해줘. 각 항목의 데이터는 20명 응답 결과로 작성해줘.

다음은 20명의 응답 결과로 생성된 대학생 대상 설문 조사 샘플 데이터입니다:

카페 방문 이유	선호 메뉴	방문 빈도	카페 분위기	중요한 요소
공부	아메리카노	주 2~3회	조용한 공간	맛
친구와 대화	카페라떼	월 1회	아늑한 공간	위치
휴식	콜드브루	주 1회	활기찬 공간	가격
		...생략...		
사진 촬영	프라푸치노	주 4회 이상	트렌디한 공간	인테리어
간단한 식사	아메리카노	가끔	자연과 가까운 공간	편안 함

02 생성된 데이터를 활용해 요약된 정보를 요청하겠습니다.

위 데이터를 요약해줘. 각 항목별로 가장 많이 선택된 응답을 정리하고, 간단한 분석 내용을 추가해줘.

첨부된 데이터를 요약하고 각 항목별로 가장 많이 선택된 응답을 정리하겠습니다.

데이터 요약 및 분석

　1.카페 방문 이유:

　　◦ **가장 많이 선택된 응답:** "간단한 식사"

　　◦ **분석 내용:** "대학생들이 카페를 주로 '간단한 식사'를 위해 방문하는 경향이 있습니다. 이는 카페가 단순히 음료를 마시는 공간을 넘어 간편한 식사 공간으로 활용되고 있음을 시사합니다."

　2.선호 메뉴:

　　◦ **가장 많이 선택된 응답:** "아메리카노"

- **분석 내용**: "대학생들은 '아메리카노'를 가장 선호하는 음료로 선택했습니다. 이는 아메리카노가 부담 없는 가격과 깔끔한 맛으로 대학생들에게 인기가 많다는 것을 보여줍니다."

3.**방문 빈도**:
- **가장 많이 선택된 응답**: "주 2~3회"
- **분석 내용**: "대부분의 학생들이 카페를 '주 2~3회' 정도 방문하는 것으로 나타났습니다. 이는 카페가 대학생들의 일상적인 공간으로 자리 잡고 있음을 나타냅니다."

4.**카페 분위기**:
- **가장 많이 선택된 응답**: "조용한 공간"
- **분석 내용**: "'조용한 공간'이 가장 선호되는 카페 분위기로 나타났습니다. 이는 학생들이 카페에서 공부나 휴식을 위해 조용한 환경을 선호한다는 것을 보여줍니다."

5.**중요한 요소**:
- **가장 많이 선택된 응답**: "맛"
- **분석 내용**: "카페를 선택할 때 가장 중요한 요소로 '맛'이 가장 많이 선택되었습니다. 이는 학생들이 음료와 음식의 품질을 중요하게 생각한다는 것을 시사합니다."

위 데이터를 기반으로 결과를 요약해줘. 주요 응답 경향을 한눈에 파악할 수 있도록 구성해줘.

아래는 데이터를 기반으로 요약한 결과입니다:

카페 방문 이유: '공부'가 가장 많음 (5명, 25%).

선호 메뉴: '아메리카노'가 가장 많음 (6명, 30%).

방문 빈도: '주 2~3회'가 가장 많음 (7명, 35%).

카페 분위기: '조용한 공간' 선호 응답이 가장 많음 (8명, 40%).

중요한 요소: '맛'이 가장 중요 (6명, 30%).

03 요약된 데이터를 바탕으로 데이터 시각화를 요청하겠습니다.

위 요약 데이터를 바탕으로 카페 방문 이유, 선호 메뉴, 방문 빈도, 카페 분위기, 중요한 요소를 각각 막대 그래프로 표현해줘. 카페 창업 계획을 위한 데이터 분석에 활용할 수 있도록 해줘.

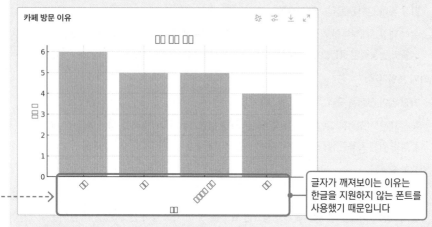

위 데이터를 기반으로 막대 그래프를 시각화했습니다. 그래프는 각각 **카페 방문 이유, 선호 메뉴, 방문 빈도, 카페 분위기, 중요한 요소**를 나타냅니다.

글자가 깨져보이는 이유는 한글을 지원하지 않는 폰트를 사용했기 때문입니다

… 그래프 생략 …

이 데이터는 카페 창업 계획을 수립하는 데 유용하게 활용할 수 있다. 다음은 각 그래프의 내용과 활용 방안이다:

1. 카페 방문 이유:
   - 가장 많은 응답은 '공부'와 '간단한 식사'이다.
   - 학생 중심의 학습 공간과 간단한 식사를 제공하는 카페 콘셉트를 고려할 수 있다.

2. 선호 메뉴:
   - '아메리카노'가 가장 선호되는 메뉴로 나타났다.
   - 메뉴 구성 시 아메리카노를 중심으로 다른 커피와 간단한 음료를 추가하면 적합합니다.

3. 방문 빈도:
   - '주 2~3회'가 가장 높은 비율을 차지했습니다.
   - 정기적으로 방문할 수 있는 친숙한 분위기의 카페를 설계하면 효과적이다.

4. 카페 분위기:
   - '조용한 공간' 선호도가 가장 높았다.
   - 학습과 휴식을 모두 충족시킬 수 있는 조용한 환경을 제공하는 것이 중요하다.

5. 중요한 요소:
   - '맛'이 가장 중요하다고 응답했다.
   - 품질 높은 커피와 음료를 제공하는 것이 핵심이다.

생성된 막대 그래프에서 X축과 Y축의 항목 글자가 깨져 보이는 이유는 무엇일까요? **이는 차트를**

생성할 때 사용하는 폰트가 한글을 지원하지 않기 때문입니다. 챗GPT가 차트 생성에 활용하는 matplotlib는 기본적으로 영어와 숫자에 적합한 폰트를 사용하며, 한글을 제대로 표시하려면 별도로 한글을 지원하는 폰트를 설정해야 합니다. 하지만 그렇지 않고도 하는 방법이 있습니다. 비밀은 바로 차트의 메뉴에 있습니다.

❶ 정적 · 인터랙티브 차트로 전환 : 정적 차트는 한 번 생성되면 내용이 고정되어 변경이나 상호작용을 할 수 없습니다. 따라서 PDF, 보고서, 프레젠테이션 같은 문서에 적합합니다. 반면 인터랙티브 차트는 마우스를 올리면 응답 수를 표시하고 강조하는 등의 상호작용을 할 수 있습니다.

- 정적 차트는 폰트를 직접 지정해줘야 합니다. 그래서 폰트가 지원되지 않는 환경에서는 한글이 깨집니다.

- 인터랙티브 차트는 웹 브라우저 기반으로 동작하고 시스템에 설치된 폰트를 자동으로 불러오므로 따로 설정하지 않아도 한글이 자연스럽게 표시됩니다.

❷ 색상 변경 : 막대 그래프 색상을 변경할 수 있습니다.

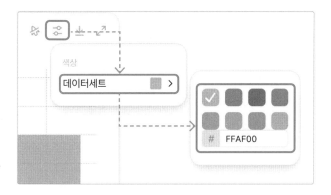

❸ 다운로드 : png 이미지 파일로 그래프를 다운로드합니다.

❹ 차트 펼치기 · 축소 : 차트를 확대하거나 축소할 수 있습니다.

챗GPT는 막대 그래프뿐만 아니라 워드 클라우드, 파이 차트, 히트맵, 트리맵 등 다양한 방식으로 데이터를 시각화할 수 있습니다.

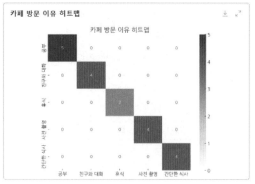

설문 응답 결과를 효과적으로 표현하는 데 적절한 시각화 방식을 활용하면 데이터를 한눈에 이해하기 쉬우며 핵심 인사이트를 빠르게 도출할 수 있습니다. 따라서 데이터 기반의 전략 수립이 더욱 수월해집니다.

이게 되네?

1000% 노하우 정적 그래프에서 한글 폰트를 적용하고 싶다면?

챗GPT가 생성하는 시각화 자료에서 한글이 깨지는 이유는 실행되는 서버 환경에 한글 폰트가 설치되어 있지 않기 때문입니다. 이를 해결하려면 파이썬 환경에서 한글 폰트를 지원하도록 설정해야 합니다. 이때는 한글 지원을 위한 라이브러리를 설치하면 됩니다. 웹에서 'Koreanize matplotlib'을 검색해 한글 폰트를 설정할 수 있는 라이브러리를 찾아봅니다. 해당 웹사이트에 접속한 뒤 왼쪽 메뉴에서 [파일 다운로드]를 클릭하고, 빌드된 배포판 파일(확장자 .whl)을 선택해 다운로드합니다.

그리고 프롬프트 입력창에 다음과 같이 요청합니다.

이 파일을 설치하고 그래프를 다시 그려줘.

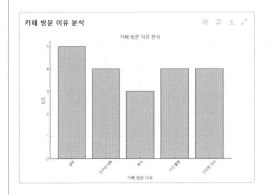

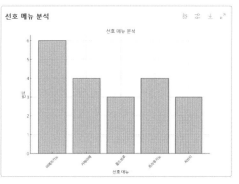

결과로 도출된 막대 그래프를 보면 정적 차트(이미지 자료)에서도 X축과 Y축의 항목 값이 한글로 제대로 나타나는 것을 확인할 수 있습니다. 한 가지 유의할 점은 챗GPT에 업로드한 파일의 유효 시간이 3시간이라는 겁니다. 이 파일은 현재의 채팅 세션에서만 사용 가능하며, 채팅창을 종료하거나 3시간이 지나면 해당 파일에는 더 이상 접근할 수 없습니다. 따라서 필요할 경우 파일을 다시 업로드하거나 저장해 지속적으로 사용할 준비를 해야 합니다.

미친 활용 10 챗GPT로 데이터 기반 맞춤형 전략 수립하기

설문 데이터를 효과적으로 분석했다면, 이제는 이를 바탕으로 실질적인 전략을 수립할 차례입니다. 데이터를 기반으로 한 전략은 고객의 니즈를 정확히 반영하며 성공 가능성을 높이는 데 중요한 역할을 합니다. 이번 실습에서는 데이터 분석 결과를 활용해 카페 창업에 적합한 맞춤형 전략을 수립하는 방법을 알아보겠습니다. 데이터는 단순한 숫자가 아니라 고객의 니즈와 행동을 이해할 수 있는 유용한 자료입니다. 이번 실습에서는 챗GPT를 활용해 데이터를 기반으로 카페 창업에 적합한 맞춤형 전략을 수립하는 과정을 알아보겠습니다.

01 데이터는 미친활용 09 **챗GPT로 설문 결과 분석하고 데이터 시각화하기**에서 실습한 설문 응답 결과 데이터를 활용해 진행하겠습니다. 챗GPT에게 다음과 같이 요청합니다.

위 데이터를 기반으로 대학가 카페 창업을 위한 전략을 수립해줘. 메뉴 구성, 인테리어, 가격 정책, 고객 유치를 위한 아이디어를 포함해줘.

대학가 카페 창업 전략

데이터 분석 결과를 바탕으로 대학가 카페 창업에 적합한 전략을 다음과 같이 수립할 수 있습니다:

1. 메뉴 구성

- **주요 메뉴**: '아메리카노'가 가장 높은 선호도를 보였으며, '카페라떼'와 '콜드브루'도 인기가 있음.
  - **전략**: 대학생들이 자주 찾는 기본 메뉴를 중심으로, 차별화된 시즌 한정 음료나 디저트를 추가함.
  - **구체적 실행**:
    - **커피**: 품질 좋은 원두를 사용한 아메리카노와 카페라떼를 기본으로 제공.
    - **특별 음료**: 계절에 맞춘 음료(예 : 여름엔 콜드브루, 겨울엔 핫초코).
    - **디저트**: 간단한 빵, 쿠키, 샌드위치 등 공부 중 간편하게 먹을 수 있는 옵션.
  - **추가 제안**: 메뉴에 할랄, 비건 디저트를 포함해 다양한 학생층의 요구를 충족.

...생략...

4. 고객 유치를 위한 아이디어

- **주요 방문 이유인 '공부', '친구와의 대화', '휴식'을 고려해 다양한 마케팅 전략을 수립.**
  - **전략**: 대학생들에게 맞춤형 경험과 혜택을 제공해 고객 유입을 늘림.
  - **구체적 실행**:
    - **이벤트 운영**: 중간고사/기말고사 시즌에 무료 리필 이벤트나 공부용 음료 할인 프로모션.
    - **커뮤니티 지원**: 대학 동아리 모임 공간을 무료로 제공하거나 예약 시 음료 할인.
    - **SNS 캠페인**: 특정 해시태그를 사용해 사진을 올리면 무료 음료 쿠폰 제공.
    - **시간대별 할인**: 방문이 적은 오후 시간대에 특정 음료 할인.

기대 효과

- 메뉴 다양화와 품질 높은 커피로 재방문율 증가.
- 대학생들의 니즈를 반영한 인테리어로 학습과 휴식을 동시에 지원.
- 합리적인 가격 정책과 멤버십 프로그램으로 장기 고객 확보.
- 이벤트와 SNS 마케팅으로 신규 고객 유입.

02 추가 요청을 입력해 전략을 더욱 구체화하겠습니다. 설문 응답 결과에 따르면 대학생들은 조용한 분위기의 카페를 선호하는 것으로 나타났습니다. 이를 반영해 이번에는 조용한 카페 분위기에 어울리는 메뉴 아이디어를 요청하겠습니다.

조용한 카페 분위기에 맞는 한정 메뉴 아이디어를 제안해줘. 계절별로 나눠서 구체적으로 알려줘. 내용은 표로 정리해줘.

조용한 카페 분위기에 맞는 계절별 한정 메뉴 및 전략 표

계절	한정 음료 메뉴	한정 디저트 메뉴	특징	활용 방안
봄	- 라벤더 허니 라떼 - 딸기 라임 에이드	- 벚꽃 마카롱 - 딸기 크림 크레이프	- 봄의 화사한 느낌 - 꽃과 과일의 향긋함	- SNS에서 벚꽃 테마의 프로모션 진행 - 벚꽃과 라벤더를 활용한 포토존 설치
여름	- 유자 민트 콜드브루 - 자몽 허니 스파클링	- 망고 패션프루츠 케이크 - 코코넛 크림 파운드케이크	- 상큼하고 청량한 맛 - 열대 과일과 허브의 조화	- 시원한 메뉴 강조 광고 - 여름 테마의 이벤트(예 : 선착순으로 여름 한정 음료 제공)
가을	- 호박 시나몬 라떼 - 얼그레이 애플티	- 호두 타르트 - 사과 카라멜 크럼블	- 따뜻한 느낌과 풍성한 가을의 풍미	- 가을 인테리어로 공간 연출(예 : 낙엽 장식) - 디저트와 음료 세트 할인
겨울	- 진저브레드 모카 - 화이트 초콜릿 민트 라떼	- 크랜베리 피칸 스콘 - 핫초코 브라우니	- 포근하고 달콤한 맛 - 겨울철 대표 향신료와 초콜릿 활용	- 크리스마스와 연계한 프로모션 - 핫초코를 중심으로 한 겨울철 커스터마이징 음료 제공

상세한 메뉴 특징 및 구현 전략 표

메뉴	특징 및 재료	구현 전략
라벤더 허니 라떼	라벤더 시럽과 꿀로 은은한 꽃 향기와 부드러움을 살림	봄 분위기를 강조하는 라벤더 색의 잔이나 데코를 활용
딸기 라임 에이드	딸기와 라임의 상큼함을 조화롭게 믹스	투명 잔에 딸기 슬라이스와 민트를 데코레이션
호박 시나몬 라떼	호박 퓨레와 시나몬 가루로 가을의 따뜻한 감성을 표현	음료 위에 시나몬 파우더로 가을 테마 문구를 장식
진저브레드 모카	진저브레드 스파이스와 초콜릿을 믹스해 달콤하고 따뜻한 맛	진저브레드 쿠키를 컵 옆에 데코해 판매
망고 패션프루츠 케이크	열대 과일인 망고와 패션프루츠를 활용해 상큼한 맛과 생동감 있는 색감을 연출	여름 테마 포장지나 데코로 제품의 계절감을 강조
크랜베리 피칸 스콘	크랜베리의 새콤함과 피칸의 고소함이 조화	겨울철 따뜻한 음료와 세트로 할인 제공

03 이제 설문 데이터 분석에서 도출된 인사이트를 바탕으로 최종 전략을 요약하고, 이를 실행하기 위한 구체적인 실행 계획을 작성하도록 요청하겠습니다.

👤 💬

위 내용을 요약해서 실행 가능한 카페 창업 전략 플랜을 작성해줘. 간단한 단계별 실행 계획을 포함해줘.

🤖 💬

조용한 분위기의 대학가 카페 창업 전략 플랜

1. 콘셉트 설정

- 카페 분위기: 조용하고 아늑한 학습 및 휴식 공간.

- 핵심 고객층: 대학생, 스터디 모임, 과제 작업 공간을 찾는 고객.

2. 단계별 실행 계획

단계	실행 항목
1단계: 시장 조사 및 계획 수립	- 대학가 주요 고객층 분석 (설문 조사 활용). - 경쟁 카페 메뉴 및 가격 비교.
2단계: 메뉴 구성	- 기본 메뉴: 아메리카노, 카페라떼, 콜드브루 등. - 계절별 한정 메뉴: 라벤더 허니 라떼, 진저브레드 모카 등 추가.
3단계: 인테리어 디자인	- 조용한 분위기를 위한 스터디존과 개별 좌석 배치. - 포토존 설치: 네온사인, 트렌디한 벽면 장식.
4단계: 가격 정책	- 학생 중심의 합리적 가격 책정. - 세트 메뉴 할인 및 멤버십 프로그램 운영 (스탬프 적립).
5단계: 마케팅 및 고객 유치	- SNS 이벤트: 메뉴 사진 업로드 시 무료 쿠폰 제공. - 중간/기말고사 시즌 할인 이벤트. - 동아리 모임 공간 지원.
6단계: 계절별 테마 운영	- 계절 메뉴 출시와 테마 인테리어(예 : 여름엔 청량한 색감, 겨울엔 따뜻한 조명).

3. 계절별 메뉴와 마케팅 포인트

- 봄: 라벤더 허니 라떼 + 벚꽃 마카롱. 화사한 봄 인테리어와 SNS 공유 이벤트 진행.

- 여름: 유자 민트 콜드브루 + 망고 패션프루츠 케이크. 청량한 여름 테마와 할인 프로모션.

- 가을: 호박 시나몬 라떼 + 호두 타르트. 따뜻한 색감의 인테리어와 가을 감성 메뉴 제공.

- 겨울: 진저브레드 모카 + 크랜베리 피칸 스콘. 크리스마스 장식과 겨울 시즌 세트 할인.

4. 추가 아이디어

1. 공간 활용: 콘셉트, 조명, 방음 설계를 통해 학습 및 과제 작업에 최적화.

2. 장기 고객 확보: 멤버십 카드와 할인 쿠폰 제공.

3.커뮤니티 연계: 대학 동아리 및 학생들과 협업해 정기 이벤트 개최.

기대 효과

- 계절감을 살린 메뉴와 테마로 꾸준한 고객 방문 유도.
- SNS 마케팅과 프로모션으로 신규 고객 유입.
- 조용하고 편안한 학습 공간 제공으로 재방문율 증가.

04 지금까지 분석한 결과를 토대로 카페 창업 전략 보고서를 작성하겠습니다. 이 보고서는 창업 계획에 필요한 핵심 전략과 실행 방안을 체계적으로 정리한 문서입니다. 문서의 이름은 '카페 창업 전략 보고서' 또는 '대학생 타겟 카페 창업 계획서'와 같이 직관적이고 목적을 명확히 전달할 수 있는 제목이 적합합니다. 보고서를 문서화해 바로 활용할 수 있다면 훨씬 편리하고 효율적이겠죠? 챗GPT에게 전략 보고서를 작성하도록 요청한 뒤, 다운로드 가능한 파일 형식으로 만들어달라고 요청합니다.

> 분석한 내용을 바탕으로 카페 창업 전략 보고서를 작성해줘. Word 또는 PDF 파일로 다운로드할 수 있도록 해줘.

> 대학가 카페 창업 전략 보고서를 작성해 Word 파일로 저장했습니다. 아래 링크를 클릭해 다운로드하세요.
> 대학가_카페_창업_전략_보고서.docx 다운로드

챗GPT가 작성한 다운로드 링크를 클릭하면 작성된 보고서를 워드 파일 형식으로 컴퓨터에 저장할 수 있습니다.

지금까지 카페 창업을 위한 설문 조사 작성, 노코드 도구를 활용한 실습, 그리고 전략 보고서 작성까지 모두 완성해보았습니다. 이 과정을 통해 단순히 데이터를 수집하는 것을 넘어 고객의 니즈를 심층적으로 이해하고 이를 비즈니스 전략에 효과적으로 반영할 수 있다는 점을 경험했을 겁니다. 여러분도 이번 실습을 참고하여 설문 조사를 기획하고 수집된 데이터를 분석해 창업 아이디어를 실질적인 비즈니스 전략으로 발전시켜보세요.

(Chapter 03)

초음파 가습기 판매를 위한 AI 활용

초음파 가습기 시장에서 성공하려면 단순히 제품을 판매하는 것에 그치지 않고 데이터를 활용한 전략 수립이 필수적입니다. 즉, 데이터를 통해 고객의 니즈를 파악하고, 시장 트렌드를 분석하며, 잠재적인 리스크를 최소화하는 방법을 찾아야 합니다. 이번 장에서는 챗GPT를 활용하여 데이터를 기반으로 한 전략 수립 과정을 단계별로 알아보고, 이를 통해 초음파 가습기 시장에서 경쟁력을 강화하는 방법을 알아보겠습니다. 여기서 사용하는 AI 도구는 다음과 같습니다.

- 챗GPT : 웹에서 실제 데이터를 검색하여 데이터 기반 전략을 수립하는 도구

미친 활용 11 챗GPT와 검색으로 리스크 요소 식별하기

초음파 가습기 판매의 치열한 경쟁 속에서는 리스크를 사전에 식별하고 대비하는 것이 중요합니다. 이번 실습에서는 AI를 활용해 시장 데이터를 분석하고 리스크 요인을 체계적으로 파악하는 방법을 소개합니다. 시장 데이터, 소비자 피드백, 최신 트렌드를 종합적으로 분석하고, 챗GPT와 웹 검색을 활용해 신뢰할 수 있는 정보로 리스크를 분석하는 단계별 방법을 알아보겠습니다.

01 챗GPT의 웹 검색 기능을 사용해 초음파 가습기에 대한 최신 정보를 찾아보겠습니다. 특히, 판매와 관련된 리스크 요소를 식별하기 위해 먼저 웹 검색에서 사용할 적절한 질문이나 키워드를 챗GPT에게 요청해보겠습니다.

> 👤 💬
>
> 챗GPT의 웹 검색 기능을 활용해 초음파 가습기 판매와 관련된 리스크 요소를 조사하려고 해. 정보를 효율적으로 수집하기 위해, 검색 과정에서 어떤 질문을 해야 할까?
>
> > 🤖 💬
> >
> > 1. 시장 동향 및 경쟁사 분석
> >
> > 2. 제품 및 품질 관련 리스크
> >
> > 3. 소비자 불만 및 피드백
> >
> > 4. 계절적 및 환경적 리스크
> >
> > 5. 배송 및 물류 관련 이슈
> >
> > 6. 기술 및 트렌드 관련 질문

02 챗GPT의 여러 모델 중 [검색]을 할 수 있는 모델을 선택한 다음 프롬프트 입력창 하단의 지구본 아이콘에 마우스 커서를 가져가면 [웹에서 검색] 옵션이 나타납니다. 이 아이콘을 클릭하면 [검색] 버튼이 파란색으로 변하며 웹 검색 기능이 작동합니다. 활성화된 웹 검색 기능을 사용해 챗GPT가 제안한 질문을 입력해 필요한 정보를 찾아보겠습니다.

> TIP 챗GPT 검색 기능을 켜고 실행했는지 확인하세요.

> TIP '초음파 가습기'와 '리스크' 또는 '문제점'과 같은 구체적인 키워드를 조합하면 더 정확한 정보를 얻을 수 있습니다. 이번 실습에서는 검색 결과를 모두 나열하기 어렵기 때문에 준비한 키워드를 한 번에 입력하여 정보를 검색하겠습니다.

🙍‍💬

초음파 가습기 시장 동향 및 경쟁사 분석, 제품 및 품질 관련 리스크, 소비자 불만 및 피드백, 계절적 및 환경적 리스크, 배송 및 물류 관련 이슈, 기술 및 트렌드 관련 질문

🤖💬

1. 시장 동향 및 경쟁사 분석

- 시장 성장: 초음파 가습기 시장은 실내 공기 질에 대한 관심 증가와 건강한 생활 환경에 대한 수요로 인해 지속적인 성장을 보이고 있습니다. 예측 기간 동안 연평균 성장률(CAGR)이 약 8%에 이를 것으로 예상됩니다.

   Market Research Intellect

- 주요 경쟁사: 시장에는 다양한 기업들이 경쟁하고 있으며, 주요 업체로는 DriSteem, Boneco AG, Carel Industries SpA, Condair Group AG, Dyson 등이 있습니다.

   시장 조사 회사 - Mordor Intelligence™

2. 제품 및 품질 관련 리스크

- 미네랄 분사: 초음파 가습기는 물 속의 미네랄 성분이 미세 입자로 공기 중에 방출되어 가구나 바닥에 흰 가루가 남을 수 있습니다. 이를 방지하기 위해 증류수나 정제수 사용이 권장됩니다.

- 세균 번식: 정기적인 세척을 하지 않을 경우, 물탱크 내에 세균이 번식하여 공기 중으로 분사될 수 있습니다. 따라서, 사용 후 물을 비우고 주기적인 청소가 필요합니다.

...생략...

챗GPT에서 웹 검색 기능으로 얻은 답변은 일반 대화창과는 화면 구성이 조금 다릅니다. 검색한 정보는 정리된 형태로 제공되며, 보고서와 관련된 내용은 각 항목 끝부분에 해당 보고서의 링크가 표기되어 바로 확인할 수 있습니다.

또한 답변 하단에 있는 [출처]를 누르면 오른쪽에 인용된 자료의 출처와 링크가 제공되어 세부 내용을 바로 확인할 수 있어 매우 편리합니다.

03 검색한 자료를 바탕으로 챗GPT에게 리스크와 해결책을 체계적으로 답변하도록 요청합니다.

웹에서 검색한 정보를 활용해 초음파 가습기 판매와 관련된 리스크 요소를 분석하고 체계적으로 정리해줘.

초음파 가습기 판매와 관련된 리스크 요소 분석

웹 검색 결과를 기반으로 초음파 가습기 판매와 관련된 주요 리스크를 체계적으로 정리하였습니다. 각 리스크는 제품 및 품질, 소비자 피드백 및 불만, 시장 및 계절적 요인, 배송 및 물류, 기술 및 트렌드 변화로 분류하여 분석했습니다.

1. 제품 및 품질 리스크

- 미네랄 및 불순물 방출:
  - 초음파 방식의 가습기는 물 속의 미네랄이나 불순물이 공기 중에 미세 입자로 방출되어 가구나 바닥에 흰 가루를 남길 수 있음.
  - 대응 방안: 증류수 또는 정제수 사용을 적극적으로 권장하고, 필터가 포함된 제품을 판매.

- 세균 및 곰팡이 번식:
  - 물탱크나 내부 부품을 주기적으로 청소하지 않을 경우, 세균이나 곰팡이가 번식해 건강에 해로울 수 있음.
  - 대응 방안: 항균 처리된 부품을 사용하거나 자동 세척 기능이 포함된 제품 개발 및 제공.
- 소음 문제:
  - 일부 제품에서 작동 중 발생하는 소음이 소비자 불만의 원인으로 작용.
  - 대응 방안: 소음 수준을 명확히 표시하고, 저소음 설계를 강조한 제품을 개발.

...생략...

04 앞서 제공한 답변을 표와 차트로 정리해 한눈에 보기 쉽도록 가독성 있게 정리해보겠습니다. 차트 그리기를 할 때는 [검색] 기능을 끄고 시도하기 바랍니다.

이전에 분석한 내용을 바탕으로 표와 차트를 정리해줘. 표는 리스크 카테고리, 주요 리스크, 해결책으로 구성하고, 파이 차트는 고객 불만(소음, 초기 불량)의 비율을 시각화해.

초음파 가습기 판매와 관련된 리스크 요소를 표로 정리하면 다음과 같습니다:

리스크 카테고리	주요 리스크	해결책
법적 및 규제 요구사항	- 의료기기 분류 시 허가 및 인증 필요 - 전기용품 안전인증 요구	- 식품의약품안전처의 허가 및 인증 절차 준수 - 전기용품 및 생활용품 안전관리법에 따른 인증 획득
제품 안전성	- 백분 현상으로 인한 위생 문제 - 세균 및 곰팡이 번식으로 인한 건강 위험	- 사용 설명서에 관리 방법 안내 - 정기적인 청소와 소독 방법 제공
품질 관리 및 위험 관리	- 위험관리 시스템 부재 - 기술문서 미비	- ISO 14971 등 국제 표준에 따른 위험관리 시스템 구축 - 규제 기관 요구사항에 부합하는 기술문서 작성
환경 및 건강 영향	- 미세 입자로 인한 실내 공기질 악화 - 유해 화학물질 사용으로 인한 건강 위험	- 미세 입자 배출 최소화 설계 - 안전한 물질 사용 및 관련 지침 준수
시장 경쟁 및 책임 문제	- 경쟁 제품과의 차별화 부족 - 제품 결함으로 인한 법적 책임	- 경쟁 제품 분석을 통한 차별화 전략 수립 - 법적 책임 대비책 마련 및 보험 가입 고려

고객 불만 사항 중 소음과 초기 불량에 대한 비율을 시각화한 차트는 다음과 같습니다:

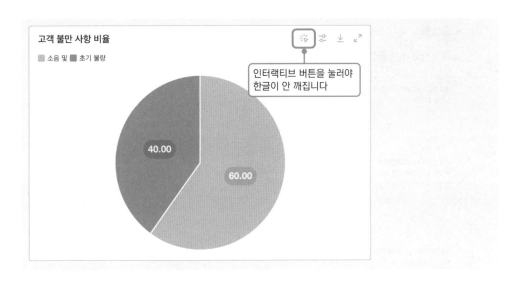

초음파 가습기 판매와 관련된 리스크 요소를 살펴본 결과 제품 품질 관리, 소비자 피드백 및 불만 대응, 시장 및 계절적 요인, 배송 및 물류 관리의 중요성을 확인할 수 있었습니다. 특히, 고객들이 초음파 가습기에서 가장 불만족을 느끼는 부분이 소음이라는 점이 눈에 띕니다. **따라서 초음파 가습기를 판매할 때는 소음 개선 방안을 중점적으로 고려하는 것이 중요합니다.**

미친활용 12 챗GPT로 경쟁 상품 약점 공략하기

미친활용 04 **챗GPT, 리스틀리로 경쟁사 상품 목록 정리하기**에서는 경쟁 상품의 강점을 분석하여 이를 바탕으로 전략을 수립했습니다. 이번에는 한 단계 더 나아가 역발상 접근법을 도입합니다. 즉, 경쟁 상품의 약점이나 고객 불만이 많은 항목(예: 소음, 초기 불량)을 분석하여 이를 우리의 강점으로 전환하는 전략을 살펴봅니다. 이 방법은 단순히 경쟁 상품의 장점을 모방하는 것이 아니라 고객이 불편함을 느끼는 부분을 해결하여 차별화된 경험을 제공하는 데 중점을 둡니다. 이번 실습에서는 데이터를 기반으로 경쟁 상품의 약점을 파악하고, 시장에서 차별화된 포지셔닝을 구축하는 방법을 알아보겠습니다.

01 챗GPT의 [검색] 기능을 활용하여 경쟁 상품에 대한 데이터를 요청해보겠습니다.

소음이 적고 초기 불량이 없는 초음파 가습기 5개를 추천해줘.

소음이 적고 초기 불량이 적은 초음파 가습기 5가지를 추천해드리겠습니다.

케어메디 아이오랩 아이화이트
6~7만 원대의 합리적인 가격으로, 300ml/h의 가습량과 4.5L의 물통 용량을 갖추고 있습니다. 자동 모드와 타이머 기능이 있어 사용이 편리하며, 수조와 부품 분리가 가능해 세척이 용이합니다.

쿠쿠전자 CH-BS302FW
스테인리스 스틸 물탱크로 위생적이며, 3.8L의 용량으로 3단계 기준 약 13시간 사용이 가능합니다. 터치 디스플레이로 조작이 편리하며, 상부 급수 방식으로 물 보충이 간편합니다.

쿠첸 올스텐 CUH-U45200W
4.5L 대용량 스테인리스 수조로 위생적이며, 최대 분무량 220cc로 넓은 공간에서도 효과적인 가습이 가능합니다. 상부 급수 방식과 자동 습도 조절 기능을 갖추고 있으며, 26dB 수준의 저소음 설계로 조용한 사용이 가능합니다.

...생략...

02 웹상의 데이터를 기반으로 소음이 적고 초기 불량이 적은 초음파 가습기 5개를 추천했습니다. 이제 제공된 데이터를 요약하고 체계적으로 정리해보겠습니다.

추천 내용을 제품명, 소음 여부, 초기 불량 관련 특징, 가격, 평점 항목으로 텍스트로 정리해줘. 이렇게 정리된 데이터를 바탕으로 제품 간의 공통점과 차이점을 분석해줘.

소음이 적고 초기 불량이 적은 초음파 가습기 5가지를 아래와 같이 정리하였습니다.

제품명	소음 여부	초기 불량 관련 특징	가격	평점
케어메디 아이오랩 아이화이트	저소음 설계	초기 불량 사례 드묾	6~7만 원대	★4.7 (374명)
쿠쿠전자 CH-BS302FW	저소음 설계	초기 불량 사례 드묾	7~9만 원대	★4.5 (20명)
쿠첸 올스텐 CUH-U45200W	26dB 수준의 저소음	초기 불량 사례 드묾	10~12만 원대	★4.5 (20명)
듀플렉스 DP-9990UH	저소음 설계	초기 불량 사례 드묾	4.4만 원대	★4.2 (20명)
엔라이브 ELV-070	저소음 설계	초기 불량 사례 드묾	7~9만 원대	★4.5 (20명)

이들 제품은 모두 저소음 설계로 조용한 사용이 가능하며, 초기 불량 사례가 드문 것으로 알려져 있습니다.

공통점:

- **저소음 설계:** 모든 제품이 소음이 적어 조용한 환경에서 사용하기 적합합니다.

- 초기 불량 사례 드묾: 사용자 리뷰와 평가를 기반으로 초기 불량 사례가 드문 것으로 나타났습니다.
- 합리적인 가격대: 4만 원대부터 12만 원대까지 다양한 가격대로, 가성비를 고려한 선택이 가능합니다.

차이점:

- 물통 용량 및 가습량: 제품마다 물통 용량과 가습량에 차이가 있어 사용 공간의 크기와 필요에 따라 선택할 수 있습니다.
- 부가 기능: 일부 제품은 자동 습도 조절, 타이머, 상부 급수 방식 등 추가 기능을 제공하여 사용 편의성을 높였습니다.
- 디자인 및 소재: 스테인리스 수조를 사용한 제품과 플라스틱 소재를 사용한 제품 등 디자인과 소재에서 차이가 있습니다.

이러한 공통점과 차이점을 고려하여 개인의 필요와 선호도에 맞는 제품을 선택하시길 바랍니다.

03 각 제품의 후기와 평점 데이터를 웹 검색을 통해 추가로 수집합니다. 이러한 데이터는 경쟁 상품의 약점을 파악하고 이를 바탕으로 차별화된 전략을 수립하는 데 유용하게 활용할 수 있습니다.

추천한 5개의 초음파 가습기 각 제품의 후기 및 평점 데이터를 수집해줘. 각 제품의 약점과 고객의 불만 요소를 정리해줘.

추천드린 5개의 초음파 가습기에 대한 후기 및 평점 데이터를 수집한 결과, 일부 제품에 대한 상세한 정보를 확인할 수 있었습니다. 아래에 각 제품의 약점과 고객의 불만 요소를 정리하였습니다.

1. 케어메디 아이오랩 아이화이트

- 약점 및 고객 불만 요소:
  - 세척 편의성: 세척이 간편한 편이나, 일부 사용자는 완벽한 세척을 위해 추가적인 노력이 필요하다고 언급합니다.
  - 가습량: 300ml/h의 가습량은 평균적이지만, 대형 공간에서는 부족하다고 느끼는 사용자도 있습니다.

...생략...

5. 엔라이븐 ELV-070

- 약점 및 고객 불만 요소:
  - 가습량: 238ml/h의 가습량은 작은 공간에는 적합하지만, 넓은 공간에서는 부족하다고 느낄 수 있습니다.
  - 디자인: 일부 사용자는 디자인이 다소 단조롭다고 평가합니다.

이러한 정보를 바탕으로 각 제품의 특징과 약점을 고려하여 개인의 필요와 선호도에 맞는 제품을 선택하시길 권장드립니다.

결과를 종합해보면 각 제품은 저소음과 가습 효과에서 강점을 보입니다. 그러나 물 보충의 불편함, 세척의 어려움, 가격 등의 문제로 일부 고객의 불만이 제기되고 있습니다. 따라서 신제품 개발이나 제품 마케팅 시 이러한 특징을 잘 활용하면 소비자 만족도를 높일 수 있을 것입니다.

미친활용 13 챗GPT로 잠재 고객 분석하기

초음파 가습기 시장에서 성공적인 판매를 위해서는 잠재 고객의 특징과 니즈를 정확히 파악하는 것이 중요합니다. 이번 실습에서는 데이터를 기반으로 잠재 고객을 분석하고 구매 가능성이 높은 고객군을 선별하는 방법을 알아보겠습니다. 이를 위해 연령, 성별, 지역별 소비 패턴과 같은 정보를 분석해 잠재 고객의 프로필을 정의하고, 이 데이터를 활용해 맞춤형 마케팅 전략을 수립해보겠습니다.

01 초음파 가습기는 어떤 기능을 제공하며, 이 제품이 필요할 가능성이 높은 고객층은 누구일까요? 챗GPT를 활용해 초음파 가습기의 주요 기능과 특성을 체계적으로 정리하고, 이를 기반으로 핵심 고객층을 정의해보겠습니다.

> 🧑‍💬 •••
>
> 초음파 가습기의 주요 기능, 특징과 장점에 대해서 알려줘. 그리고 초음파 가습기를 필요로 하는 고객층의 일반적인 특성을 알려줘.

> 🤖 •••
>
> **초음파 가습기의 주요 기능, 특징 및 장점**
>
> **1. 주요 기능**
>
> - **미세한 수분 입자 분무**: 초음파 진동을 이용해 물을 작은 입자로 쪼개어 공기 중에 분무함.
> - **습도 조절 기능**: 일정한 습도를 유지할 수 있도록 조절 가능.
> - **향균 및 공기 정화 기능 (일부 모델)**: UV 살균, 은 이온 필터, 활성탄 필터 등을 포함해 세균 번식 방지.
> - **아로마 디퓨저 기능 (일부 모델)**: 에센셜 오일을 추가해 방향 효과 제공.
> - **자동 전원 차단 기능**: 물이 부족할 경우 자동으로 전원을 차단해 안전성 강화.
>
> **2. 특징**
>
> - **저소음 작동**: 모터가 아닌 초음파 진동 방식이므로 소음이 거의 없음.
> - **빠른 가습 효과**: 초음파로 즉시 수분을 공기 중에 퍼뜨려 빠르게 실내 습도를 높임.
> - **전력 소비량이 적음**: 히터를 사용하지 않으므로 전기 소모가 적음.
> - **컴팩트한 디자인**: 다양한 크기와 디자인으로 공간 효율성이 높음.

- **차가운 미스트 분사**: 가열 방식이 아니므로 어린이나 반려동물이 있는 환경에서도 안전함.

...생략...

초음파 가습기는 저소음과 빠른 가습 효과를 제공하며, 유지비가 적고 관리하기 편하다는 장점이 있네요. 주요 고객층은 주로 건조한 환경에서 생활하거나 건강과 피부를 중시하며, 수면과 업무 환경의 질을 높이려는 사람들로 보입니다.

02 고객층을 더욱 세부적으로 이해하기 위해 고객을 세분화할 구체적인 질문을 챗GPT에게 요청하겠습니다.

🧑💬

초음파 가습기의 구매를 고려할 잠재 고객을 나이, 직업, 라이프스타일에 따라 세분화해 줘. 각 세분화된 고객군이 어떤 점에 관심을 가지는지 알려줘.

🤖💬

초음파 가습기의 잠재 고객 세분화 및 관심사

1. 세분화 기준: 나이, 직업, 라이프스타일

　1.나이에 따른 세분화

- **20~30대 젊은 세대**

　特성: 자기계발과 건강을 중시하며, 미니멀리즘과 실용적인 소비를 선호.

　관심사:

- 디자인: 인테리어와 어울리는 세련된 외형.
- 기능: 저소음, 간편한 사용 및 유지보수.
- 경제성: 가성비 높은 제품.

- **40~50대 중년층**

　特성: 가족 구성원의 건강을 우선시하며, 안정성과 내구성을 중시.

　관심사:

- 안전성: 항균 처리 및 위생적 사용 가능 여부.
- 품질: 내구성 높은 제품.
- 편리성: 큰 물탱크와 자동화된 기능(예: 자동 습도 조절, 타이머).

- **60대 이상 시니어**

　特성: 간단한 사용법과 건강에 도움 되는 제품을 선호.

- 관심사:
  - 사용 편의성: 복잡한 조작 없이 간단히 사용할 수 있는 제품.
  - 기능: 가습 효과가 눈에 띄게 좋은 제품.
  - 유지보수: 세척이 쉽고 관리가 간단한 제품.

2. 직업에 따른 세분화
- 사무직/학생
  - **특성**: 실내에서 많은 시간을 보내며, 학습 또는 업무 효율성을 중시.
  - 관심사:
    - 소음: 조용한 환경 유지.
    - 크기: 책상 위에 올릴 수 있는 콤팩트한 크기.
    - 이동성: 손쉽게 이동 가능.

...생략...

초음파 가습기의 잠재 고객은 연령, 직업, 라이프스타일에 따라 필요와 관심사가 다양하네요. 예를 들어, 20~30대는 디자인과 가성비를 중시하고 40~50대는 가족의 건강과 내구성을, 60대 이상은 간단한 사용법을 중시하는 것으로 보입니다.

03 지금까지 분석한 데이터를 바탕으로 잠재 고객 프로파일을 완성하고, 이를 통해 초음파 가습기 판매 전략을 구체화해보겠습니다.

👤💬

초음파 가습기의 잠재 고객 프로파일을 작성해줘. 나이, 직업, 주요 관심사를 포함해서 작성해줘.

🤖💬

초음파 가습기 잠재 고객 프로파일

1. 고객 프로파일: 20~30대 (젊은 세대)
- 나이: 20~30대
- 직업: 대학생, 신입 직장인, 프리랜서, 1인 가구
- 주요 관심사:
  - 세련된 디자인: 인테리어에 어울리는 감각적인 외형
  - 가성비: 합리적인 가격 대비 높은 성능
  - 사용 편의성: 간단한 조작과 쉬운 유지보수

- 저소음: 수면 및 업무 환경에서 방해가 되지 않는 작동 소음
- 구매 이유:
  - 건조한 방 환경에서 피부와 건강 관리
  - 공부 및 업무 효율성을 위한 쾌적한 실내 공기 유지

2. 고객 프로파일: 40~50대 (가족 중심 세대)
- 나이: 40~50대
- 직업: 주부, 관리자, 전문직 종사자
- 주요 관심사:
  - 가습 성능: 넓은 공간을 커버할 수 있는 가습량
  - 안전성: 항균 코팅, 세균 번식 방지 기능
  - 편리성: 대용량 물탱크와 간편한 세척 구조
  - 내구성: 장기간 사용 가능한 튼튼한 설계
- 구매 이유:
  - 가족의 건강, 특히 아이와 노약자를 위한 습도 유지
  - 겨울철 난방기 사용으로 인한 건조한 공기 해결

...생략...

초음파 가습기의 잠재 고객은 나이, 직업, 라이프스타일에 따라 다양한 특성을 보입니다. 젊은 세대는 디자인과 가성비를, 가족 중심 세대는 성능과 안정성을, 시니어는 간단한 조작과 건강 관리 기능을 중시합니다. 사무직과 웰빙족은 각각 조용한 작동과 위생적 사용을 우선시합니다. 이제 타겟별 맞춤형 마케팅 전략을 수립할 준비가 거의 다 된 것 같습니다.

미친 활용 14 챗GPT로 데이터 기반 마케팅 전략 수립하기

지금까지 초음파 가습기의 잠재적 리스크를 파악하고, 경쟁 상품의 약점을 분석하며, 잠재 고객을 프로파일링하여 중요한 데이터를 확보했습니다. 이제 이 모든 데이터를 통합하여 효과적인 마케팅 전략을 수립할 차례입니다. 이번 실습에서는 데이터를 분석하여 초음파 가습기 판매를 위한 맞춤형 마케팅 전략을 단계별로 설계하는 방법을 알아보겠습니다.

01 초음파 가습기의 리스크 요소와 경쟁 상품의 단점, 잠재고객의 데이터는 어떨까요? 챗GPT에게 해당 내용을 분석하고 이를 기반으로 인사이트를 도출해달라고 요청하겠습니다.

👤 💬

위에서 분석한 초음파 가습기의 리스크 요소, 경쟁 상품의 단점, 잠재고객의 프로파일 데이터를 분석해서 초음파 가습기 판매를 위한 인사이트를 도출해줘.

🤖 💬

초음파 가습기 판매를 위한 주요 인사이트 도출

1. 고객 중심의 제품 개발 방향

- 고객 불만(리스크 요소)을 개선한 제품 설계:

  ○ 소음 문제: 초음파 가습기를 선택하는 주요 이유 중 하나는 조용한 작동입니다. 모든 작동 모드에서 일정 수준의 저소음을 유지하도록 설계해야 합니다.

  ○ 세척의 번거로움: 세척이 간편하도록 분리 가능한 물탱크 및 부품 구조를 적용하고, 자동 세척 기능을 탑재한 모델을 고려해야 합니다.

  ○ 물 보충의 불편함: 상부 급수 방식으로 물 보충 과정을 간소화하여 고객 불편을 해소해야 합니다.

- 고객 건강과 안전성을 강화:

  ○ 항균 코팅과 정제수 사용 권장을 통해 세균 및 곰팡이 번식 문제를 해결하고 위생적인 사용 환경을 제공해야 합니다.

  ○ 아기와 노약자 등 민감한 사용자들을 위해 더 엄격한 안전 기준을 준수해야 합니다.

2. 차별화된 경쟁 전략

- 경쟁 상품의 단점 공략:

  ○ 경쟁 제품에서 나타난 소음 문제와 세척의 불편함을 개선한 기능을 강조하여 차별화.

  ○ 초기 불량 사례를 줄이기 위한 품질 관리 강화와 이를 강조한 마케팅(예: "최저 불량률 보증").

  ○ 경쟁 제품 대비 더 넓은 공간 커버 가능성(가습량)과 디자인 다양성을 강조.

- 기능과 디자인의 조화:

  ○ 인테리어와 조화를 이루는 세련된 디자인으로 젊은 세대와 1인 가구를 타겟팅.

  ○ 심플한 디자인 외에도 감성적이고 독특한 디자인을 통해 고급 소비층 공략.

  ...생략...

분석한 데이터를 통해 고객 불만 개선, 경쟁 제품과의 차별화, 타겟 고객 세분화, 계절 및 지역별 전략 수립, 그리고 친환경 요소와 IoT 기능 적용과 같은 웰빙 트렌드 대응 방안을 도출했습니다. 이러한 인사이트를 활용하면 초음파 가습기의 제품 개발부터 판매 전략까지 체계적으로 수립할 수 있습니다.

02 데이터를 기반으로 초음파 가습기 판매를 위한 명확한 마케팅 목표를 설정합니다. 예를 들어 '초기 불량과 소음이 적음을 강조한 제품 홍보' 또는 '20~30대 대학생을 대상으로 맞춤형 캠페인 실행'과 같은 구체적인 목표를 설정하면 보다 명확한 전략을 도출할 수 있습니다.

위 데이터를 바탕으로 초기 불량과 소음이 적은 점을 강조하는 제품 홍보 마케팅 목표를 추천해줘.

초기 불량과 소음이 적은 초음파 가습기 제품 홍보를 위한 마케팅 목표

1. 제품 신뢰도 및 품질 강조

- **목표:** 제품의 높은 품질과 신뢰성을 통해 소비자의 불안을 해소하고 구매 결정을 유도합니다.
- **세부 전략:**
  - "최저 초기 불량률 보장"과 같은 메시지를 통해 제품의 안정성을 강조.
  - 품질 관리 공정을 소개하거나, 인증서를 활용한 신뢰도 구축.
  - 고객 후기나 사용자 만족도를 활용한 구체적인 데이터 제공(예: "100명의 고객 중 98명이 초기 불량 없이 사용").

2. 소음 없는 조용한 환경 홍보

- **목표:** 조용한 작동을 통해 수면, 학습, 업무 환경에서 최적의 사용 경험을 제공하는 제품으로 포지셔닝합니다.
- **세부 전략:**
  - "수면을 방해하지 않는 최저 소음 설계"와 같은 메시지를 강조.
  - 사용자 리뷰(예: "밤새 조용히 작동해 수면에 방해되지 않음")를 시각적으로 전달.
  - 데시벨(소음 정도)를 비교하는 데이터(예: "도서관 수준의 소음(30dB 미만)")를 통해 제품 특징을 구체화.

...생략...

핵심 마케팅 메시지 추천

1. "밤에도 조용히, 아침까지 촉촉히 - 최저 소음 초음파 가습기"

2. "초기 불량 걱정 없이 믿고 사용할 수 있는 최고의 선택"

3. "소음은 낮추고, 신뢰는 높였다 - 당신의 건강을 위한 가습기"

4. "아이부터 어른까지 모두를 위한 조용하고 안전한 습도 관리"

5. "차원이 다른 조용함과 품질로 당신의 일상을 바꿉니다"

답변을 보니 초기 불량과 소음을 개선한 제품 특징을 적극적으로 홍보하며 신뢰와 품질을 강조하는 마케팅 전략이 효과적일 것으로 보입니다. 특히 고객 리뷰, 소음 데이터, 경쟁 제품과의 비교 메시지를 활용하여 차별화된 이미지를 전달하면 더 높은 성과를 기대할 수 있습니다.

03 앞서 분석한 잠재 고객 데이터를 세분화하여 마케팅 목표로 설정한 각 그룹에 적합한 메시지를 설계합니다. 예를 들어 '소음을 싫어하는 30대'처럼 세분화된 고객 그룹에 맞는 메시지를 만들어달라고 챗GPT에 요청해보겠습니다.

소음을 싫어하는 30대를 타겟으로 초음파 가습기 마케팅 메시지를 만들어줘.

소음을 싫어하는 30대를 타겟으로 한 초음파 가습기 마케팅 메시지

1. 메인 슬로건

   • "조용한 촉촉함, 당신의 일상에 스며듭니다."

   • "소음은 없애고, 습도는 더했습니다."

   • "집에서도 카페 같은 조용함, 초음파 가습기."

2. 제품 특징 강조 메시지

   • "30dB 이하의 소음, 조용한 밤과 함께합니다."

   • "공부방에서도, 작업실에서도, 방해받지 않는 습도 조절."

   • "조용한 작동으로 더 나은 수면을 선물합니다."

3. 라이프스타일 연결 메시지

   • "집에서 나만의 작업실을 완성하세요. 소음 없는 가습기로."

   • "조용한 가습기 하나로 완벽한 밤을 보내세요."

   • "습도는 채우고, 스트레스는 비우세요."

   ...생략...

   광고 예시 활용

   • 이미지: 심플한 인테리어 속에서 조용히 작동하는 가습기.

   • 문구: "소음에 방해받지 않는 일상. 당신의 공간을 더욱 특별하게."

타겟으로 설정한 '소음을 싫어하는 30대'는 디자인과 기능을 중시하는 소비층입니다. 이처럼 챗GPT가 제안한 메시지를 활용해 소음 문제 해결과 감각적인 라이프스타일을 강조하면 해당 소비층에 적합한 효과적인 마케팅 전략을 짤 수 있습니다.

04 설정한 타겟을 기반으로 가장 효과적인 마케팅 채널을 선택하고 실행 계획을 수립해보겠습니다.

👤 💬

소음을 싫어하는 30대에게 적합한 마케팅 채널과 실행 전략을 추천해줘.

🤖 💬

소음을 싫어하는 30대에게 적합한 마케팅 채널과 실행 전략

1. 적합한 마케팅 채널

1. SNS 플랫폼 (Instagram, Facebook, TikTok)
   - 이유: 30대는 비주얼 중심의 콘텐츠에 익숙하며, 실용적이고 감성적인 제품을 SNS에서 탐색하는 경향이 있음.
   - 실행 전략:
     - 인스타그램 광고: 조용한 환경에서 사용되는 초음파 가습기의 감각적인 이미지나 영상 콘텐츠 제작.
     - 릴스(TikTok 포함): "가습기는 소음이 필수? NO! 우리 제품은 이렇게 조용합니다" 같은 단편 영상 콘텐츠.
     - 해시태그 캠페인: #소음없는삶 #조용한가습기 #30대를위한습도관리 등으로 참여 유도.

2. 유튜브
   - 이유: 30대는 제품 리뷰 및 사용 팁을 유튜브 영상에서 자주 찾음.
   - 실행 전략:
     - "소음 없는 초음파 가습기 vs 일반 가습기" 비교 리뷰 영상 제작.
     - "수면의 질을 바꾸는 조용한 가습기" 테마의 브랜드 콘텐츠 제작.
     - 인플루언서와 협업: 30대 타겟에 적합한 유튜버를 활용한 리뷰 및 추천 영상.

3. 네이버 블로그/카페
   - 이유: 30대는 실구매 후기를 중요시하며, 검색을 통해 구체적인 정보를 탐색.
   - 실행 전략:
     - 상세한 사용 후기 작성 및 키워드 광고 설정(예: "조용한 가습기 추천", "30대 가습기").
     - 인기 네이버 카페(맘카페, 인테리어 커뮤니티 등)에 제품 체험단 운영.

...생략...

3. 마케팅 메시지 예시

- "소음을 없애는 작은 기술, 초음파 가습기로 쾌적한 하루를 만들어보세요."
- "30대의 집중력을 위해, 소리 없이 습도를 채웁니다."
- "조용한 집, 조용한 밤, 소음 걱정 없는 가습기."

SNS, 유튜브, 네이버 블로그와 같은 디지털 플랫폼을 활용해 시각적이고 감각적인 콘텐츠 업로드를 추천하네요. 소음을 싫어하는 고객이 타겟이므로 조용한 환경에서 사용 가능한 제품의 특징을 중심으로 비교 리뷰, 실제 후기, 참여형 이벤트를 활용하면 효과적인 마케팅 전략을 실행할 수 있습니다.

05 이제 마케팅 전략을 정리하여 파일로 작성해보겠습니다. 이번에는 완성한 내용을 PPT 파일로 다운로드 가능하도록 요청해보겠습니다.

지금까지 분석한 초음파 가습기 판매 데이터를 통합하여 최고의 마케팅 전략을 작성해줘. 이 내용을 PPT로 만들어줘.

초음파 가습기 판매를 위한 통합 마케팅 전략 방안 PPT 파일이 생성되었습니다. 아래 링크를 통해 다운로드 할 수 있습니다:

초음파_가습기_마케팅_전략.pptx 다운로드

06 챗GPT가 작성한 다운로드 링크를 클릭하여 파일을 저장합니다. 다운로드한 파일을 열면 각 슬라이드마다 작성해야 할 내용이 포함된 PPT 가이드 파일을 확인할 수 있습니다.

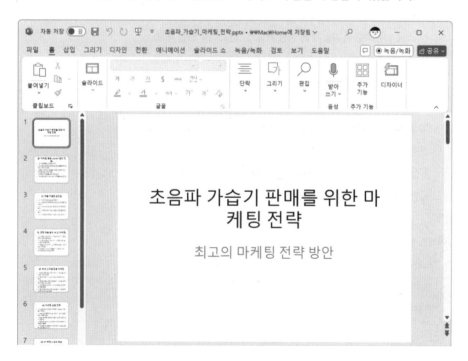

이 장에서는 초음파 가습기 판매를 위한 리스크 요소 식별, 경쟁 상품 분석, 잠재 고객 분석 등 마케팅 전략의 수립 과정 전반을 챗GPT를 활용해 실습해보았습니다. 여러분은 이제 데이터 기반 전략 수립의 중요성과 효과를 직접 체감하셨을 것입니다. 이제 자신의 제품이나 서비스에 맞는 차별화된 전략을 설계해보세요. 데이터 기반 접근 방식은 보다 명확한 방향성을 제시하며 비즈니스 성장을 가속화하는 유용한 도구가 될 것입니다.

이게 되네?

PART
02

AI로 축제, 행사,
공간 디자인하기

여기서 공부할 내용

프로젝트의 성공은 매력적인 콘셉트와 세심한 공간 설계에서 시작됩니다. 그러나 참신한 아이디어를 구체화하고 최적의 디자인을 구성하는 것은 생각보다 쉽지 않을 수 있습니다. AI 도구를 활용하면 스토리텔링으로 콘셉트를 강화하고, 콘텐츠 제작을 간소화하며, 공간 설계와 동선을 최적화할 수 있습니다. 이 장에서는 AI를 활용해 아이디어와 테마를 시각적으로 표현하고, 콘셉트 디자인과 메인 테마를 정리하는 방법을 알아보겠습니다.

💬 이 그림은 챗GPT에게 **"토끼가 창의적인 디자인 스튜디오에서 AI 도구를 활용해 페스티벌 콘셉트를 작업하고, 공간 설계와 디자인을 구체화하는 장면을 지브리 스타일로 그려줘"** 라고 요청하여 받았습니다.

Chapter 04

지역 축제 콘셉트 디자인을 위한 AI 활용

지역 축제를 기획할 때는 단순히 인기 있는 주제를 선택하는 것만으로는 성공적인 축제를 만들기 어렵습니다. 축제의 콘셉트와 주제는 참가자들이 축제에서 느낄 경험과 분위기를 결정짓는 핵심 요소입니다. AI를 활용하면 기존의 감각적인 접근을 넘어 데이터에 기반한 창의적이고 설득력 있는 콘셉트를 설정할 수 있습니다. AI는 축제의 배경 스토리를 만들고 지역의 특색을 반영한 주제를 구체화하는 유용한 도구가 될 것입니다. 이번 장에서는 AI를 활용해 즐거운 축제의 콘셉트를 효과적으로 기획하고, 이를 바탕으로 매력적인 축제를 만들어보겠습니다. 여기서 사용하는 AI 도구는 다음과 같습니다.

- 챗GPT : 축제 스토리텔링, 행사장 콘셉트 기획 및 프로그램 설계 도구
- 달리 : 행사장 콘셉트 이미지 생성 도구

미친 활용 15 챗GPT로 스토리텔링하기

축제 기획에서 매력적인 스토리를 만드는 것은 사람들이 축제에 몰입하도록 하는 중요한 과정입니다. 이번 실습에서는 챗GPT를 활용해 축제의 메시지와 분위기를 정의하고, 이를 바탕으로 독창적인 스토리텔링 아이디어를 구상하는 방법을 살펴봅니다. 챗GPT의 다양한 아이디어와 텍스트 생성 기능을

활용해 콘셉트를 구체화하고, 축제의 메시지를 효과적으로 전달하는 방법을 알아보겠습니다.

01 스토리텔링을 시작하기 위해 챗GPT에게 테마, 대상 관객, 지역적 특색과 같은 기본 정보를 입력합니다. 구체적인 정보를 제공할수록 더 정확하고 유용한 아이디어를 얻을 수 있습니다. 예를 들어 저는 수원시의 수원 화성을 테마로 그 역사적 가치를 활용한 스토리를 만들어보겠습니다.

👤 💬

수원에서 열리는 여름 축제를 기획하고 싶어. 축제의 주요 테마는 수원 화성의 여름밤이야. 주요 타겟은 가족 단위 관람객이야. 역사적 배경과 여름이라는 계절적 특색을 반영한 매력적인 스토리를 만들어줘.

🤖 💬

수원 여름 축제 기획: "수원 화성의 여름밤"

1. 축제 개요

- 축제명: 수원 화성 여름밤 축제
- 테마: 역사와 여름밤의 낭만이 어우러지는 수원 화성의 특별한 여정
- 주요 타겟: 가족 단위 관람객 (부모와 어린이 중심)
- 장소: 수원 화성 (화성행궁, 장안문, 화홍문 주변 야외 공간)
- 기간: 8월 초 (여름 방학 기간과 맞물려 주말 2~3일간)

2. 축제 스토리라인: "조선의 밤, 화성을 거닐다"

수원 화성은 조선 정조의 효심과 혁신이 담긴 세계문화유산이다. 이곳에서 여름밤의 정취와 조선의 이야기를 만나볼 수 있는 특별한 시간이 펼쳐진다.

"수원 화성의 여름밤 축제"는 정조 시대의 일상을 재현한 퍼포먼스와 여름밤의 시원한 낭만이 공존하는 역사 체험형 축제이다.

...생략...

5. 기대 효과

- 문화유산에 대한 관심 제고: 수원 화성의 역사와 가치를 재발견하는 계기.
- 가족 단위 관람객 유치: 체험형 콘텐츠를 통해 방문객의 만족도와 재방문율 향상.
- 지역 경제 활성화: 지역 상권과 연계한 축제 운영으로 경제적 파급 효과 증대.
- 계절적 관광 콘텐츠 강화: 여름철 관광객을 위한 대표 축제로 자리매김.

챗GPT가 축제의 스토리라인뿐만 아니라 축제 개요, 프로그램, 매력 포인트, 그리고 기대 효과까지 정리해주었습니다. 이제 이 정보를 바탕으로 스토리텔링에 필요한 요소를 하나씩 구체화

해보겠습니다. 각 항목을 세부적으로 다듬을수록 더 완성도 높은 축제를 만들 수 있습니다.

02 이번에는 축제의 핵심 메시지를 도출해보겠습니다. 핵심 메시지를 명확히 하기 위해 질문을 더 구체화해봅시다. 예를 들어 "이 축제가 전달하고자 하는 가장 중요한 가치는 무엇인가?" 또는 "관객들이 축제를 통해 어떤 감동이나 경험을 얻길 원하는가?"와 같은 질문을 설정하면 메시지가 더 선명하게 정리될 것입니다.

이 축제를 통해 사람들에게 전달하고 싶은 메시지를 정리해줘. 예를 들어 '우리 문화재의 우수함을 느끼고, 가족과 함께 특별한 여름밤을 보내는 경험'이라는 내용이 포함되면 좋겠어.

수원 화성 여름밤 축제를 통해 전달하고 싶은 메시지

1. 우리 문화재의 가치와 아름다움을 경험하세요.
    - 세계문화유산으로 지정된 수원 화성의 역사적 의미와 조선 정조의 효심과 혁신을 느낄 수 있는 특별한 기회입니다.
2. 가족과 함께하는 잊지 못할 여름밤의 추억.
    - 부모와 아이가 함께 즐길 수 있는 체험과 프로그램으로 온 가족이 특별한 여름밤을 보낼 수 있습니다.
3. 역사와 현대가 어우러진 새로운 축제의 발견.
    - 전통적인 조선의 문화를 현대적인 감각으로 재해석한 프로그램을 통해 과거와 현재를 연결하는 경험을 제공합니다.
4. 시원한 여름밤, 도심 속에서의 휴식과 낭만.
    - 화성행궁과 성곽의 야경 속에서 시원한 여름밤의 정취를 느끼며 도심 속 힐링의 시간을 가져보세요.
5. 가족, 지역, 문화가 함께하는 소통의 장.
    - 지역 주민, 예술가, 관람객이 함께 어우러져 수원 화성을 중심으로 하는 문화적 연대와 공동체 의식을 경험할 수 있습니다.
6. 아이들에게 살아 있는 역사를 선물하세요.
    - 역사적인 스토리와 놀이를 결합한 프로그램으로 아이들에게 재미있고 유익한 학습의 기회를 제공합니다.

이 메시지는 역사적 배경, 가족 중심의 축제, 그리고 여름밤이라는 계절적 특성을 조화롭게 담고 있어 축제의 방향성과 매력을 효과적으로 전달할 수 있을 것으로 보입니다. 핵심 메시지를 도출했으니, 이제 이 메시지를 기반으로 스토리의 구조를 설계해보겠습니다.

03 먼저 이 축제가 왜 열리는지 생각해봅시다. 이는 곧 축제의 배경 이야기가 되겠죠. 주요 캐릭터도 정해야 하는데, 여기서는 수원화성이 그 역할을 할 것 같네요. 그리고 중요한 부분은 참여자들이 이 축제에서 어떤 경험과 감정을 느낄 수 있을지를 구체화하는 것입니다.

축제의 배경 이야기와 캐릭터를 포함해서 매력적인 스토리 구조를 만들어줘. 스토리의 시작, 중간, 끝이 자연스럽게 이어지고, 수원 화성을 중심으로 역사적 매력과 현대적 요소를 결합했으면 좋겠어.

수원 화성 여름밤 축제: 매력적인 스토리 구조와 캐릭터

스토리 제목:

"정조의 여름밤 비밀 행렬"

1. 스토리의 시작: 여름밤의 초대

조선 후기, 효심 깊은 왕 정조는 어머니 혜경궁 홍씨를 위해 화성행궁으로의 특별한 여름 여행을 계획합니다.

수원 화성은 정조의 꿈이 담긴 계획 도시로, 그는 이곳에서 가장 아름다운 여름밤을 만들고자 준비에 나섭니다.

...생략...

3. 스토리의 끝: 여름밤의 클라이맥스

축제의 마지막 날 밤, 수원 화성 성벽 위에서 **"여름밤의 빛과 음악"**이 펼쳐집니다.

- 정조와 혜경궁은 함께 성벽 위에 올라 아름다운 불꽃놀이와 등불로 가득한 화성을 바라봅니다.
- 현대의 해설자는 과거와 현재가 어우러진 화성의 모습을 설명하며, 관람객들에게 "이 순간이 바로 우리가 지켜야 할 문화유산의 가치"라고 메시지를 전달합니다.

스토리의 핵심 메시지

- 효심과 가족의 사랑: 정조와 혜경궁의 이야기를 통해 가족의 소중함을 느낍니다.
- 역사와 현대의 연결: 조선의 아름다운 밤과 현대적 축제의 조화를 통해 과거의 가치를 현재로 이어갑니다.
- 참여와 체험의 즐거움: 관람객이 스토리의 일부가 되어 정조의 여름밤을 완성합니다.

현대적 요소와 연계

1. 시간 여행 콘셉트:

    ◦ 관람객은 해설자를 통해 조선의 여름밤으로 시간 여행을 떠나며, 정조 시대를 경험.

2. 디지털 미션과 상호작용:

    ◦ 스마트폰 QR 코드를 활용한 미션 게임(예: 보물 찾기, 정조의 편지 해독)을 통해 참여도를 높임.

3. 스토리텔링을 활용한 공연:

    ◦ "정조의 여름밤"을 주제로 한 가족 연극이나 뮤지컬 공연을 축제에 포함.

> **결론**
>
> "정조의 여름밤 비밀 행렬"은 역사적 배경과 가족 중심의 스토리를 결합하여, 수원 화성의 아름다움과 조선의 여름밤 문화를 현대적으로 재해석한 축제입니다. 관람객이 주체적으로 스토리에 참여하고, 역사적 가치를 체험할 수 있도록 구성하여 특별한 경험을 제공합니다.

정말 흥미롭지 않나요? 챗GPT가 우리가 요청한 모든 사항을 포함하면서도 창의적으로 스토리를 전개해주었습니다. 이제 최종 스토리를 검토하면서 부족한 부분이나 보완할 점을 요청해보겠습니다.

04 매력적인 축제 스토리를 만드는 것도 중요하지만, 많은 사람들이 실제로 축제에 와서 경험하도록 하는 것 역시 매우 중요합니다. 이제 챗GPT에게 더 많은 참가자를 모으기 위한 아이디어를 보완해달라고 요청해보겠습니다.

👤💬

지금까지 작성한 축제 스토리에서 더 많은 참가자들이 참여할 수 있도록 아이디어를 보완해줘. 모객에 성공하려면 스토리의 어떤 부분을 수정하거나 추가하면 좋을까?

🤖💬

수원 화성 여름밤 축제 스토리 보완 아이디어: 더 많은 참가자 유치를 위한 전략

1. 대규모 참여형 프로그램 추가

더 많은 참가자들이 축제에 몰입할 수 있도록 참여형 프로그램을 확대하면 좋습니다. 관람객이 단순히 구경하는 것을 넘어 축제의 주요 스토리와 활동에 적극적으로 참여하도록 유도해야 합니다.

1. 가족 단위 참여 미션 강화:

○ "정조의 보물 지도" 게임:

정조가 화성 곳곳에 숨겨둔 보물을 찾는 대규모 미션 게임.

■ 참가 가족에게 QR 코드 지도를 제공하여 각 지점에서 문제를 해결하며 보물을 찾아냄.

■ 문제는 조선 역사와 수원 화성과 관련된 간단한 퀴즈 또는 미션(예: 물건 찾기, 사진 찍기).

■ 게임 종료 후, 참가 기념품 또는 경품 추첨 제공(가족 단위 상품 선호).

...생략...

5. 홍보 전략 강화

더 많은 관람객을 유치하기 위해 홍보 채널과 메시지를 강화합니다.

1.SNS와 유튜브 중심 홍보:

○ 축제 준비 과정과 프로그램 하이라이트를 짧은 영상 콘텐츠로 제작하여 유튜브, 인스타그램, TikTok에

업로드.

　○ "화성에서 만나는 여름밤의 낭만" 메시지로 가족과 커플 타겟 공략.

2. 지역 커뮤니티 광고:

　○ 지역 신문, 전단지, 카페 등을 활용한 오프라인 홍보.

　○ 근처 학교 및 커뮤니티 센터와 협력해 축제 정보를 공유.

3. 조기 예약 프로모션:

　○ 사전 등록 시 소정의 기념품 제공 또는 할인 혜택으로 방문객 조기 유도.

축제 스토리의 몰입도를 높이기 위해 다양한 참여형 프로그램을 추가하는 아이디어는 정말 흥미롭네요. 특히 가족뿐만 아니라 커플, 친구, 해외 관광객을 위한 콘텐츠를 개발하자는 제안은 더 많은 참가자를 유치하는 데 효과적일 것 같습니다. 이런 방향은 관람객의 참여와 관심을 끌기에 충분히 매력적인 전략으로 보입니다.

미친 활용 16　챗GPT, 달리로 행사장 콘셉트 설정하기

달리$^{DALL·E}$는 텍스트 입력만으로도 이미지를 생성할 수 있는 AI 이미지 생성 도구로, 복잡한 시각적 아이디어를 간단하게 구현할 수 있도록 도와줍니다. 특히 챗GPT와 연동되어 있어 스토리텔링 기반의 콘셉트를 바탕으로 행사장 도면이나 레이아웃의 이미지 콘셉트를 빠르게 시각화할 수 있습니다. 이번 실습에서는 챗GPT와 달리를 활용해 축제의 분위기와 테마에 맞는 행사장 콘셉트 이미지를 생성하는 과정을 살펴보겠습니다. 텍스트만 입력하면 AI가 텍스트를 기반으로 시각적인 이미지를 생성해주기 때문에, 기획자는 머릿속에서만 그리던 이미지를 구체적으로 시각화할 수 있습니다.

01　앞서 작업한 스토리를 바탕으로 축제 행사장의 콘셉트와 분위기를 한번 생각해봅시다. 이를 간단한 텍스트로 정리해 두면 다음 단계에서 활용하기 좋습니다. 콘셉트 아이디어를 구체적으로 요청할수록 달리가 더 정확하고 생동감 있는 이미지를 생성해줍니다.

> 앞에서 작성한 스토리를 기반으로 행사장의 콘셉트를 이미지로 제작하려고 해. 달리에게 그림을 요청하기 전에, 먼저 행사장 레이아웃을 설명하는 텍스트를 만들어줘. 콘셉트는 수원 화성의 전통적인 아름다움을 살리면서 여름밤의 낭만적인 분위기를 담아내야 해. '정조의 여름밤 비밀행렬' 콘셉트를 반영해서 야외에 별빛 조명, 자연 속 휴식 공간, 푸드 트럭 구역을 포함하고, 참가자 체험형 프로그램 공간도 추가해줘.

행사장 레이아웃 설명 텍스트: "정조의 여름밤 비밀 행렬"

행사장 콘셉트:

수원 화성의 전통적인 아름다움과 여름밤의 낭만적인 분위기를 결합한 공간으로, 관람객들이 정조 시대의 여름밤을 경험하고 몰입할 수 있는 구조로 설계되었습니다. 조선시대의 고즈넉한 풍경과 현대적인 조명 연출, 가족 친화적인 체험 공간을 균형 있게 배치하여, 모든 연령대가 즐길 수 있는 축제의 장을 만듭니다.

행사장 주요 구역 구성:

1. 입구 및 웰컴존 (화성행궁 입구)

   ◦ 전통 문양으로 장식된 대형 아치 형태의 입구로 관람객을 맞이합니다.

   ◦ 전통 등불과 청사초롱으로 입구를 장식하여 행사장의 첫인상을 강화.

   ◦ 관람객들이 체험 미션 안내 및 QR 코드를 통해 프로그램에 참여할 수 있는 체험 안내 부스 설치.

...생략...

6. 휴식 및 힐링 공간 (자연 속 쉼터)

   ◦ 성벽 아래 숲속 휴식존:

     ▪ 돗자리와 빈백을 비치하여 가족들이 쉴 수 있는 공간.

   ◦ 여름밤의 시원함을 느낄 수 있도록 대형 선풍기 및 안개 분사기 설치.

   ◦ 조용한 독서존: 전통 서책과 현대 도서를 함께 비치하여, 조선의 서재를 재현한 공간.

7. 마무리 불꽃놀이 및 라이트 쇼 (연무대)

   ◦ 축제의 피날레는 화려한 불꽃놀이와 라이트 쇼로 마무리.

   ◦ 성곽과 하늘을 배경으로 정조 시대의 장면을 빛과 음향으로 재현하여 감동적인 마무리를 연출합니다.

행사장 디자인의 주요 포인트:

• 전통과 현대의 조화: 전통 등불과 현대적인 LED 조명을 결합하여 조선 시대의 고즈넉한 분위기와 현대적 감성을 동시에 살림.

• 가족 친화적인 공간: 가족 단위 관람객이 편안하게 즐길 수 있는 체험형 공간과 휴식 공간의 균형 있는 배치.

• 낭만적인 여름밤: 야간 조명을 활용한 성곽의 환상적인 분위기로 여름밤의 감성을 강조.

챗GPT가 제시한 행사장의 전반적인 분위기와 레이아웃에 대한 설명이 정말 구체적이네요. 이 모든 요소를 반영한 행사장 레이아웃이 어떻게 나올지 기대되지 않나요? 이제 이 아이디어를 바탕으로 실제 행사장 레이아웃을 디자인해 보겠습니다.

02 달리에게 입력할 프롬프트는 영어로 작성해야 합니다. 달리가 풍부한 그림을 그리려면 특정 양식이 필요하지만 우리는 그것을 알 필요가 없습니다. 챗GPT에게 그냥 달리가 특정 그림을 그리기 위한 프롬프트를 요청하면 됩니다.

행사장 레이아웃 설명 텍스트: '정조의 여름밤 비밀 행렬'이라는 테마가 정말 멋져. 이 테마를 기반으로 행사장 레이아웃을 달리에게 그려달라고 요청할 거야. 별빛 조명, 자연 속 휴식 공간, 푸드 트럭 구역, 그리고 체험형 프로그램 공간도 포함해서 최고의 프롬프트를 만들어줘.

"Create an enchanting festival layout inspired by Suwon Hwaseong Fortress with the theme 'Jeongjo's Summer Night Secret Procession.' The layout should include:

- Starlight Illumination Zone: Traditional Korean lanterns (cheongsachorong) and LED lights lining the fortress walls for a magical night walk.
- ...생략...
- Interactive Program Spaces: Craft workshops, a water gun zone for kids, and a treasure hunt tied to Jeongjo's theme.
- Grand Performance Space: A stage near the fortress for traditional and modern performances, with a fireworks finale.

Focus on blending traditional Korean aesthetics with the romantic charm of a summer night."

'최고의 프롬프트를 만들어줘'라고 요청하니 확실히 더 정교하고 세부적인 프롬프트가 나왔습니다. 일반적인 프롬프트보다는 다소 길어 보이긴 하지만 디테일이 중요한 이미지라면 이 정도 세밀함이 필요하겠죠. 이제 이 프롬프트를 활용해 행사장 레이아웃을 그려달라고 달리에게 요청해보겠습니다.

03 이제 준비한 달리 프롬프트를 챗GPT에게 입력해보겠습니다.

(챗GPT가 만든 달리 프롬프트를 그대로 입력하세요.)

달리가 수원 화성을 배경으로 완성한 '정조의 여름밤 비밀 행렬' 축제장 레이아웃이 정말 멋지게 나왔네요. 요청한 대로 로맨틱한 여름밤의 낭만과 전통적인 한국미가 잘 어우러져 있습니다. 특히 조명, 휴식 공간, 푸드 트럭, 체험 프로그램, 그리고 공연 구역까지 모두 조화롭게 배치된 모습이 인상적입니다.

04 축제에는 많은 사람들이 몰릴 텐데, 주차 공간이 있으면 더욱 편리하겠죠? 생성된 그림을 수정하여 주차 공간을 추가해달라고 요청해보겠습니다. 그림을 클릭하여 '이미지 편집...' 상태로 진입했는지 확인하세요.

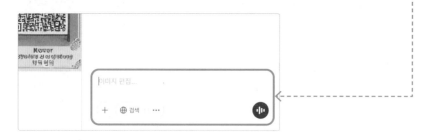

그런 다음 주차장을 추가해달라고 부탁해보겠습니다. '이미지 편집...' 상태에서 ⊛ 버튼을 누른 후 수정하려는 위치를 선택한 다음 '주차장을 추가해줘'라고 요청합니다.

주차장을 추가해줘.

주차장이 추가되었습니다

선택한 영역이 차량이 주차된 공간으로 성공적으로 수정되었습니다. 만약 원하는 요소가 제대로 반영되지 않았다면 추가 요청을 하거나 필요한 부분을 다시 수정할 수 있습니다. 이렇게 점진적으로 수정하면서 최적의 결과물을 만들어보세요.

미친 활용 17 챗GPT로 행사 프로그램 구체화하기

성공적인 축제는 매력적인 스토리와 잘 설계된 공간을 기반으로 참여자들이 즐길 수 있는 다양한 프로그램으로부터 완성됩니다. 여기서는 앞에서 작업한 행사 스토리 구조와 행사장 콘셉트를 바탕으로 축제 프로그램을 구체화하는 방법을 알아보겠습니다. 축제 프로그램을 구성할 때는 참여자들의 흥미와 기대를 충족시키는 활동을 기획하는 것이 중요합니다. 이를 통해 축제의 메시지를 더 효과적으로 전달하고 참여자들의 만족도를 높일 수 있습니다.

01 앞서 작업한 스토리 구조와 행사장 콘셉트를 바탕으로 축제의 프로그램 아이디어를 요청해보겠습니다.

👤 💬

'정조의 여름밤 비밀 행렬' 테마를 기반으로 축제 프로그램 아이디어를 제안해줘. 자연의 아름다움과 역사적 가치를 느낄 수 있는 체험 활동을 중심으로 기획해줘.

🤖 💬

정조의 여름밤 비밀 행렬' 테마 기반 축제 프로그램 아이디어

1. 자연과 함께하는 체험 프로그램

    1. "수원 화성 별빛 산책"

        ◦ 내용: 청사초롱(전통 등불)을 들고 성곽을 따라 걷는 야간 산책.

        ◦ 포인트: 별빛 조명과 함께하는 로맨틱한 밤 산책, 전문 해설사가 화성의 역사와 정조 시대의 이야기를 들려줌.

        ◦ 참여 대상: 가족, 커플, 개인 관람객.

        ◦ 특별 요소: 청사초롱을 직접 꾸미는 워크숍 후 산책에 활용.

    2. "정조의 숲속 음악회"

        ◦ 내용: 화성행궁 주변 숲에서 펼쳐지는 국악과 현대 음악의 콜라보레이션.

        ◦ 포인트: 자연 속에서 듣는 음악으로 정조 시대의 우아한 분위기를 재현.

        ◦ 특별 무대 연출: 성곽 위에 조명을 설치해 자연과 어우러진 시각적 효과.

    3. "여름밤 자연 탐험: 화성의 생태 체험"

        ◦ 내용: 화성 주변 생태계를 탐험하며 지역 식물과 동물을 관찰하는 가족 체험 프로그램.

        ◦ 포인트: 조선 시대의 자연과 연관된 이야기와 함께 자연의 아름다움을 느끼는 활동.

…생략…

5. 자연을 느낄 수 있는 휴식 공간

    1. "여름밤 숲속 힐링 캠프"

        ◦ 내용: 가족들이 숲속에 마련된 휴식 공간에서 자연을 느끼며 휴식.

        ◦ 포인트: 돗자리, 빈백, 자연 속 음악과 함께 힐링 시간 제공.

        ◦ 특별 구성: 차분한 조명을 활용한 야간 숲속 피크닉.

    2. "자연 속 독서 마당"

        ◦ 내용: 정조 시대 서책과 현대 도서를 함께 비치한 조용한 독서 공간.

        ◦ 포인트: 전통 서재를 현대적으로 재현하며 독서의 즐거움을 제공.

요청한 대로 자연의 아름다움과 역사적 가치를 결합하여 모든 연령층이 즐길 수 있는 프로그램으로 설계되었네요. 특히, 역사적 스토리를 기반으로 하면서도 현대적 요소와 체험 활동을 포함한 구성이 참가자들의 몰입감을 크게 높일 수 있을 것 같습니다. 이제 이 아이디어를 바탕으로 프로그램을 더 구체화해보겠습니다.

02 참여자들이 축제 프로그램을 더 다양하고 흥미롭게 즐길 수 있도록 축제 프로그램을 여러 카테고리로 나누어 기획해보겠습니다. 이렇게 하면 각 연령층과 관심사에 맞는 활동을 제공할 수 있어 축제의 만족도가 더욱 높아지겠죠?

👤 💬

축제 프로그램을 체험형, 관람형, 참여형으로 나눠서 각각에 맞는 아이디어를 제안해줘. 각 카테고리가 참여자들에게 재미와 의미를 줄 수 있도록 기획해줘.

🤖 💬

축제 프로그램 카테고리별 아이디어

1. 체험형 프로그램

참여자들이 직접 활동에 몰입하며 배울 수 있는 프로그램으로 구성.

   1.전통 공예 체험

      ◦ 활동: 한지 등불 만들기, 전통 부채 제작, 매듭 팔찌 만들기.

      ◦ 의미: 조선 시대의 전통 공예를 직접 체험하며 문화적 가치를 이해.

      ◦ 재미 요소: 완성된 작품을 가져갈 수 있어 참여의 보람을 느낄 수 있음.

      ◦ 대상: 어린이, 가족, 성인 모두.

   2....생략...

2. 관람형 프로그램

참여자가 편하게 즐기며 몰입할 수 있는 콘텐츠로 구성.

   1."정조의 여름밤 행렬" 퍼레이드

      ◦ 내용: 정조와 혜경궁 홍씨를 재현한 배우들과 전통 복장 퍼레이드.

      ◦ 의미: 조선 시대의 여름 축제와 행렬 문화를 시각적으로 이해.

      ◦ 재미 요소: 화려한 의상과 퍼포먼스, 관객들과의 상호작용.

   2....생략...

3. 참여형 프로그램

참여자들이 직접 축제에 기여하거나 무대의 일부가 되는 프로그램.

- "정조 행렬 퍼레이드 참여"
  - 내용: 관람객이 전통 의상을 대여해 퍼레이드에 직접 참여.
  - 의미: 조선 시대의 행렬 문화를 몸소 체험하며 축제의 중심이 됨.
  - 재미 요소: 자신의 역할이 행사에 중요한 기여로 느껴짐.
- ...생략...

챗GPT가 체험형, 관람형, 참여형에 걸쳐 다양한 프로그램 아이디어를 제안해주었습니다. 이렇게 구성하면 모든 연령대가 참여하여 재미있고 의미 있는 경험을 할 수 있을 것입니다.

03 제안된 프로그램 중에서 체험형 프로그램 '정조의 보물을 찾아라' 미션 게임을 선택하여 좀 더 구체적으로 설계해보겠습니다.

'정조의 보물을 찾아라' 체험형 프로그램의 세부 구성을 알려줘. 몇 명이 동시에 참여할 수 있는지, 필요한 준비물은 무엇인지, 소요 시간과 예산 비용도 포함해서 자세히 알려줘.

정조의 보물을 찾아라' 체험형 프로그램 세부 구성

1. 프로그램 개요

- 목적: 조선 시대 정조와 관련된 역사적 장소와 이야기를 배우면서 재미를 느낄 수 있는 참여형 탐험 게임.
- 주요 타겟: 가족 단위 관람객, 친구 그룹, 어린이.
- 구성: 참가자들이 QR 코드와 단서를 따라 수원 화성 주요 구역(예: 화성행궁, 장안문, 화홍문 등)을 탐험하며 문제를 해결하고 숨겨진 '보물'을 찾는 방식.

2. 세부 구성

- 참가 인원 및 운영:
  - 1회당 참여 가능 인원:
    - 평균 30~50명(가족 단위 또는 소규모 그룹으로 구성).
  - 1일 총 참여자 수:
    - 약 300~500명(운영 시간과 회차에 따라 조정 가능).
  - 참가 방식:
    - QR 코드를 스캔하거나 운영진이 제공하는 지도를 이용해 각 장소로 이동.
    - 가족 또는 그룹별로 협력해 문제를 해결.

- ...생략...

3. 준비물 및 소요 비용

- 필요한 준비물:
  - QR 코드 및 단서 제작:
    - QR 코드 스탠드(약 10개, 주요 장소에 설치).
    - 단서 카드 및 보물 지도(참가자용).
  - ...생략...
- 예산 비용(1일 기준):

항목	예상 비용 (KRW)	비고
QR 코드 제작 및 설치	200,000	QR 스탠드 10개.
단서 제작	100,000	인쇄된 지도와 단서 카드(500매).
보물상자 및 퍼즐	150,000	숨겨진 상자와 내부 퍼즐.
기념품	1,500,000	참가자 500명 기준(3,000원/인).
운영 인력(4명)	600,000	인력 비용(1인 150,000원/일).
기타 장비 및 홍보	200,000	안내판, 홍보용 배너 등.
총합	2,750,000	하루 6회 운영 기준.

4. 운영 인력

...생략...

참여 인원, 소요 시간, 예산 비용뿐만 아니라 프로그램의 특징까지 아주 상세하게 정리해주었네요. 이렇게 구체적으로 구성된 내용을 보면 실제로 실행 가능한 프로그램인 것 같습니다. 이 정보를 바탕으로 더욱 완성도 높은 프로그램으로 구체화해보겠습니다.

04 참여자들에게 개인적인 추억을 남길 수 있는 요소를 행사 프로그램에 포함하면 어떨까요? 이렇게 하면 참여자들이 프로그램에 더 몰입하며 더욱 특별한 경험으로 느낄 수 있을 겁니다. 참여자 경험을 강화할 수 있는 특별한 요소를 더해달라고 챗GPT에게 요청해보겠습니다.

🤖 💬

'정조의 보물을 찾아라' 프로그램에서 참여자들이 개인적인 추억을 남길 수 있는 특별한 요소를 제안해줘. 이 프로그램이 단순한 체험을 넘어 기억에 남는 경험이 될 수 있도록 하고 싶어.

🤖💬

'정조의 보물을 찾아라' 프로그램에 특별한 추억 요소 추가 아이디어

1. 개인화된 보물 찾기 아이템

- 아이디어: 보물을 찾은 참가자들이 자신만의 기념품을 남길 수 있는 방식 도입.

- 구체적 방법:

  ○ 보물상자 내부에 참가자 이름을 새길 수 있는 작은 금속 태그(열쇠고리, 펜던트 등) 제공.

  ○ 상자 속에 이름을 적을 수 있는 작은 노트와 펜을 배치하여 참가자가 자신만의 "보물 메시지"를 남기게 함.

  ○ 남긴 메시지는 축제 종료 후 '화성의 이야기'로 전시하거나 온라인으로 공유.

2. AR(증강현실) 기념 촬영

- 아이디어: 특정 지점(예: 보물 발견 장소)에 도달했을 때, AR 카메라를 통해 정조 대왕이나 혜경궁 홍씨와 함께 사진을 찍는 기능 제공.

- 구체적 방법:

  ○ 각 보물 발견 지점에 QR 코드를 배치하여 스마트폰 앱으로 스캔.

  ○ AR 필터를 통해 참가자가 정조나 역사적 상징과 함께 기념사진 촬영.

  ○ 촬영한 사진을 축제의 공식 사이트에 업로드하거나 참가자가 소셜 미디어에 공유하도록 유도.

...생략...

8. 특별한 마무리: 축제 메달 수여식

- 아이디어: 보물 찾기를 완료한 모든 참가자에게 기념 메달 제공.

- 구체적 방법:

  ○ 메달에는 "정조의 여름밤 탐험가"라는 문구와 함께 축제 로고 삽입.

  ○ 공식 수여식에서 메달을 전달하며, 가족이나 친구들이 축하해줄 수 있는 분위기 조성.

정말 좋은 아이디어를 많이 제안해주었네요. 특히 개인화된 경험, 기념품으로 남길 수 있는 추억, 그리고 공유의 즐거움을 중심으로 설계된 점이 좋은 것 같습니다. 이 정도면 프로그램 기획에 대한 아이디어는 충분히 구체화된 것 같습니다. 이제 이 내용을 바탕으로 프로그램 실행 계획을 세워보겠습니다.

05 지금까지 챗GPT가 도출한 프로그램 아이디어들을 한눈에 볼 수 있도록 정리해보겠습니다.

👤💬

'정조의 보물을 찾아라' 프로그램에서 참여자들이 개인화된 경험을 할 수 있도록 '추억 캡슐 봉인식'을 추가하고 이를 간략하게 정리해줘. 프로그램 목적, 진행 방식, 필요한 준비물을 포함해줘.

정조의 보물을 찾아라 프로그램 (추억 캡슐 봉인식 포함)

프로그램 개요

- 목적: 참가자들이 수원 화성의 역사적 장소를 탐험하며 단서를 풀고, 마지막에 자신만의 추억을 남기는 특별한 경험 제공.
- 주요 타겟: 가족 단위, 친구 그룹, 개인 관람객.

진행 방식

1. 보물찾기 게임 진행:
   - 참가자들은 QR 코드 또는 지도에 따라 주요 탐험 장소(예: 화성행궁, 장안문, 화홍문 등)로 이동하며 단서를 풀이.
   - 단서는 조선 시대 역사와 관련된 퀴즈 또는 퍼즐로 구성.
   - 최종 목적지에서 보물상자를 발견하면 게임 완료.

2. 추억 캡슐 봉인식 (게임 엔딩):
   - 보물을 찾은 참가자들이 제공된 메모 카드에 축제 소감, 가족과의 추억, 희망 사항 등을 작성.
   - 작성된 메모는 소형 캡슐에 넣고 개인화된 스티커(참가자 이름, 봉인 날짜)로 봉인.
   - 봉인된 캡슐은 대형 캡슐함에 저장되며, 축제 마지막 날 공동 봉인식을 통해 공식적으로 보관.

소요 시간

- 보물찾기 게임: 약 45분.
- 추억 캡슐 봉인식: 약 10~15분.

필요 준비물

- QR 코드와 단서 카드.
- 소형 캡슐(500개), 메모 카드(500매), 펜 및 개인화 스티커.
- 대형 캡슐함(1개).

특별한 경험 제공

- 성취감: 보물찾기를 완료하며 성취감을 느끼고, 개인의 기록을 남김.
- 기념 요소: 참가자가 남긴 캡슐은 다음 해 축제에서 열어보며 지속적인 연결성 제공.
- 개인화된 추억: 가족, 친구와의 특별한 순간을 기록하며 기억에 남는 축제로 마무리.

이번 장에서는 지역 축제를 위한 디자인 단계를 진행했습니다. 축제를 더욱 특별하게 만들기 위한 스토리를 설계하고, 행사장의 콘셉트를 시각화하며, 테마와 스토리를 기반으로 프로그램을 구체화하는 과정을 거쳤습니다. 이처럼 챗GPT와 달리를 활용하면 디자인 작업을 보다 창의적이고 효율적으로 완성할 수 있습니다. 이제 여러분도 AI를 활용해 자신만의 독창적인 축제를 기획해보세요.

Chapter 05

돌잔치 준비를 위한 AI 활용

돌잔치는 아기의 첫 생일을 축하하며 소중한 사람들과 특별한 추억을 만드는 순간입니다. 이 특별한 날을 더욱 아름답게 만들려면 축하의 분위기를 살릴 수 있는 디자인 작업이 중요합니다. 이번 장에서는 챗GPT와 AI 도구를 활용해 감각적인 디자인 요소를 제작하여 돌잔치의 매력을 한층 더 돋보이게 하는 방법을 살펴보겠습니다. 누구나 쉽게 따라할 수 있는 과정을 통해 나만의 독창적이고 특별한 돌잔치를 준비해봅시다.

- 챗GPT : 행사 테마 정리, 키워드, 프롬프트, 디자인 방향성, 글꼴 추천 등 기획 전반 지원

- 달리 : 설정한 테마와 프롬프트를 바탕으로 키 비주얼 이미지 생성

- 어도비 컬러 : 키 비주얼 색상 추출, 조화로운 컬러 팔레트 추천을 통한 색상 매칭

- 캔바 : 프롬프트 기반 템플릿 추천, 텍스트/이미지 편집을 통한 콘텐츠 커스터마이징

- 코파일럿 디자이너 : 프롬프트 기반 다중 이미지 생성, 콘셉트별 디자인 요소 시안 제작

- 미리캔버스 : 키 비주얼 분석을 통한 AI 캐릭터/스티커 생성

챗GPT, 달리로 키 비주얼 만들기

키 비주얼은 행사 전체의 테마와 감성을 전달하며 초대장, 배너, 포스터 등 다양한 디자인 요소의 중심이 됩니다. 쉽게 말해 행사의 첫인상을 결정짓는 중요한 요소죠. 돌잔치 같은 행사에는 따뜻하고 사랑스러운 분위기를 담은 키 비주얼이 필요합니다. 이때 달리를 이용하면 매우 편리하게 키 비주얼을 만들 수 있습니다.

01 먼저 돌잔치 키 비주얼의 방향성을 설정하기 위해 돌잔치의 테마와 전달하고자 하는 감정을 정의해보겠습니다. 챗GPT에게 예시와 주요 키워드를 제공한 뒤, 이를 기반으로 키워드를 확장하거나 아이디어를 더 구체화하도록 요청해보겠습니다.

👤 💬

우리 아들의 첫 번째 생일파티로 돌잔치를 준비하려고 해. 아들이 자동차를 정말 좋아해서 돌잔치 테마를 자동차로 정했어. 자동차를 좋아하는 아기의 따뜻하고 사랑스러운 키 비주얼을 위해 테마와 아이디어를 추천해줘.

🤖 💬

자동차 테마 돌잔치 아이디어

1. 돌잔치 테마: "작은 운전사의 첫 번째 레이스"
    - 컨셉: 아기가 인생이라는 도로 위에서 시작하는 첫 번째 여정을 자동차로 표현. 귀여운 자동차와 도로 요소를 따뜻하고 사랑스러운 디자인으로 구성.
    - 컬러 팔레트:
        ◦ 메인: 파스텔 블루, 옐로우, 민트, 화이트.
        ◦ 포인트: 체크 무늬 검은색과 빨간색 (레이싱 요소).
2. 키 비주얼 디자인 아이디어
    1. 메인 비주얼:
        ◦ 귀여운 일러스트로 표현된 미니 자동차와 아기의 얼굴이 운전석에 있는 캐릭터.
        ◦ 아기의 이름과 "Ji-hoon's First Race" 또는 "지훈이의 첫 번째 여정" 문구 포함.
    2. 배경:
        ◦ 파스텔 컬러 도로와 작은 자동차, 신호등, 구름, 하트 모양 풍선으로 구성된 아기자기한 디자인.
        ◦ 자동차가 하늘을 달리는 느낌을 주는 구름 도로 또는 레이싱 트랙을 따뜻하게 표현.
    3. 돌잡이 테이블 디자인:
        ◦ 테이블 중앙에 작은 레이싱 트랙 모형 배치.

○ 트랙 위에는 아기 이름이 새겨진 자동차 모형과 아이템(돌잡이 물건)을 놓음.

...생략...

6. 초대장 및 기념품

1. 초대장:

○ "지훈이의 첫 번째 여정에 초대합니다!"

○ 자동차와 레이싱 트랙이 그려진 귀여운 일러스트 초대장.

2. 기념품:

○ 미니 자동차 키링 또는 자동차 모양 캔디 세트.

○ 포장에는 아기의 이름과 "Ji-hoon's First Race" 문구 추가.

'작은 운전사의 첫 번째 레이스'라는 테마로 아기의 사랑스러운 성장을 자동차 여정에 빗대어 표현했네요. 컬러는 파스텔 톤과 따뜻한 디자인을 활용해 귀여운 느낌을 더욱 강조하면 좋겠습니다. 이런 테마라면 주인공인 아기뿐만 아니라 손님들 모두에게도 즐거운 기억으로 남는 특별한 돌잔치가 될 것 같습니다.

02 위의 '자동차 테마 돌잔치 아이디어'를 기반으로 달리에게 이미지를 요청해보겠습니다. 먼저 챗 GPT에게 해당 아이디어를 활용해 최적의 프롬프트를 작성해달라고 요청한 뒤, 생성된 프롬프트를 달리에 입력해 이미지를 그려보겠습니다. 어떤 결과물이 나올지 기대되네요!

👤 💬

돌잔치 키 비주얼을 달리에게 그려달라고 요청하려고 해. 위의 '자동차 테마 돌잔치 아이디어' 내용을 기반으로 달리가 멋진 이미지를 만들 수 있도록 최고의 프롬프트를 작성해줘.

🤖 💬

Create a warm and adorable key visual for a baby's first birthday party with the theme 'A Little Driver's First Race.' The design should feature:

- A cute baby driving a small, colorful car on a pastel-colored race track.
- A cheerful background with clouds, balloons, and road elements like signs and traffic lights.
- Soft pastel tones (blue, yellow, mint, and white) with playful black-and-white checkered accents.
- Text: 'A Little Driver's First Race' in rounded, child-friendly fonts."

Keep the style soft, colorful, and joyful, perfect for a baby's celebration.

(챗GPT가 만든 달리 프롬프트를 그대로 입력하세요.)

자동차와 귀여운 아기, 그리고 부드러운 파스텔 톤으로 따뜻하고 사랑스러운 분위기를 담아냈네요. 생성된 이미지에 세부적인 수정이 필요하면 추가적으로 요청해 조정할 수 있습니다.

TIP 챗GPT의 생성형 이미지를 수정하는 방법은 **미친활용 16** **챗GPT, 달리로 행사장 콘셉트 설정하기**에서 자세히 다루었습니다.

이게 되네?

7000%노하우 달리가 생성한 이미지의 스타일을 변경하고 싶다면?

달리는 텍스트 설명이 구체적일수록 원하는 이미지를 얻을 확률이 높습니다. 예를 들어 '고양이가 우주에서 피자를 먹는 모습'과 같은 단순한 텍스트 설명보다는 '우주를 배경으로, 고양이가 우주복을 입고 피자를 먹고 있는 모습'처럼 명확하고 상세한 설명을 입력했을 때 더 효과적으로 이미지를 생성해줍니다. 또한 달리가 제공하는 이미지 사이즈는 총 3가지이며, 각 사이즈는 다음과 같이 활용하면 좋습니다.

구분	해상도(픽셀)	활용 범위
정사각형(1:1)	1024 x 1024	웹사이트, SNS 콘텐츠, 인쇄물 등
가로형(16:9)	1792 x 1024	웹 배너, 가로형 포스터, 디지털 광고 등
세로형(9:16)	1024 x 1792	포스터, 행사 배너, SNS 프로필 사진 등

달리 이미지를 받을 때는 OOO 스타일로 그려달라고 하는 것도 좋은 방법입니다. 다음은 다양한 방법으로 OOO 스타일로 그려달라고 하여 얻은 달리 이미지입니다.

알록달록한 풍선을 배경으로 귀여운 1살짜리 남자 아기가 웃으며 마이크를 잡으려는 모습을 OOO 스타일로, 1024x1024 픽셀로 그려줘.

인상주의 스타일

네온아트 스타일

종이 질감 콜라주 스타일

판타지 일러스트 스타일

아이소메트릭 아트 스타일

3D 렌더링 스타일

미친 활용 19 챗GPT, 어도비 컬러로 디자인 테마 정리하기

키 비주얼을 완성했다면 이제 전체적인 디자인 테마를 구체화할 차례입니다. 디자인 테마는 행사나 파티의 시각적 정체성을 결정짓는 중요한 요소로 색상 팔레트, 글꼴, 레이아웃이 전체적으로 조화롭게 어우러져야 완성도 높은 결과물을 만들어낼 수 있습니다. 이번 실습에서는 AI 도구를 활용해 돌잔치의 디자인 방향성을 정리한 다음 키 비주얼을 기반으로 전체적인 테마를 구체화하는 과정을 실습해 보겠습니다. 색상과 글꼴, 레이아웃을 효과적으로 활용해 돌잔치의 분위기를 한층 더 특별하게 만들어보는 건 어떨까요?

01 키 비주얼의 색감과 주요 요소를 분석해 디자인 테마의 방향성을 설정해보겠습니다. 주요 색상, 분위기, 그리고 이미지에서 느껴지는 감정을 정리해달라고 챗GPT에게 요청합니다.

'작은 운전사의 첫 번째 레이스' 돌잔치 키 비주얼에서 느껴지는 주요 감정을 정리해줘. 그리고 이 키 비주얼을 한 문장으로 요약하면 어떤 컨셉으로 정의할 수 있을지도 알려줘.

1. 키 비주얼에서 느껴지는 주요 감정

- 기쁨(Joy): 첫 번째 생일을 맞이한 아기의 행복한 순간과 축제 분위기가 강조됨.
- 설렘(Excitement): 새로운 여정을 시작하는 느낌을 자동차 레이스 컨셉으로 표현하여 기대감을 줌.
- 사랑스러움(Adorableness): 아기와 부드러운 색감이 어우러져 따뜻하고 귀여운 느낌을 전달.
- 활기(Energy): 다채로운 색상과 경쾌한 디자인이 축제의 활기찬 분위기를 연출.
- 희망(Hope): 레이스 트랙은 성장과 여정을 상징하며, 아기의 밝은 미래를 응원하는 느낌을 줌.

2. 키 비주얼 한 문장 요약 (컨셉 정의)

"작은 운전사의 첫 번째 레이스 – 아기의 새로운 여정을 응원하는, 사랑스럽고 활기찬 생일 축제"

이번 돌잔치 컨셉은 첫 번째 생일을 기념하는 따뜻한 감성과 새로운 시작을 축하하는 희망찬 분위기가 핵심이네요. 키 비주얼에서도 이러한 느낌이 잘 전달되고 있습니다. 이제 완성된 키 비주얼에서 색상을 추출하고, 이를 기반으로 색상 팔레트를 정리해보겠습니다. 돌잔치에 어울리는 배경색, 텍스트 색, 포인트 색을 선정하여 전체적인 디자인 방향을 구체화해보겠습니다.

02 어도비 컬러^{Adobe Color}는 AI 기반 색상 매칭 기술을 활용하여 배경에서 색상을 추출하고, 이를 바탕으로 최적의 컬러 조합을 추천해줍니다. ❶ 어도비 컬러 홈페이지 color.adobe.com/ko에 접속하고 로그인하세요. 그런 다음 ❷ [색상 테마 만들기]로 들어갑니다.

TIP 구글 계정이 있으면 별도의 회원 가입 없이 로그인할 수 있습니다.

이제 달리가 만든 이미지를 이용해 색상을 추출해볼 겁니다. ❶ 메뉴에서 [그레이디언트 추출]을 선택하고 ❷ 키 비주얼 이미지 파일을 업로드합니다.

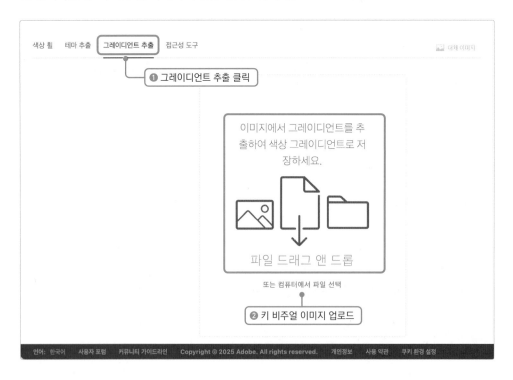

❸ 그러면 메인 컬러를 자동으로 추출해줍니다. 이미지 아래에는 컬러바와 컬러 코드(예 : #EEBD6C)가 표시됩니다.

메뉴에서 [테마 추출]을 선택하면 색상 무드에 맞는 테마를 얻을 수 있습니다. 기본값은 [선명하게]입니다. 여기서는 총 5가지의 색상 테마를 뽑아냈네요.

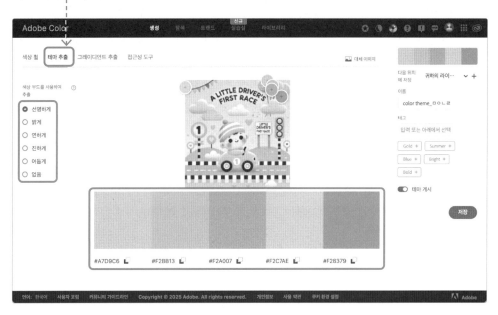

이 값을 그대로 두고 프로젝트를 저장해봅시다. 오른쪽 메뉴에 있는 [+] 버튼을 누르고 라이브러리 이름을 '돌잔치'로 입력합니다. [생성] 버튼을 누른 뒤, [저장] 버튼을 눌러 저장합니다.

프로젝트 저장 후 [라이브러리] 메뉴로 이동하면 저장한 프로젝트가 보입니다. 프로젝트에 마우스 오버를 하면 나오는 아이콘을 눌러 색 테마 이미지를 다운로드할 수 있습니다.

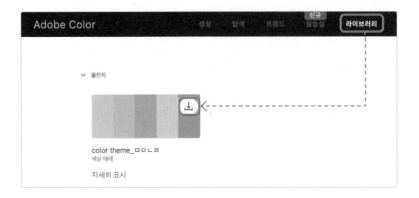

03 이제 어도비 컬러에서 저장한 색상 팔레트 파일을 챗GPT 대화창에 업로드한 후, 추출된 색상 코드들을 돌잔치 디자인에서 어떻게 활용하면 좋을지 챗GPT에게 추천해달라고 요청하겠습니다. 예를 들면 배경색, 텍스트 색, 포인트 색 등으로 적절하게 배치할 수 있도록 조언을 받을 수 있겠네요. 어떤 요소에 어떤 색을 적용하면 가장 조화롭게 연출될까요?

첨부한 팔레트를 바탕으로 돌잔치에서 사용할 배경색, 텍스트 색, 그리고 포인트 색을 추천해줘. 각 색상이 어떻게 어울리는지도 간단히 설명해줘.

돌잔치 디자인을 위한 색상 조합 추천
첨부된 색상을 활용하여 돌잔치의 배경색, 텍스트 색, 포인트 색을 추천하고, 각 색상이 어떻게 조화롭게 어울리는지 설명해드릴게요.

1. 배경색 (Background Color)

• #F2C7AE (부드러운 피치 베이지)

○ 부드럽고 따뜻한 느낌을 주는 컬러로, 돌잔치의 아늑하고 사랑스러운 분위기를 강조할 수 있음.

○ 자연스러운 크림 톤이라 다른 컬러와 잘 어울리며, 포인트 색상을 돋보이게 하는 역할.

○ 포토존이나 테이블 세팅의 기본 컬러로 활용 가능.

2. 텍스트 색 (Text Color)

• #0D0D0D (딥 블랙)

○ 가독성이 뛰어나며, 밝은 배경(#F2C7AE)과 강한 대비를 이루어 시각적으로 깔끔함.

○ 돌잔치 초대장, 안내문, 네온 스타일의 메인 로고 디자인 등에 활용 가능.

◦ 과하지 않으면서도 고급스러운 느낌을 주어 모던한 디자인과도 잘 어울림.

...생략...

5. 최종 추천 조합

역할	추천 색상	활용 예시
배경색	#F2C7AE (피치 베이지)	포토존, 테이블 세팅, 초대장 배경
텍스트 색	#0D0D0D (블랙)	초대장, 안내문, 로고, 배너 텍스트
포인트 색 1	#F2BB13 (옐로우)	풍선, 장식 요소, 케이크 장식
포인트 색 2	#F2A413 (오렌지)	테이블 장식, 포토존 액세서리
포인트 색 3	#A7D9C6 (민트 그린)	초대장, 배너 포인트, 부드러운 강조 요소

이 조합을 활용하면 돌잔치 테마에 맞는 따뜻하면서도 생동감 넘치는 돌잔치 디자인을 완성할 수 있을 것 같네요.

04 이제 돌잔치 분위기와 잘 어울리는 글꼴 스타일을 찾아보겠습니다. 먼저 돌잔치 컨셉을 챗GPT에게 설명한 다음 컨셉이 전달하는 감정과 분위기에 맞는 글꼴 스타일을 추천받아보겠습니다. 이번에는 챗GPT의 웹 검색 기능을 활용하여 더욱 구체적인 정보를 요청해보겠습니다.

‘따뜻하고 생동감 넘치는 돌잔치’ 컨셉에 어울리는 글꼴 스타일을 추천해줘. 제목과 본문에 사용할 각각의 글꼴 스타일을 추천해줘.

이전에 가나초콜릿체와 설레임체의 라이선스에 대해 문의하셨습니다. 이 두 글꼴은 롯데제과에서 제공하며, 개인 및 기업 사용자를 포함한 모든 사용자에게 무료로 제공됩니다. 다양한 매체에 특별한 허가 절차 없이 사용할 수 있으며, 상업적 이용도 가능합니다. 단, 글꼴 자체를 유료로 양도하거나 판매하는 행위는 금지되어 있습니다.

가나초콜릿체:
- **출처:** 롯데웰푸드 가나초콜릿체 소개 페이지

설레임체:
- **출처:** 눈누 설레임체 페이지

따라서, 돌잔치 디자인에 이 두 글꼴을 사용하는 데에는 저작권 문제가 없으며, 상업적 이용도 가능합니다. 다만, 글꼴 파일 자체를 유료로 판매하거나 수정하여 재배포하는 행위는 제한되므로, 이러한 용도로의 사용은 피하시기 바랍니다.

추가로 궁금하신 점이나 도움이 필요하신 부분이 있으시면 언제든지 문의해주세요.

출처

챗GPT의 웹 검색 기능을 활용하니 돌잔치 분위기에 어울리는 글꼴을 제목과 본문용으로 구분하여 추천해주었네요. 타이틀에는 부드럽고 따뜻한 감성을 담은 글꼴을, 본문에는 가독성이 높고 손글씨 느낌이 살아있는 서체를 사용하면 될 것 같습니다. 글꼴마다 디자인의 특징과 감성이 자세히 설명되어 있어 원하는 분위기에 맞춰 선택하기가 훨씬 쉬워졌습니다. 이렇게 챗GPT를 이용하면 행사 분위기에 맞춘 맞춤형 글꼴을 빠르게 찾을 수 있습니다.

1000%노하우   **챗GPT가 추천한 글꼴, 그냥 사용해도 될까?**

챗GPT의 웹 검색 기능을 활용하면 특정 디자인 요소나 자료를 빠르게 찾을 수 있다는 장점이 있습니다. 이번에도 돌잔치 분위기에 어울리는 글꼴을 라이선스 정보까지 포함해 훌륭하게 답변해주었네요. 하지만 여기서 중요한 점이 하나 있습니다. **AI가 제공한 정보는 1차 자료일 뿐, 반드시 직접 확인이 필요하다는 것입니다.** 이렇게 다시 질문해보세요.

가나초콜릿체와 설레임체를 돌잔치 디자인에 사용해도 저작권 문제가 없을까? 상업적 이용이 가능한지도 함께 확인해줘.

> 이전에 가나초콜릿체와 설레임체의 라이선스에 대해 문의하셨습니다. 이 두 글꼴은 롯데제과에서 제공하며, 개인 및 기업 사용자를 포함한 모든 사용자에게 무료로 제공됩니다. 다양한 매체에 특별한 허가 절차 없이 사용할 수 있으며, 상업적 이용도 가능합니다. 단, 글꼴 자체를 유료로 양도하거나 판매하는 행위는 금지되어 있습니다.
>
> **가나초콜릿체:**
> - **출처:** 롯데웰푸드 가나초콜릿체 소개 페이지
>
> **설레임체:**
> - **출처:** 눈누 설레임체 페이지
>
> > 라이선스에 문제가 없다고 이야기하는 모습
>
> 따라서, 돌잔치 디자인에 이 두 글꼴을 사용하는 데에는 저작권 문제가 없으며, 상업적 이용도 가능합니다. 다만, 글꼴 파일 자체를 유료로 판매하거나 수정하여 재배포하는 행위는 제한되므로, 이러한 용도로의 사용은 피하시기 바랍니다.
>
> 추가로 궁금하신 점이나 도움이 필요하신 부분이 있으시면 언제든지 문의해주세요.
>
> 출처

챗GPT가 추천한 글꼴은 라이선스 문제 없이 사용할 수 있다고 합니다. 하지만 실제로는 글꼴의 사용 조건이 변경되거나 특정 사용 사례에 따라 제한이 있을 수도 있습니다. 다음은 실세 눈누 설레임체의 홈페이지 소개글입니다.

라이선스 요약표

카테고리	사용 범위	허용 여부
인쇄	브로슈어, 포스터, 책, 잡지 및 출판용 인쇄물 등	O
웹사이트	웹페이지, 광고 배너, 메일, E-브로슈어 등	O
영상	영상물 자막, 영화 오프닝/엔딩 크레딧, UCC 등	O
임베딩	웹사이트 및 프로그램 서버 내 폰트 탑재, E-book 등	O
OFL	폰트 파일의 수정/ 복제/ 배포 가능. 단, 폰트 파일의 유료 판매는 금지	X
BI/CI	회사명, 브랜드명, 상품명, 로고, 마크, 슬로건, 캐치프레이즈	X
포장지	판매용 상품의 패키지	X

> 실제로는 라이선스 제약이 있습니다

* 위 사용범위는 참고용으로, 정확한 사용범위는 이용 전 폰트 저작권자에게 확인바랍니다.
사용범위는 저작권자의 규정에 따라 달라질 수 있습니다.
저작권자는 페이지 상단의 폰트 이름 밑에 있습니다.

내용을 살펴보면 BI/CI(기업 브랜드명, 상품명, 로고 등) 및 포장지(판매용 상품의 패키지)에는 글꼴 사용이 제한된다는 점을 확인할 수 있습니다. 따라서 챗GPT의 답변을 신뢰하더라도 제공된 링크를 직접 방문하여 라이선스 조건을 꼼꼼하게 확인하는 것이 중요합니다. 챗GPT의 웹 검색 기능을 활용하면 원하는 정보를 빠르게 찾을 수 있지만, 최종적인 사용 여부 결정은 사용자에게 달려 있습니다. 챗GPT가 제공하는 자료를 참고하되, 중요한 정보일수록 원본 출처를 직접 확인하는 습관을 가지는 것이 중요합니다.

05 앞에서 설정한 키 비주얼과 색상 팔레트, 그리고 글꼴을 활용해 디자인 요소들을 배치하고 조정해보겠습니다. 색상 팔레트를 정했다면 이를 활용해 배경 색상과 강조 색상을 적용하고, 제목과 본문에 적절한 글꼴을 매칭하여 돌잔치의 감성을 살려볼 수 있겠네요. 이제 이 모든 요소를 조화롭게 배치하며 돌잔치 컨셉에 맞는 레이아웃을 구성해보겠습니다.

돌잔치 초대장 디자인을 구성할 레이아웃 요소를 추천해줘. 초대장은 '작은 운전사의 첫 번째 레이스' 테마를 반영해야 해. 아이의 사진이 들어갈 공간, 초대 문구, 행사 날짜와 장소, RSVP 정보 등을 어떻게 배치하면 좋을지도 함께 알려줘.

1. 전체 레이아웃 구상

- 2단 혹은 3단 구역으로 나누어, 정보와 이미지를 명확히 구분해 배치합니다.

- 자동차 레이스 트랙을 연상시키는 곡선형 레이아웃을 적용해도 좋습니다.

2. 핵심 요소 배치 아이디어

1. 타이틀 영역

- 위쪽 중앙에 '작은 운전사의 첫 번째 레이스' 문구를 배치합니다.

- 글씨 주변에 체커(검흰 체크무늬) 패턴, 깃발 아이콘, 혹은 작은 자동차 일러스트를 장식해 테마를 살립니다.

- 예) "A Little Driver's First Race" 문구 + 레이싱 깃발.

2. 아기 사진 공간

- 타이틀 아래 또는 좌측 혹은 우측 한 구역을 할애하여, 아기의 사진을 큼직하게 배치합니다.

- 사진 주변에 풍선, 구름 등 부드러운 그래픽을 추가해 '첫 번째 레이스'의 귀여운 분위기를 강조합니다.

- 사진에 라운딩 처리(둥근 테두리)나 폴라로이드 프레임 같은 장식을 적용해도 좋습니다.

3. ....생략...

...생략...

4. 구성 요약

섹션	내용	특징
타이틀	"작은 운전사의 첫 번째 레이스"	상단 중앙, 테마 강조
아기 사진	아기의 메인 사진(동그란 프레임, 둥근 테두리)	사진 주변 풍선·구름 장식
초대 문구	"첫 번째 레이스에 함께해 주세요!" 등 짧은 메인 카피	사진 인근에 배치, 호응
행사 정보	날짜·시간·장소를 표나 아이콘 형태로	하단 또는 중앙부 배치
RSVP	"연락처, 문의 안내"	행사 정보 아래 구획 분리
장식 요소	레이스 트랙, 작고 귀여운 자동차·깃발·체커 패턴	곳곳에 배치, 통일감 강조

요청한 레이아웃을 정확하고 깔끔하게 정리했네요. 초대장의 핵심 요소부터 디자인 배치까지 체계적으로 구성되어 있어, 그대로 참고하면 돌잔치 콘텐츠 제작이 한층 더 수월해질 것 같습니다. 이제 이 레이아웃을 바탕으로 구체적인 디자인 요소를 적용하면서 초대장 제작을 본격적으로 진행해보겠습니다.

챗GPT, 캔바로 콘텐츠 제작하기

돌잔치를 준비하면서 가장 먼저 해야 할 일 중 하나는 바로 초대장 만들기입니다. 하지만 처음부터 디자인을 직접 제작하려면 시간이 오래 걸리고, 원하는 스타일을 만들기 어려울 수도 있습니다. 이번에는 챗GPT의 플러그인을 활용해 인공지능이 추천하는 디자인을 기반으로 초대장을 제작해보겠습니다. 이번 실습을 통해 '디자인 경험이 없는 나도 빠르게 콘텐츠를 완성할 수 있다'라는 자신감을 가질 수 있기 바랍니다.

01 먼저 챗GPT에서 플러그인을 활성화하기 위해 왼쪽 사이드바 메뉴 하단에 있는 [GPT 탐색] 버튼을 클릭하고 Canva를 검색하여 선택한 다음, [채팅 시작]을 누르세요.

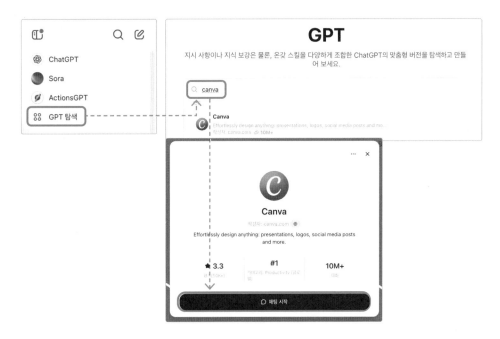

02 앞서 작업한 돌잔치 키 비주얼 색상 코드와 글씨체 정보를 입력한 후, 초대장에 가장 적합한 템플릿을 추천해달라고 요청합니다.

> **TIP** Canva 템플릿에서는 기본적으로 제공되는 글꼴만 적용되며 원하는 커스텀 폰트는 자동으로 적용되지 않습니다. 사용하고자 하는 글꼴이 있다면 별도로 글꼴 파일을 다운로드한 후 Canva의 '브랜드 글꼴 추가' 기능을 이용해 직접 추가해야 합니다.

🧑‍💬

따뜻하고 사랑스러운 분위기의 돌잔치 초대장을 만들려고 해. 색상 코드는 첨부한 컬러를 사용해줘. 폰트는 타이틀에는 설레임체, 본문에는 원스토어 모바일POP체를 적용할 거야. 이러한 스타일을 반영한 돌잔치 초대장 템플릿을 3가지 추천하고, 각 템플릿의 장점과 활용도를 설명해줘.

🤖💬

추천 돌잔치 초대장 템플릿 3가지

(각 템플릿을 클릭하면 Canva에서 직접 편집할 수 있어요.)

1. 크림색과 흰색 귀여운 수채화 꽃 아기 사진 돌잔치 초대장

...생략...

추가 수정 가능 사항

- 추천 템플릿을 기반으로 첨부해주신 컬러(#A7D9C6, #F2BB13, #F2C7AE 등)로 변경 가능
- 배경 및 장식을 추가하여 더욱 개성 있는 디자인 제작 가능

저는 1번 샘플이 키 비주얼의 색상과 유사하면서도 따뜻한 분위기를 잘 살려주고, 텍스트 박스가 단순하여 편집이 오래 걸리지 않을 것 같아 이것을 선택하겠습니다.

03 챗GPT에서 알려준 템플릿 링크를 클릭하면 바로 템플릿 편집 화면으로 이동하여 텍스트, 이미지, 색상 등을 원하는 스타일에 맞게 커스터마이징할 수 있습니다. 텍스트 편집을 하려면 텍스트를 더블클릭하면 됩니다. 초대장 상단의 '1st Birthday Party'라고 적힌 부분을 더블클릭하여 텍스트 박스를 활성화합니다. 그러면 화면 상단에 편집 메뉴바가 나타납니다. 상단 메뉴바에서 [폰트] 항목을 클릭하면 하단에 글꼴을 검색할 수 있는 입력창이 나타납니다.

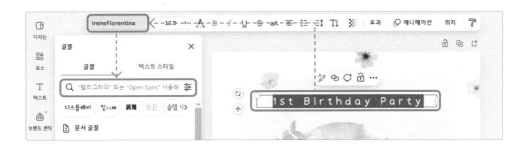

이곳에 'Gowun Dodum'을 입력하면 폰트를 찾을 수 있습니다. 찾은 폰트를 클릭하면 선택한 텍스트에 즉시 반영됩니다. 초대장의 문구를 수정해야 한다면 직접 텍스트 내용을 입력하여 편집해주세요.

초대장에 사용된 사진도 원하는 이미지로 변경해보겠습니다. 사진 위에 커서를 가져가 오른쪽 마우스 버튼을 클릭하면 [이미지 분리하기] 메뉴가 나타납니다. [이미지 분리하기]를 선택하면 사진 원본이 동그란 프레임 위로 이동합니다. 분리한 이미지 위에 나타나는 [휴지통] 아이콘을 클릭하여 기존 사진을 삭제하세요.

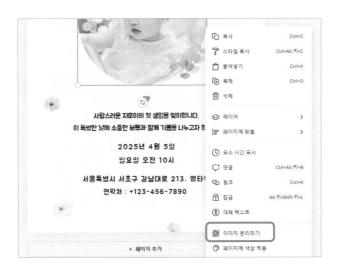

그런 다음 왼쪽 메뉴바에서 [업로드 항목]을 선택하고 오른쪽 상단의 [파일 업로드] 버튼을 눌러 원하는 이미지를 업로드합니다. 업로드한 이미지는 [이미지] 탭에 들어갑니다. 업로드된 이미지를 클릭하면 초대장 편집 창의 동그란 프레임 위로 자동 배치되며, 클릭 후 드래그하여 동그란 프레임 안에 맞춰 배치합니다. 이미지가 잘리지 않도록 크기와 위치를 조정하면 더욱 완성도 높은 초대장을 만들 수 있습니다.

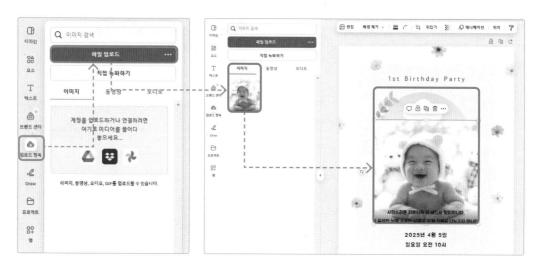

초대장 편집이 완료되면 오른쪽 상단의 [공유] 버튼을 클릭하고 아래에 나타나는 창에서 왼쪽 하단의 [다운로드] 버튼을 선택합니다. 원하는 파일 형식(PNG, PDF 등)을 선택한 후 다운로드를 진행하면 초대장이 완성됩니다.

이번 실습에서는 챗GPT 플러그인과 캔바를 활용해 가장 간단한 방식으로 초대장을 만드는 방법을 배웠습니다. 이렇게 간단한 텍스트 편집과 사진 변경만으로도 돌잔치 초대장을 손쉽게 제작할 수 있습니다. 더 디테일한 초대장을 만들고 싶다면 캔바의 다양한 기능(폰트 스타일 변경, 그래픽 추가 등)을 활용해 더 정교하게 커스터마이징할 수도 있습니다. 이제 여러분도 직접 나만의 초대장을 제작해 보세요.

1000% 노하우 원하는 글꼴이 캔바에 없다면?

캔바에서는 사용자가 직접 원하는 폰트를 업로드하여 사용할 수 있는 기능을 제공합니다. [텍스트] 메뉴에서 [브랜드 글꼴 추가]를 선택하면 개인적으로 다운로드한 폰트를 캔바에 등록할 수 있습니다.

하지만 이 기능은 유료 캔바 사용자에게만 제공하는 기능이므로 본문에서는 소개하지 않았습니다. 다만 캔바는 회원 가입 후 처음 1개월 동안은 유료 기능을 체험할 수 있습니다. 캔바를 제대로 활용하고 싶다면 이 기간 동안 여러 가지 유료 기능을 사용해보세요. 업무상 초청장, 각종 행사 디자인, 브랜딩 콘텐츠 제작 등의 일이 많다면 캔바 유료 구독이 정말 큰 도움이 될 것입니다.

미친 활용 21 챗GPT, 코파일럿 디자이너로 디자인 요소 개발하기

코파일럿 디자이너는 생성형 AI 디자인 도구로, 텍스트 입력만으로도 고퀄리티의 이미지를 자동 생성해줍니다. 내부적으로는 챗GPT의 달리 모델을 사용하고 있으며, 챗GPT에서 직접 달리를 활용하려면 횟수 제한이 있지만 코파일럿 디자이너^{Copilot Designer}는 마이크로소프트 계정만 생성하면 더 많은 이미지를 무료로 생성할 수 있습니다. 여기서는 테이블 장식, 포토존 배경, 돌잡이 상, 답례품 패키지 등 돌잔치를 더욱 감각적으로 꾸밀 수 있는 요소들을 AI를 통해 빠르게 구상하고 시각화하는 방법을 단계별로 실습해보겠습니다.

01 앞서 작업한 정보(예: 돌잔치 테마, 색상 팔레트, 분위기 등)를 기반으로 일관성 있는 프롬프트를 생성하기 위해 챗GPT에서 먼저 프롬프트를 작성한 다음 이를 코파일럿 디자이너에서 활용하여 이미지를 생성해보겠습니다. 먼저 챗GPT에게 다음과 같이 요청하여 돌잡이 테이블 디자인을 위한 프롬프트를 만듭니다.

> **TIP** 코파일럿 디자이너에 직접 접속해서 프롬프트를 입력해도 되지만 챗GPT를 결합하면 더 일관성 있는 이미지를 얻을 수 있습니다.

자동차 테마의 돌잔치를 위한 돌잡이 테이블 디자인을 구상하고 싶어. 따뜻하고 사랑스러운 분위기 속에 귀여운 자동차 요소들이 조화롭게 어우러지는 이미지를 만들 수 있도록 코파일럿 디자이너에서 사용할 프롬프트를 영어로 작성해줘.

A doljabi table for a Korean first birthday party with a car-themed design. Items are displayed inside a vintage car trunk setup, with each item labeled like a license plate. Set on a wooden table with soft neutral tones, surrounded by pastel balloons and baby-themed decor.

챗GPT가 제안한 돌잡이 디자인 요소를 바탕으로 코파일럿 디자이너에서 실제 이미지를 생성해보겠습니다. 먼저 첫 번째 예시로 돌잡이 테이블에 대한 프롬프트를 입력하여 이미지가 어떻게 구현되는지 확인해보겠습니다. 같은 방식으로 테이블 장식, 포토존, 답례품 패키지 등 다른 디자인 요소들도 프롬프트를 만들어 입력해보며 다양한 시안을 비교해볼 수 있습니다. 이미지 생성 과정에서 색감이나 세부 요소를 조정하고 싶다면 프롬프트를 수정하며 최적의 결과를 찾아가는 것도 좋은 방법입니다.

02 코파일럿 디자이너 bit.ly/4bNKpNA에 접속하여 로그인한 다음 [무료로 Designer 만들기]를 클릭하면 이미지 만들기 화면으로 이동합니다. [+ 만들기]를 누르고 [이미지]를 선택하세요. 그러면 코파일럿 디자이너에서 이미지를 만들 수 있는 '이미지 만들기'로 이동합니다.

TIP 서비스를 이용하려면 먼저 마이크로소프트에 가입하세요(무료).

03 프롬프트 입력창에 테이블 장식 프롬프트를 입력 후 [생성] 버튼을 누릅니다. 코파일럿 디자이너는 하루에 최대 15회까지 이미지 생성이 가능하며, 한 번에 4개의 이미지를 생성합니다.

A doljabi table for a Korean first birthday party with a car-themed design. Items are displayed inside a vintage car trunk setup, with each item labeled like a license plate. Set on a wooden table with soft neutral tones, surrounded by pastel balloons and baby-themed decor.

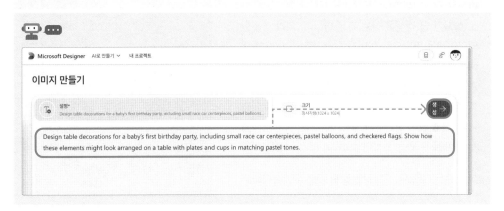

프롬프트를 입력하고 잠시 기다리면 이미지가 나타납니다. 다음은 테이블 디자인 프롬프트로 받은 이미지입니다.

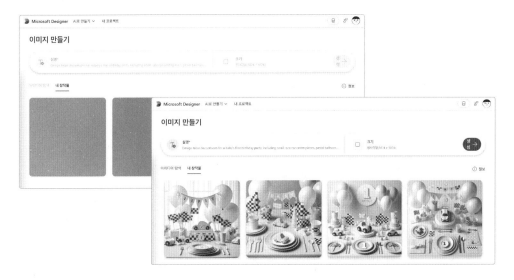

이러한 방식으로 원하는 디자인 요소의 시안을 손쉽게 생성하고 아이디어를 확장할 수 있습니다. 생

성된 이미지가 마음에 들지 않거나 추가적인 수정이 필요하다면 프롬프트를 수정하거나 다른 키워드를 입력해 다양한 디자인 시안을 계속 시도해볼 수 있습니다. 이를 통해 내 마음에 꼭 드는 맞춤형 디자인을 만들어보세요.

7000%노하우 원하는 이미지가 생성되지 않을 때는 어떻게 해야 하나요?

생성형 AI는 사용자가 입력한 텍스트(프롬프트)를 기반으로 이미지를 만들어냅니다. 하지만 AI가 자동으로 실시간 웹 검색을 하는 것은 아니며, 미리 학습한 데이터셋을 바탕으로 이미지를 생성합니다. 특히 챗GPT와 DALL·E는 영어권 데이터를 중심으로 학습되었기 때문에 한국의 전통적인 문화 요소(예: 돌잡이상, 한복, 전통 문양 등)를 정확하게 반영하기 어려울 수 있습니다. 예를 들어 오른쪽과 같은 이미지는 우리나라에서 흔히 볼 수 있는 돌잡이상이라고 보기 어렵습니다.

이럴 때는 다음 두 가지 방법을 활용할 수 있습니다.

1. 보다 구체적인 프롬프트를 작성해서 AI가 한국 전통문화의 맥락을 이해할 수 있도록 도와주기

2. 온라인에서 '돌잡이상'과 같은 참고 이미지를 찾아 AI에게 제공한 후, 해당 이미지를 기반으로 프롬프트를 생성하도록 요청하기

인터넷에서 검색한 돌잡이상 사진을 AI에게 분석하게 한 뒤, 해당 프롬프트를 이용해 원하는 돌잡이상의 이미지를 다시 생성해보겠습니다.

이 그림을 그려달라는 프롬프트를 작성해줘.

Create a digital illustration of a traditional Korean doljabi tray for a baby's first birthday. The wooden tray should contain symbolic items including a toy gavel, a toy microphone, a toy stethoscope, a bundle of thread tied with a pink ribbon, a set of old Korean coins, and three small sports balls (a soccer ball, a baseball, and a golf ball). The overall composition should be bright, colorful, and celebratory, reflecting the warm and festive atmosphere of a doljabi ceremony.

이 프롬프트를 사용해 코파일럿 디자이너에서 받은 이미지는 다음과 같습니다.

결과 이미지가 확실히 다른 게 보이시나요? 이처럼 AI는 한국 전통문화를 표현하는 데 한계가 있을 수 있으므로 보다 정확한 이미지를 얻으려면 참고 이미지를 제공하거나 프롬프트를 반복적으로 수정해가는 과정이 필요합니다.

미친 활용 22 챗GPT, 미리캔버스로 캐릭터 스티커 제작하기

이번에는 미리캔버스를 활용하여 돌잔치에 어울리는 캐릭터 스티커를 제작해 보겠습니다. 미리캔버스는 인공지능 기반으로 디자인 요소를 생성하여 사용자가 원하는 분위기와 스타일에 맞는 디자인을 손쉽게 완성할 수 있습니다.

01 미리캔버스 www.miricanvas.com/ko에 접속합니다. 미리캔버스는 회원 가입 후 무료로 이용할 수 있습니다. 회원 가입 후 로그인을 합니다.

이어서 오른쪽 상단에 있는 [디자인 만들기]를 클릭합니다.

02 템플릿 탭이 자동으로 선택된 상태로 이미지 제작 화면이 나타납니다. ❶ [크기 조정]을 누른 후 ❷ 검색창에서 '정사각형'을 검색합니다. 그리고 ❸ [인쇄] 탭을 선택한 다음 ❹ '스티커' 항목 하위의 [정사각형]을 선택합니다.

03 스타일 설정을 위해 앞에서 만든 돌잔치 키 비주얼을 업로드합니다. 왼쪽 메뉴바에서 [업로드]를 클릭하여 키 비주얼 이미지를 추가합니다.

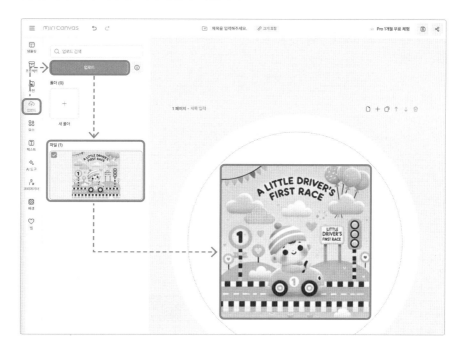

04 그러면 해당 스티커 사이즈에 맞는 새로운 템플릿과 화면 구성으로 변경됩니다. [AI 도구 → 디자인에 어울리는 요소 생성]을 선택해 스티커를 제작해봅시다.

[주제 입력] 하단에서 [있어요]를 선택한 후, 캐릭터 생성 프롬프트 내용을 입력한 다음 [생성]을 클릭합니다.

> **TIP** 이때 생성형 AI 기능을 사용하기 위한 200 크레딧이 무료로 제공됩니다. 이미지 생성 시 한 번에 20 크레딧이 차감됩니다.

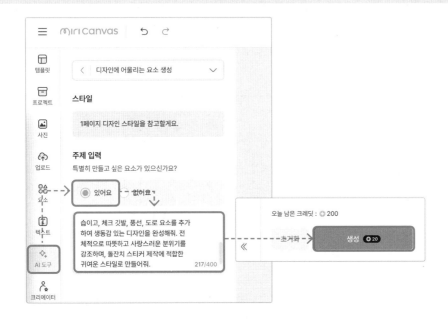

돌잔치 키 비주얼을 반영한 귀여운 스티커용 캐릭터를 제작해줘. 컨셉은 파스텔톤 레이싱 테마로, 작은 운전사 느낌의 캐릭터를 디자인해야 해. 아기 또는 동물(곰, 토끼 등)이 미니 레이싱카를 타고 있는 모습이고, 체크 깃발, 풍선, 도로 요소를 추가하여 생동감 있는 디자인을 완성해줘. 전체적으로 따뜻하고 사랑스러운 분위기를 강조하며, 돌잔치 스티커 제작에 적합한 귀여운 스타일로 만들어줘.

그러면 '디자인을 분석해 어울리는 요소를 생성해요'라는 메시지가 나온 다음 네 종류의 이미지가 생성됩니다.

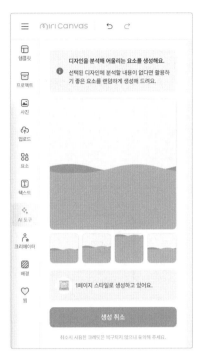

05 생성된 이미지에서 원하는 이미지를 클릭하고 [+ 이미지 캔버스에 추가]를 클릭하면 오른쪽 페이지에 이미지가 추가됩니다. 이때 디자인 안전 영역을 확인하여 캐릭터가 영역 밖으로 삐져나가지 않도록 조정해주세요.

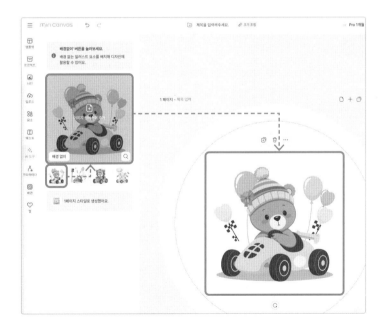

이렇게 캔버스에 추가한 이미지는 [업로드] 메뉴에 있는 파일 탭에서 확인할 수 있으며, 언제든 다시 사용할 수 있습니다.

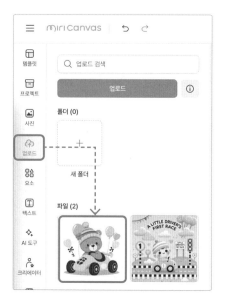

06 스티커 제작은 1장만 할 수 있는 것이 아니라 [페이지 추가]를 눌러 추가 스티커를 제작할 수도 있습니다. 여러 장의 스티커를 제작한다면 [페이지 추가]를 이용하기 바랍니다.

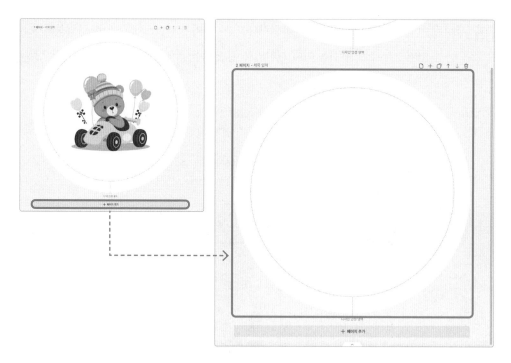

07 스티커를 실제로 제작하려면 오른쪽 검색 메뉴에서 '싱글 규격 스티커 제작'을 검색하거나 원하는 메뉴를 선택하면 됩니다.

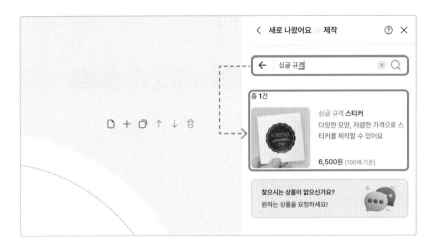

이렇게 AI 도구를 활용하면 전문적인 디자인 기술 없이도 원하는 스타일의 디자인 요소를 빠르게 제작할 수 있습니다. 이제 여러분도 AI를 활용해 나만의 개성 있는 스티커를 제작해보세요.

Chapter 06

쇼룸 공간 디자인을 위한 AI 활용

쇼룸은 브랜드 가치를 전달하고 방문자가 제품을 직접 경험할 수 있도록 설계된 공간입니다. 효과적인 쇼룸 디자인은 방문자의 관심을 끌고 자연스럽게 브랜드와 제품을 탐색하게 합니다. 이때 효율적인 레이아웃과 동선 설계에 대한 고민이 필요할 수 있습니다. 이번 장에서는 AI를 활용해 쇼룸의 컨셉을 정리하고, 공간 배치를 최적화하며, 체험형 요소를 적용하는 방법을 살펴봅니다. 다음 AI를 도구를 사용하여 창의적이고 실용적인 공간을 설계하여 브랜드 경험을 극대화하는 방법을 알아봅시다.

- 챗GPT : 공간 컨셉, 아이디어 생성, 동선 계획 및 배치 아이디어 제안 도구

- 달리 : 컨셉 디자인 이미지 시각화, 체험형 요소 디자인 구체화 도구

- Presentation & Diagram Generator by ShowMe : 공간 레이아웃, 동선 시각화 및 배치도 제작 도구

미친 활용 23 챗GPT, 달리, P&D Generator로 공간 컨셉 디자인하기

쇼룸 설계에서 컨셉 설정은 공간의 분위기와 정체성을 결정하는 핵심 과정입니다. 명확한 컨셉이 있어야 목적이 분명해지고, 방문자 경험을 극대화할 수 있습니다. 이번 실습에서는 챗GPT를 활용해 쇼룸의 목적과 핵심 메시지를 정의하고, 주요 디자인 요소와 연출 방식을 정리합니다. 이후 달리를 이용

해 공간 컨셉을 시각적으로 표현하고, Presentation & Diagram Generator by ShowMe를 활용해 방문자의 동선을 고려한 최적의 공간 배치를 다이어그램으로 구성하겠습니다. 이 과정을 통해 AI 도구를 활용한 쇼룸 설계 방법을 익혀보세요.

> **TIP** Presentation & Diagram Generator by ShowMe는 도구 이름이 너무 길어서 이후에는 P&D Generator라고 부르겠습니다.

01 먼저 쇼룸이 전달할 핵심 메시지와 방문자들에게 제공할 경험을 구체적으로 정의해야겠죠? 챗 GPT를 활용해 쇼룸의 목적을 정리하고, 이에 맞는 컨셉을 설정해보겠습니다. 챗GPT에게 쇼룸 컨셉에 대한 아이디어를 얻기 위해 아래와 같이 질문을 입력합니다.

최신 스마트 홈 기술을 체험할 수 있는 쇼룸을 기획하려고 해. 방문자들에게 미래형 스마트 라이프스타일을 경험하게 하는 공간을 만들고 싶어. 목표에 적합한 컨셉을 3가지 추천해줘.

최신 스마트 홈 기술을 체험할 수 있는 쇼룸 컨셉 3가지

스마트 홈 쇼룸의 목표에 맞춰 최신 기술을 효과적으로 체험할 수 있도록 차별화된 세 가지 컨셉을 제안드립니다.

1. "AI City Loft" – 미래 도심 속 스마트 라이프

컨셉: AI와 IoT가 최적화한 미래형 도심 라이프스타일을 체험하는 공간입니다.

핵심 포인트: 개인 맞춤형 AI 어시스턴트, 초연결 스마트 시스템, 도심형 스마트 인테리어가 주요 특징입니다.

…생략…

3. "Nature Sync Home" – 자연과 기술이 조화를 이루는 스마트 홈

컨셉: AI 및 IoT 기술이 자연과 연계되어 사용자의 건강과 웰빙을 증진하는 스마트 공간을 제공합니다.

핵심 포인트: 바이오필릭 디자인, 친환경 스마트 기술, 헬스케어 & 웰니스 중심의 공간입니다.

✓ 하이라이트 체험 요소:

- 스마트 식물 관리 시스템 (AI가 최적의 식물 환경 조성)

- 생체 리듬에 맞춘 조명 & 공기질 자동 조절 시스템

- 스마트 명상 & 수면 최적화 공간

✓ 적합한 대상:

- 웰니스 및 친환경 라이프스타일을 지향하는 고객, 프리미엄 주거 관심층

챗GPT가 제안한 세 가지 콘셉트 중 이 책의 방향과 가장 잘 맞는 'The Living Future - AI와 함께 진화하는 집'을 선택하겠습니다. 이제 이 콘셉트를 기반으로 쇼룸의 주요 공간과 기능을 구체적으로 구성해볼까요? AI와 스마트 기술이 적용된 각 공간이 어떤 역할을 할지 하나씩 정리해보겠습니다.

02 쇼룸에서 구현할 주요 공간을 구체적으로 구성해보겠습니다. 쇼룸이 단순한 전시 공간을 넘어 AI와 스마트 기술이 어떻게 실생활에 적용되는지를 직관적으로 경험할 수 있는 공간이 되려면 각 영역을 체계적으로 설계해야 합니다. 이를 위해 챗GPT에게 각 공간별 세부 아이디어를 요청하여 보다 구체적인 쇼룸을 구성하겠습니다.

🧑‍💻 💬

미래형 스마트 체험 쇼룸 'The Living Future - AI와 함께 진화하는 집'을 기획 중이야. 방문자들이 AI와 스마트 기술이 실생활에서 어떻게 활용되는지 직접 체험할 수 있도록 거실, 주방, 침실, 욕실 등의 공간을 구성하려고 해. 각 공간에서 방문자들이 가장 직관적으로 체험할 수 있는 스마트 기술과 요소들을 제안해줘.

🤖 💬

미래형 스마트 체험 쇼룸 'The Living Future - AI와 함께 진화하는 집'
방문자들이 AI와 스마트 기술이 실생활에서 어떻게 활용되는지 직관적으로 체험할 수 있도록, 거실, 주방, 침실, 욕실 등 각 공간에서 가장 효과적인 스마트 기술과 체험 요소를 제안드립니다.

1. 스마트 거실 – AI 기반 맞춤형 리빙 공간

주요 체험 요소:

✓ AI 음성 비서 & 자동 환경 조절

- 방문자가 입장하면 AI가 얼굴 및 음성을 인식하여 개인 맞춤형 조명, 온도, 음악을 자동 설정
- AI가 방문자의 감정 상태를 분석해 맞춤형 콘텐츠 추천 (뉴스, 음악, 영화 등)

...생략...

📌 직관적 체험 방법:

방문자가 입장하면 AI가 자동으로 맞춤형 환경을 설정하고, 음성이나 제스처로 스마트 미디어 및 가구를 조작하는 경험 제공

...생략...

4. 스마트 욕실 – AI 헬스케어 & 맞춤형 웰빙 공간

주요 체험 요소:

✓ 스마트 샤워 & 맞춤형 수압·온도 조절

- AI가 방문자의 피부 상태 및 체온을 감지해 최적의 샤워 온도·수압 자동 설정

- AI가 개별 맞춤형 아로마 테라피 추천

...생략...

📌 직관적 체험 방법:

방문자가 샤워기에 손을 대면 AI가 자동으로 맞춤형 온도 및 수압을 조정하고, 거울을 보면 피부 분석 및 가상 메이크업 체험 가능

...생략...

결론: "The Living Future" 쇼룸의 차별화된 체험 요소

- AI가 사용자의 행동을 학습하고 실시간으로 반응하는 맞춤형 스마트 홈 환경
- 방문자가 AI 및 스마트 기술을 직접 체험하며 몰입하는 공간
- 기술 전시가 아닌, 실제 미래 생활을 경험하는 인터랙티브 쇼룸

미래형 스마트 체험 쇼룸의 각 공간과 스마트 기술 체험 요소가 방문자의 동선과 체험 흐름을 고려하여 체계적으로 구성되었네요. 이렇게 구성된 쇼룸이라면 방문자들이 자연스럽게 스마트 홈 기술을 경험하고 기술이 일상에 어떻게 적용되는지 직접 체험할 수 있을 것 같습니다.

03 챗GPT에서 정리한 컨셉을 바탕으로 쇼룸의 비주얼을 보다 구체적으로 설계해보겠습니다. 먼저 쇼룸의 공간 구성을 시각적으로 표현할 수 있도록 프롬프트를 작성한 후, 챗GPT에게 요청하겠습니다. 이를 통해 AI가 제안한 스마트 체험 공간을 직관적인 이미지로 확인할 수 있을 것입니다.

🤖 💬

미래형 스마트 체험 쇼룸 'The Living Future - AI와 함께 진화하는 집'을 달리가 정확하게 그릴 수 있도록 최고의 프롬프트를 작성해줘. 쇼룸의 디자인 컨셉을 보다 구체적으로 시각화하기 위해 거실, 주방, 침실, 욕실 등의 공간을 구역별로 개별 프롬프트로 작성해줘. 각 공간은 최첨단 AI 스마트 기술이 적용된 미래형 디자인이어야 하며, 조명, 가구 배치, 인터랙티브 기능까지 반영될 수 있도록 설명을 포함해줘.

이제 챗GPT가 생성한 각 공간별 프롬프트를 하나씩 입력하여 쇼룸의 주요 공간을 개별 이미지로 만들어보겠습니다. 공간별로 프롬프트를 입력하면 달리가 이를 바탕으로 각각의 공간을 시각화해 줄 것입니다. 거실, 주방, 침실, 욕실 등 각 구역이 미래형 스마트 기술과 조화를 이루도록 생성된 이미지를 확인해보겠습니다.

(거실을 시각화한 프롬프트입니다) Create a highly detailed and futuristic digital illustration of an AI-powered smart home experience showroom titled 'The Living Future - A Home Evolving with AI.' Smart Living Room: Features a transparent OLED display wall with AI-driven personalized content, smart furniture that adjusts seating positions automatically, and ambient lighting that changes based on the visitor's mood. Include a robotic assistant that serves drinks.

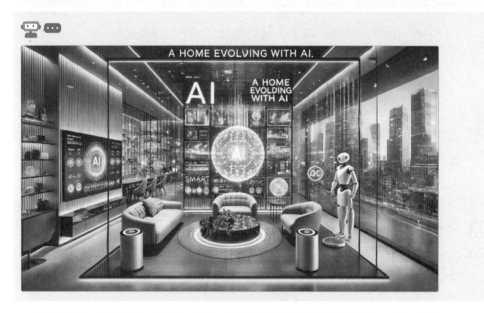

(주방을 시각화한 프롬프트입니다) Create a highly detailed and futuristic digital illustration of an AI-powered smart home experience showroom titled 'The Living Future - A Home Evolving with AI.' Futuristic Kitchen: Showcases an AI-powered refrigerator that scans and suggests recipes, an interactive smart dining table with a touchscreen display, and a fully automated cooking system with robotic arms. The AI can display nutritional information and prepare meals with voice commands.

(침실을 시각화한 프롬프트입니다) Create a highly detailed and futuristic digital illustration of an AI-powered smart home experience showroom titled 'The Living Future - A Home Evolving with AI.' AI-Optimized Bedroom: Features a smart bed that adjusts its shape based on the user's posture, AI-driven circadian lighting, and an intelligent air filtration system. A digital mirror provides real-time wellness analysis and morning routines.

(욕실을 시각화한 프롬프트입니다) Create a highly detailed and futuristic digital illustration of an AI-powered smart home experience showroom titled 'The Living Future - A Home Evolving with AI.' High-Tech Bathroom: Equipped with a smart shower that adjusts water temperature and pressure based on body temperature, an AI-powered mirror that offers skincare recommendations, and a futuristic toilet with automated hygiene functions.

🤖💬

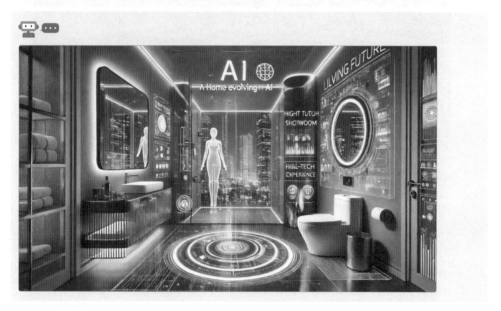

각 공간이 AI와 스마트 기술 요소들로 효과적으로 구성되었고, 미래 기술을 활용해 방문자가 직접 체험할 수 있도록 설계되었습니다. 생성된 이미지에서 부족하거나 더 강조하고 싶은 부분이 있다면 추가적인 프롬프트를 입력하여 세부적으로 보완할 수 있습니다. 필요에 따라 조명, 가전제품, 인터랙티브 디스플레이 등 공간별 특징을 너욱 강조해서 완성도를 높여보세요.

미친 활용 24 챗GPT, P&D Generator를 활용하여 동선을 고려한 공간 배치하기

공간 설계에서 방문자의 이동 동선은 핵심 요소입니다. 동선이 잘 계획되지 않으면 혼잡하거나 불편한 환경이 될 수 있습니다. 쇼룸 디자인에서는 방문자의 이동 경로, 머무르는 지점, 시선을 끄는 요소를 고려해야 합니다. 이번 실습에서는 AI 도구를 활용해 효과적인 공간 배치를 설계하고 방문자 경험을 최적화하는 방법을 살펴보겠습니다. 챗GPT로 최적의 동선을 설계하고, 달리를 활용해 직관적인 공간 배치 이미지를 생성하는 과정을 진행하겠습니다.

01 먼저 쇼룸을 구성하는 주요 구역을 설정하겠습니다. 방문자가 어떤 동선으로 이동할지를 고려하여 각 공간의 역할과 배치를 명확하게 정하는 것이 중요합니다. 체험의 흐름이 자연스럽게 이어지고, 스마트 기술을 효과적으로 경험하며 방문자가 몰입감 있게 체험할 수 있도록 각 구역별 기능과 배치를 구체화해보겠습니다.

'The Living Future' 쇼룸에서 방문자의 체험 경험을 극대화할 수 있도록 공간 배치를 설계하려고 해. 방문자가 자연스럽게 이동할 수 있도록 동선을 고려해 주요 공간을 구역별로 나누고 싶어. 쇼룸을 구성할 때 필수적으로 포함해야 할 주요 구역과 그 역할을 추천해줘.

공간 구역별 역할 및 구성

1. 환영 구역 (Entrance Zone)
- 방문자가 처음 쇼룸에 들어오는 공간으로, 전체 컨셉과 AI 스마트 홈의 주요 기능을 소개
- AI 기반 체크인 시스템을 통해 방문자의 취향을 분석하고 맞춤형 체험 경로를 설정

구성 요소:

✓ AI 체크인 키오스크 (얼굴 인식 및 스마트폰 연동)

✓ 대형 인터랙티브 디스플레이 (쇼룸 안내 및 컨셉 소개)

✓ AI 비서 음성 안내 시스템

방문자 동선:

☑ 환영 구역에서 AI가 방문자 맞춤형 체험 추천 → 체험 구역으로 이동

...생략...

이 공간 배치의 장점

1. 방문자의 동선을 자연스럽게 유도
   ◦ 환영 → 체험 → 설명 → 인터랙티브 → 피드백 순서로 이동하며 스마트 홈의 흐름을 체험

2. 기술 체험과 학습을 동시에 진행
   ◦ 직접 경험하는 체험 구역과 심층적인 교육 구역을 조합하여 이해도를 높임

3. 방문자 맞춤형 AI 솔루션 제공
   ◦ AI가 방문자의 데이터 기반으로 맞춤형 스마트 홈 환경을 추천하여 실제 적용 가능성을 높임

4. 체험 후 피드백을 통해 지속적인 개선 가능
   ◦ 방문자 의견을 수집하여 향후 스마트 홈 기술 및 전시 내용을 개선하는 데 활용

동선이 환영 구역, 체험 구역, 설명 및 교육 구역, 인터랙티브 구역, 그리고 휴식 및 피드백 구역의 총 5개 구역으로 체계적으로 정리되었네요. 이렇게 하면 방문자들이 자연스럽게 이동하면서 스마트 홈 기술을 점진적으로 체험할 수 있는 구조가 완성됩니다. 특히 AI 기반의 맞춤형 체험과 인터랙티브 요소들이 결합되면서 단순한 전시 공간이 아니라 실제 미래 스마트 홈에서 생활하는 듯한 몰입형 경험을 제공할 수 있겠네요. 이제 이 공간 배치를 바탕으로 세부적인 레이아웃을 구체화해볼까요?

02 설정된 5개의 구역을 도면(Floor Plan)으로 시각화해보겠습니다. 방문자의 동선이 자연스럽게 흐르도록 공간을 배치하는 것이 중요하겠죠? 최적화된 동선을 설계하기 위해 시각적인 자료를 활용하겠습니다. 이를 통해 각 구역이 어떻게 연결되고 방문자가 어떤 방식으로 이동하게 될지를 보다 직관적으로 파악할 수 있을 것입니다.

위의 5개 공간(환영 구역, 체험 구역, 설명 및 교육 구역, 인터랙티브 구역, 휴식 및 피드백 구역)의 구조를 Floor Plan으로 시각화해줘. 공간 간의 이동이 원활하도록 동선을 고려하고, 방문자들이 자연스럽게 체험할 수 있도록 최적의 레이아웃을 제안해줘.

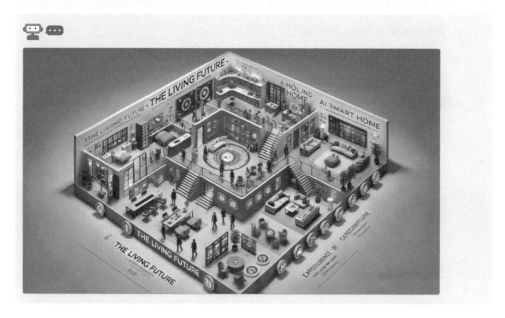

쇼룸의 플로어 플랜이 완성되었습니다. 각 구역이 명확하게 구분되고 방문자들이 자연스럽게 이동할 수 있도록 설계되었네요. 이제 구역이 정해졌으니 방문자 이동 동선을 설정해보겠습니다.

03 동선은 방문자의 몰입도를 높이고 체험 순서를 자연스럽게 유도하는 핵심 요소입니다. 효과적인 공간 배치를 위해서는 대표적인 동선 설계 방식을 참고하여 쇼룸의 각 구역을 어떻게 연결할지 전략적으로 접근해야 합니다. 이번에는 챗GPT에게 쇼룸의 동선을 최적화할 수 있는 전략을 추천해달라고 요청해보겠습니다. 방문자가 자연스럽게 이동하면서 체험의 흐름을 방해받지 않고 몰입할 수 있도록, 어떤 동선 설계를 적용하면 좋을지 알아보겠습니다.

👤 💬

쇼룸의 각 구역을 효과적으로 연결하려면 어떤 동선 전략을 사용해야 할까? 방문자의 경험을 극대화할 수 있는 대표적인 동선 설계 방식을 알려줘. 그리고 이 중에서 'The Living Future' 쇼룸에 가장 적합한 방식을 추천해줘.

🤖 💬

1. 일방향 동선 (박물관형) – 체계적인 흐름을 통한 몰입형 체험

설명:

방문자가 쇼룸을 따라 한 방향으로 이동하며 정해진 흐름에 따라 체험하는 방식입니다. 스마트 홈 기술을 단계적으로 이해하고 자연스럽게 AI 스마트 라이프를 경험할 수 있습니다.

특징:

✓ 방문자가 처음부터 끝까지 논리적인 순서대로 이동

✓ AI 스마트 홈의 기능을 생활 흐름에 맞춰 체험 가능 (거실 → 주방 → 침실 → 욕실)

✓ 깊이 있는 체험을 원하는 방문자에게 적합

적용 예시:

🧍 환영 구역 (AI 체크인) → 체험 구역 (스마트 리빙룸 → 키친 → 침실 → 욕실) → 교육 구역 (AI 원리 설명) → 피드백 존 (맞춤형 스마트 홈 추천 및 피드백 제공)

장점:

☑ 방문자의 경험을 철저하게 기획하여 일관된 브랜드 메시지 전달 가능

☑ 스마트 홈 기술을 실제 생활의 흐름처럼 이해하도록 설계 가능

단점:

⚠ 방문자가 관심 없는 구역도 거쳐야 하므로, 자유로운 이동이 어려울 수 있음

...생략...

결론: 'The Living Future' 쇼룸에 가장 적합한 동선 방식

✓ 혼합형 동선 (쇼핑몰형) 적용 추천

- 기본 이동 흐름을 유지하되, AI 추천을 통한 맞춤형 체험 선택 가능

- 스마트 홈의 전체적인 연결성을 경험하면서도, 방문자 개별 관심사 반영 가능

- 일반 고객, 구매 고려층, 전문가 방문자 모두 만족할 수 있는 유연한 운영 가능

쇼룸에 적합한 동선 방식으로 '혼합형 동선'이 추천되었네요. 이 방식은 방문자가 원하는 경험을 직접 선택하면서도 자연스럽게 공간을 탐색할 수 있도록 유도하는 구조입니다. 특히 미래형 스마트 쇼룸에서는 각 공간의 체험 요소가 다양하기 때문에 방문자가 자유롭게 이동하면서도 핵심 기술을 효과적으로 경험할 수 있도록 설계하는 것이 좋겠죠. 이제 이 동선 전략을 기반으로 실제 공간 배치와 연계해보겠습니다.

04 최적화된 동선을 보다 명확하게 시각화하기 위해 챗GPT 플러그인 P&D Generator를 활용해 다이어그램을 생성해보겠습니다. 동선 설계는 방문자의 몰입도를 높이고 체험 흐름을 자연스럽게 유도하는 핵심 요소이므로 시각적으로 확인하면서 보완할 부분이 있는지 점검해보겠습니다. [GPT 탐색]을 누른 다음 도구 이름을 검색하고 검색 목록에서 도구를 선택하세요.

> **TIP** 검색 시 'P&D Generator'라고 검색하지 말고 'Presentation & Diagram Generator'를 검색하세요.

05 [채팅 시작]을 누르면 P&D Generator와 채팅할 수 있는 화면이 나타납니다. 프롬프트 입력창에 챗GPT가 추천한 3가지 동선 방식에 대한 정보를 입력하고, 다이어그램 제작을 요청합니다.

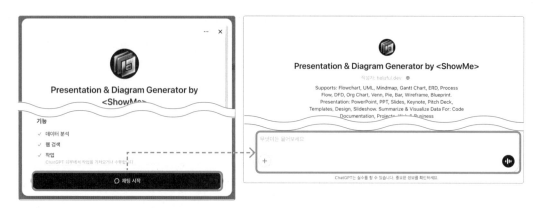

👤 💬

각 동선 유형을 설명하는 3가지 다이어그램을 제작해줘.

1. 일방향 동선 (박물관형)

- 형태: 입구에서 출구까지 한 방향으로만 이동하는 흐름

- 추천 도구: 직선형 화살표를 사용한 단순한 레이아웃

- 예시: 방문자가 거실 → 주방 → 침실 → 욕실로 순차적으로 이동

2. 자유 동선 (백화점형)

- 형태: 여러 개의 체험 공간이 흩어져 있고, 방문자가 자유롭게 이동 가능

- 추천 도구: 원형이나 격자형 배치를 사용해 방문자가 이동할 수 있는 다양한 경로 표현

- 예시: 방문자가 주방에서 먼저 체험 후 침실로 이동하는 등 자유롭게 경로 선택

3. 혼합형 동선 (쇼핑몰형)

- 형태: 기본 동선을 따르면서도 중간에 개별 체험 선택 가능

- 추천 도구: 주 동선을 따라가는 화살표 + 개별 체험 공간에 점선 또는 분기 화살표 활용

- 예시: 기본 흐름(거실 → 주방 → 침실 → 욕실)을 따르지만, 특정 지점에서 개별 체험(스마트 미러 체험, 맞춤형 가전 추천 등)을 선택 가능

🤖 💬

우선 첫 번째 일방향 동선 (박물관형) 다이어그램을 제작하겠습니다.

"일방향 동선 다이어그램"을 만들기 위해 flowchart 타입을 사용하겠습니다.

이제 자유 동선 (백화점형) 다이어그램을 제작하겠습니다.

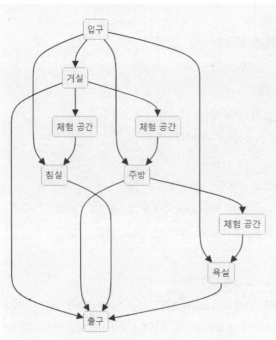

이제 혼합형 동선 (쇼핑몰형) 다이어그램을 제작하겠습니다.

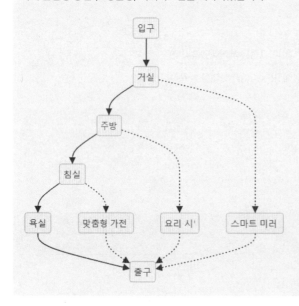

세 가지 동선 방식을 비교하면 차이점이 명확합니다. '일방향 동선'은 정해진 순서로 이동하며 체험하는 구조로 흐름이 명확하지만, 자유로운 이동이 제한된다는 단점이 있습니다. '자유 동선'은 방문자가 원하는 구역을 자유롭게 이동할 수 있어 유연성이 높지만 핵심 메시지 전달이 어려워 특정 공간을 놓칠 가능성이 큽니다.

'혼합형 동선'은 앞서 챗GPT가 'The Living Future' 쇼룸에 가장 적합하다고 추천한 방식이군요. 기본적인 흐름을 유지하면서도 방문자가 선택적으로 체험할 수 있는 구조로, 체험의 몰입도를 높이면 서도 개별 관심사를 반영할 수 있다는 점에서 가장 이상적인 방식으로 보입니다. 다만 혼합형 동선을 적용할 경우 쇼룸 설계가 복잡해질 수 있어 방문객을 효과적으로 유도할 시스템이 추가로 필요하겠습 니다. 또한 방문자의 몰입을 극대화할 체험형 요소를 더욱 강화하는 것도 중요하겠네요.

미친 활용 25 챗GPT, 달리로 체험형 요소를 활용한 공간 구성하기

공간 디자인에서 단순한 정보 나열만으로는 방문자의 몰입도를 높이기 어렵습니다. 체험형 요소를 추 가하면 방문자가 직접 공간을 경험하고 상호작용하며 더 깊은 인상을 받을 수 있습니다. 특히 쇼룸에 서는 기술 체험이나 제품 사용이 가능한 환경을 제공해야 합니다. 이번 실습에서는 챗GPT를 활용해 체험형 요소를 도출하고, 달리를 사용해 공간 구성의 시각적 방향성을 정리하는 과정을 진행해보겠습 니다. 이를 통해 방문자가 더욱 적극적으로 참여하고 몰입할 수 있는 쇼룸 디자인을 기획해봅시다.

01 먼저 챗GPT와의 대화를 통해 체험형 요소를 구성해보겠습니다. 쇼룸의 성격에 따라 체험 방식 이 달라질 수 있기 때문에 먼저 쇼룸의 목적을 명확히 하는 것이 중요합니다.

> 👤💬
>
> The Living Future 쇼룸에서 '스마트 리빙룸' 체험 공간을 조성하려고 해. 방문객이 직접 AI 스마트 기술을 체 험할 수 있도록 인터랙티브한 요소들을 추천해줘. 예를 들면 음성 명령, 스마트 조명 제어, 자동화 가구 같은 기능 이 포함되면 좋겠어.

> 🤖💬
>
> 1. 음성 명령 & AI 비서 체험
>
> ☑ 기능:
> - 방문자가 AI 비서(예: 챗GPT 기반 AI, Alexa, Google Assistant 등)와 대화하며 음성으로 스마트 홈을 제어
> - 조명, TV, 음악, 커튼, 온도 등 실시간 컨트롤 가능
>
> ☑ 체험 요소:
> ✓ "AI야, 분위기 있는 조명으로 바꿔줘." → 스마트 조명 색상이 따뜻한 오렌지톤으로 변경
> ✓ "AI야, 지금 뉴스 틀어줘." → TV에서 실시간 뉴스 재생
> ✓ "AI야, 커튼 열어줘." → 자동 커튼이 열리며 자연광 유입

✅ 특징:

- 실제 스마트 홈에서 사용할 법한 직관적인 음성 명령 체험 제공
- 다양한 시나리오 적용 가능 (손님 맞이 모드, 휴식 모드, 영화 모드 등)

...생략...

📌 결론: 스마트 리빙룸에서 방문자가 직접 체험할 수 있는 AI 인터랙티브 요소

체험 요소	기능	체험 방식
음성 명령 & AI 비서	음성으로 가전 제어	"AI야, 영화 모드로 설정해줘." → 조명 & TV 자동 변경
스마트 조명 & 무드 설정	감정 분석 기반 조명 제어	"AI야, 편안한 조명으로 바꿔줘." → 자동 색상 조절
자동화 가구 & 모션 센서	AI가 위치 & 자세 분석 후 소파/테이블 조정	방문자가 앉으면 소파가 자동 조정
스마트 TV & 콘텐츠 추천	AI가 방문자의 취향 분석 후 콘텐츠 추천	"AI야, 재미있는 영화 추천해줘." → AI가 자동 실행
스마트 온도 & 공기질 관리	AI가 방문자의 상태에 맞춰 자동 조절	방문자가 입장하면 온도 & 공기질 최적화
AI 웰니스 스마트 거울	얼굴 인식 & 건강 분석	방문자의 피부 상태 분석 후 맞춤형 조언 제공

스마트 리빙룸에서 체험할 수 있는 다양한 AI 인터랙티브 요소를 추천해줬네요. 이제 이 중에서 한 가지 체험 요소를 선택하여 더욱 몰입감 있는 체험이 될 수 있도록 세부적인 설정을 추가해보겠습니다. AI 음성 비서 체험을 선택했다면 방문객이 단순히 음성 명령을 실행하는 것이 아니라 'AI 비서와 대화하며 맞춤형 스마트 홈 환경을 설정하는 시나리오'를 추가하면 더욱 실감 나는 체험이 될 수 있겠죠? 이제 선택한 체험 요소의 세부 공간을 구성해보겠습니다.

02 스마트 리빙 체험 공간에서 방문객들이 어떤 방식으로 체험을 하게 될지, 그리고 어떤 AI 기술이 활용될 수 있을지에 대한 아이디어를 구체적으로 정리해보겠습니다. 챗GPT가 추천한 6가지의 체험 요소 중 '음성 명령 & AI 비서' 체험 공간 구성을 진행해보겠습니다.

🧑‍💬

체험 요소 중 '음성 명령 & AI 비서' 체험 공간을 구성하려고 해. 방문객이 음성 명령을 통해 AI 비서를 활용하는 인터랙티브한 경험을 제공하고 싶어. 예를 들어 방문객이 'AI야, 영화 모드로 설정해줘'라고 명령하면 공간의 조명과 TV가 즉시 변하는 방식처럼 체험할 수 있도록 만들고 싶어. 방문객이 다양한 음성 명령을 실험하고, AI 비서의 반응을 직접 체험할 수 있도록 공간을 구성하는 아이디어를 제안해줘.

🤖💬

1. 체험 공간의 핵심 개념

✓ 목표:

- 방문객이 AI 비서와 음성으로 상호작용하며, 미래의 스마트 홈 환경을 직관적으로 체험
- 다양한 음성 명령을 시도하면서 AI 비서가 실시간으로 반응하는 경험 제공
- 몰입감 있는 시뮬레이션 환경을 통해 AI 기반 스마트 홈의 편리함을 전달

✓ 공간 테마:

- 'AI 스마트 홈 컨트롤 센터' 컨셉
- 미래형 스마트 거실을 연출하고, 음성 명령에 따라 조명, TV, 음악, 커튼, 온도 등 변화

...생략...

5. 체험 공간 디자인 & 몰입감 극대화 전략

☑ 최신 스마트 홈 환경을 그대로 재현

- 실제 가정 환경처럼 소파, TV, 조명, 스마트 스피커, 블라인드 등을 배치
- AI 명령에 따라 즉각적인 변화가 나타나도록 구성

☑ 몰입형 체험을 위한 오디오 & 비주얼 연출

- AI 비서가 음성으로 방문객과 자연스럽게 대화
- 음성 명령이 실행될 때마다 LED 조명 효과 & 인터랙티브 디스플레이 반응

☑ 방문객의 체험 기록 & AI 맞춤형 솔루션 제공

- 방문객이 실행한 음성 명령 데이터를 기록해, 개인 맞춤형 스마트 홈 추천
- "당신이 선호하는 스마트 홈 기능은 OOO입니다. 맞춤형 AI 솔루션을 확인하세요!"

방문객이 체험할 수 있는 음성 명령 & AI 비서 체험 공간의 다양한 체험 요소와 체험 방식, 동선 까지 설계된 구체적인 공간 구현 계획이 나왔네요. 이제 기획한 체험형 요소를 이미지로 표현해 보겠습니다.

03 달리를 활용해 쇼룸 내 체험 공간의 시각적 콘셉트를 만들어보겠습니다. 프롬프트를 입력할 때 방문자의 행동, 체험 방식, 공간의 분위기 등을 구체적으로 설명하면 더욱 현실감 있는 이미지 를 얻을 수 있습니다.

👤💬

음성 명령 & AI 비서 체험공간을 시각화하려고 해. 달리에게 요청할 최고의 프롬프트를 작성해줘. 방문자의 행 동, 체험 방식, 공간의 분위기 등을 구체적으로 설명해서 현실감 있는 이미지로 생성해줘.

"A futuristic smart home showroom with an interactive AI speaker experience. The space is modern and sleek, with a visitor talking to a smart speaker. The lighting dynamically changes based on voice commands, and a holographic interface appears above the speaker. The environment feels immersive and high-tech."

미래형 스마트 홈 쇼룸에서 방문객이 AI 스피커와 상호작용하는 모습을 시각적으로 잘 표현해 줬네요. 방문객이 스마트 스피커에 음성 명령을 내리면 조명이 변화하고 홀로그램 인터페이스 가 스피커 위에 나타나는 모습이 잘 반영되었습니다.

계속해서 챗GPT가 추천해준 공간 내 인터랙티브 체험 요소 5가지(AI 음성 명령 키오스크, 스마 트 조명 구역, AI 엔터테인먼트 존, 스마트 커튼 & 온도 제어, AI 감정 분석 & 맞춤 추천)을 모두 포함하여 그려달라고 요청해봤습니다.

방문객이 AI 비서를 통해 스마트 홈 기능을 조작하는 인터랙티브한 요소가 포함되어 있네요. 조명 변화, 투명 OLED 디스플레이, 스마트 커피 테이블 등 스마트 리빙룸의 모습을 잘 담고 있습니다.

이번 실습을 통해 AI를 활용하여 쇼룸 내 체험형 요소를 기획하고, 이를 시각적으로 표현하는 과정을 진행했습니다. '음성 명령 & AI 비서' 체험 공간을 설계하는 방법을 중점적으로 살펴봤지만, 이 외에도 쇼룸에는 다양한 체험 요소를 적용할 수 있습니다. 앞에서 진행한 방식대로 챗GPT와 달리를 활용하면 원하는 체험 공간을 자유롭게 구성할 수 있습니다. 여러분도 직접 AI를 활용해 다른 체험 요소의 공간을 기획하고 시각적으로 구현해보면서 스마트 쇼룸의 몰입도를 높여보세요.

미친활용 26 챗GPT, 달리로 창의적인 공간 디자인 아이디어 도출하기

공간 디자인에서 창의적인 아이디어는 방문자에게 특별한 경험을 제공하는 핵심 요소입니다. 차별화된 공간을 연출하려면 새로운 시각이 필요하며 감각적인 조명 연출, 미디어 아트 활용, 인터랙티브 요소 도입 등 다양한 방식을 고려해야 합니다. 하지만 이러한 아이디어는 떠올리기가 쉽지 않습니다. 이런 상황에서도 챗GPT와 달리는 유용한 AI 도구입니다.

이번에는 챗GPT를 활용해 창의적인 디자인 아이디어를 정리하고, 달리를 사용해 이를 시각적으로 표현하는 과정을 진행하겠습니다.

01 먼저 챗GPT를 활용해 공간에 적용할 창의적인 요소들을 정리하겠습니다. 공간 디자인에서 창의성을 발휘할 수 있는 요소는 무엇일까요?

창의적인 공간 디자인 아이디어를 도출하기 위한 핵심 요소를 정리해줘.

1. 공간의 목적과 사용자 경험 (UX) 중심 설계

- 공간의 목표 설정: 공간이 제공할 서비스와 기능을 명확히 정의
- 사용자 중심 설계: 방문자의 행동 패턴을 분석하여 공간 동선과 배치를 최적화
- 몰입형 경험 제공: 감각적 요소(조명, 소리, 향기)를 활용해 공간을 직관적으로 체험할 수 있도록 구성

...생략...

7. 심리적 안정감을 고려한 디자인

- 색채 심리 활용: 컬러 팔레트를 활용하여 방문객의 감정을 안정시키거나 활력을 줄 수 있도록 구성
- 개방감과 프라이버시 조절: 개방된 구조와 사적인 공간이 균형을 이루도록 설계
- 자연 요소 결합: 자연광, 식물, 물의 흐름 등을 활용하여 공간에 편안한 감성을 더함

8. 협업 및 커뮤니티 공간 활성화

- 소셜 인터랙션 강화: 사람들이 자연스럽게 모이고 대화할 수 있는 공간 배치
- 창의적 협업 공간: 유연한 가구 배치, 브레인스토밍 존, 공용 워크스테이션 등 도입
- 개별 집중과 팀워크를 모두 지원하는 구조: 개별 몰입이 필요한 공간과 협업을 촉진하는 공간이 조화를 이루도록 설계

챗GPT의 답변을 보니 창의적인 공간 디자인을 위해서는 기능성, 사용자 경험, 트렌드 반영, 지속 가능성 등 다양한 요소를 종합적으로 고려해야 할 것으로 보입니다. 단순히 기술적인 요소만 적용하는 것이 아니라 실제 방문자가 어떤 경험을 하게 될지를 중심으로 설계해야 차별화된 공간 디자인이 완성될 수 있겠죠. 결국 기능성과 창의성이 조화를 이루어야만 방문자들에게 몰입감 있고 인상적인 체험을 제공할 수 있습니다.

02 이제 공간 컨셉에 어울리는 창의적인 아이디어를 구체화해보겠습니다.

👤 💬

미래 지향적인 쇼룸을 기획하려고 해. 방문자들에게 몰입감 있는 체험을 제공할 수 있도록 창의적인 공간 디자인 아이디어를 제안해줘.

🤖 💬

1 다차원 이동형 공간 (Adaptive Morphing Space)
- 공간이 방문자의 행동에 따라 실시간으로 변형되는 자동화 구조
- AI가 방문자의 체험 패턴을 분석하여 공간 자체가 변화하는 방식
- 예: 벽이 움직여서 공간이 넓어지거나 새로운 체험 구역이 자동으로 형성

2 AI 감성 반응 공간 (AI Emotion Responsive Environment)
- 방문자의 감정 상태(음성, 표정, 생체 신호)를 분석해 공간이 즉각적으로 반응
- 예: 방문자가 긴장하면 조명이 부드러운 색으로 바뀌고, 편안한 음악이 자동 재생

3 멀티버스 체험존 (Parallel Reality Experience Zone)
- 같은 공간에 있지만 방문자마다 다른 가상 현실을 경험하는 컨셉
- 예: 홀로그램을 통해 한 공간 안에서 A 방문자는 미래형 스마트홈을 보고, B 방문자는 우주 정거장을 체험

4 AI 가이드 드론 체험 (Autonomous AI Guide Drones)
- 정적인 가이드가 아닌 AI 드론이 방문자의 동선을 안내하고, 맞춤형 정보를 제공
- 예: AI 드론이 방문자를 따라다니며 쇼룸 내 최적의 체험 경로를 안내하고, 실시간 질문 응답

5 다이내믹 홀로그램 체험 공간 (Dynamic Hologram Experience Zone)
- 방문자의 행동에 따라 홀로그램이 실시간으로 변하는 인터랙티브 공간
- 예: 벽이 디지털 디스플레이로 변하면서 AI가 추천하는 맞춤형 공간 환경을 생성

이 아이디어들은 단순한 전시 공간을 넘어 공간 자체가 살아 움직이며 방문자에게 개별 맞춤형 경험을 제공할 것으로 보입니다. 챗GPT가 제안한 내용을 살펴보면 창의적인 공간 디자인은 단순한 기술적 혁신에 그치지 않고 감각적 경험과 심리적 몰입을 강화하는 요소들을 함께 고려해야 한다는 점이 강조되고 있습니다. 즉, 방문자가 공간과 상호작용하며 자연스럽게 기술을 체험할 수 있도록 설계하는 것이 핵심이겠네요.

03 챗GPT가 제안한 다양한 창의적인 공간 디자인 아이디어 중 '멀티버스 체험존'을 선택하여 이를 이미지로 구현해보겠습니다. 시각적으로 표현하면 아이디어가 더욱 구체화되고 공간을 실제로 어떻게 디자인할지 감을 잡기 쉬워집니다.

멀티버스 체험존이 있는 미래형 쇼룸의 컨셉 이미지를 생성해줘.

생성된 이미지에는 방문객들이 각각 다른 디지털 세계를 경험하는 모습을 홀로그램, 투명 OLED 디스플레이, 그리고 LED 바닥 경로와 함께 표현했네요. 공간 자체는 하이테크하면서도 몰입감 있는 분위기로 조성되었지만, 전체적인 색감이 다소 어두운 느낌이 강합니다. 보다 개방적이고 밝은 분위기를 연출하기 위해 조명과 컬러 톤을 조정해보겠습니다.

좀 더 따뜻한 색감으로 조정해줘.

새롭게 생성된 이미지는 따뜻한 색감을 잘 반영하고 있네요. 공간 조명은 부드러운 골드와 따뜻한 오렌지 톤을 사용하여 기술적인 요소와 인간적인 감성을 조화롭게 표현한 점이 인상적입니다. 덕분에 몰입감 있는 하이테크 쇼룸이면서도 차가운 느낌이 아니라 편안한 분위기가 연출되었습니다. 그런데 쇼룸을 좀 더 밝게 할 순 없을까요? 자연광이 들어오면 공간이 더욱 개방적이고 쾌적한 느낌을 줄 수 있을 것 같습니다. 이번에는 프롬프트를 수정하여 천장을 유리로 변경하고, 자연광이 충분히 유입되도록 요청해보겠습니다.

🤖💬

천장이 유리로 되어 있어 자연광이 들어오는 느낌을 추가해 줘.

🤖💬

쇼룸이 더욱 밝고 생동감 있는 분위기로 조정되었습니다. 유리 천장을 통해 자연광이 자연스럽게 스며들며 따뜻한 골드 및 오렌지빛 인공 조명과 조화를 이루어 공간 전체가 더욱 아늑하고 개방적인 느낌을 줍니다. 특히 쇼룸 내 홀로그램과 멀티버스 체험 요소도 더욱 현실감 있게 구현되었으며, 기술적 요소들이 자연스럽게 공간과 어우러지도록 디자인되었습니다.

이번 장에서는 달리가 생성한 이미지를 기반으로 공간의 분위기와 디자인 요소를 확인하고, 필요에 따라 세부적인 수정을 거쳐 더욱 정교한 아이디어로 발전시키는 과정을 실습했습니다. 작은 조정만으로도 공간의 인상이 크게 달라질 수 있기 때문에, 원하는 분위기를 조성하고 사용자 경험을 극대화하려면 여러 번 수정을 거치며 최상의 디자인을 도출하는 과정이 중요합니다. 이처럼 AI를 활용해 공간 디자인을 시각적으로 먼저 정리해 두면 더욱 명확한 컨셉을 설정할 수 있으며, 이는 구체적인 아이디어를 실현하는 데에도 큰 도움이 됩니다. 여러분도 머릿속에서 구상한 아이디어를 AI와 함께 시각적으로 구현하면서 더욱 완성도 높은 디자인으로 만들어보세요!

AI로 일정 세우고
계획하기

아하!
챗GPT엔 이런 기능이
있구나!

여기서 공부할 내용

체계적인 계획 수립은 성공적인 실행의 첫걸음입니다. 그러나 다양한 변수와 일정을 조율하는 과정은 복잡하고
시간이 오래 걸릴 수 있습니다. AI 도구를 활용하면 일정 정리, 효율적 예산 배분, 리스크 사전 예측 등 전반적
인 기획 과정을 체계적으로 최적화할 수 있습니다. 이번 장에서는 동호회 워크숍, 주말 여행, 플리마켓 개최 등
실생활 사례를 통해 AI를 활용한 일정 관리와 기획 방법을 알아보겠습니다. 단순한 스케줄링을 넘어 AI 기반 자
동화 기능으로 보다 스마트하게 계획을 세워봅시다.

💬 이 그림은 챗GPT에게 "**토끼가 AI 도구를 활용해 워크숍, 주말 여행, 생일파티 등을 계획하는 장면을 심슨
스타일로 그려줘**"라고 요청하여 생성되었습니다.

Chapter 07

동호회 워크숍 준비를 위한 AI 활용

워크숍을 준비할 때 가장 중요한 것은 일정을 체계적으로 관리하고, 각자의 역할을 효과적으로 분담하며, 참가자들과 원활하게 소통하는 깃입니다. 하지만 일정이 복잡해질수록 누락되는 직업이 생길 수 있고 여러 명이 함께 준비하다 보면 협업 과정에서 혼선이 빚어질 수도 있습니다. AI 도구를 활용하면 이러한 문제를 보다 쉽고 체계적으로 해결할 수 있습니다. 이번 장에서는 챗GPT와 AI 도구들을 활용해 워크숍의 일정과 역할을 정리하고, AI 캘린더 및 협업 도구를 이용해 이를 효율적으로 준비하는 방법을 살펴보겠습니다. 워크숍을 보다 스마트하게 기획하고, 참여자들과의 협업을 원활하게 만드는 과정을 AI와 함께 단계별로 진행해볼까요?

- 챗GPT : 일정 초안 작성, 일정 관련 대화 흐름 정리 및 메모 도구

- 제미나이 : 일정 요약 및 주요 일정 정리, 구글 캘린더 연동 AI 비서

- 노션 : 협업을 위한 멘션 및 작업 리스트 자동 생성 기능

- 구글 캘린더: 일정 관리를 위한 온라인 캘린더 서비스

미친 활용 27 챗GPT, 구글 캘린더로 워크숍 일정 관리하기

워크숍을 기획할 때 가장 먼저 해야 할 일은 전체적인 일정 구성입니다. 일정이 체계적으로 정리되어 있으면 참가자의 혼란을 줄이고 협업을 원활하게 진행할 수 있습니다. 하지만 워크숍을 처음 기획하

거나 여러 가지 변수를 고려해야 할 경우에는 일정을 짜는 과정도 쉽지 않을 수 있습니다. 이번 실습에서는 챗GPT, 구글 캘린더로 워크숍 일정을 정리하고 관리하는 과정을 배워보겠습니다.

01 먼저 챗GPT에게 워크숍의 기본 정보를 입력한 후 일정 초안을 생성해달라고 요청해보겠습니다.

👤 💬

3월 15일(토) 오후 2시부터 5시까지 진행되는 '찰칵유랑단' 추계 워크숍의 일정 초안을 만들어줘. '찰칵유랑단'은 사진 동호회, 이번 워크숍은 서울 강남구 셔터중독 카페 세미나룸에서 진행돼. 참가자는 총 50명이고, 그중 10명은 줌을 통해 온라인으로 참여할 예정이야. 주요 프로그램으로 사진 촬영 실습과 편집 강의가 포함될 예정이야. 등록, 아이스브레이킹, 촬영 실습, 강의, 네트워킹 등으로 구성된 상세 일정을 시간 순서대로 정리해줘. 오프라인/온라인 참석자 모두 원활하게 참여할 수 있도록 고려해줘.

🤖 💬

'찰칵유랑단' 추계 워크숍 일정 초안

- 일시: 2025년 3월 15일(토) 오후 2시~5시
- 장소: 서울 강남구 셔터중독 카페 세미나룸
- 참가자: 총 50명 (오프라인 40명, 온라인 10명)
- 주요 프로그램: 사진 촬영 실습, 사진 편집 강의
- 시간별 일정

시간	프로그램	세부 내용	비고
13:30~14:00	등록 & 준비	참가자 등록 및 안내, 온라인 접속 체크	줌 참여자 접속 지원
14:00~14:30	아이스브레이킹 & 소개	참가자 소개, 동호회 활동 소개, 프로그램 안내	오프라인 & 온라인 참여
14:30~15:00	사진 촬영 실습	카페 주변 및 실내에서 촬영 실습	온라인 참여자는 개인 촬영 후 공유
15:00~15:10	휴식	다과 및 네트워킹 시간	
15:15~16:00	사진 편집 강의	Lightroom & Photoshop 기본 편집 강의	실습용 예제 파일 공유
16:00~16:30	사진 리뷰 & 피드백	참가자 촬영 사진 공유 및 피드백	줌 화면 공유 활용
16:30~17:00	네트워킹 & 마무리	자유 네트워킹, 질의응답 및 단체 사진 촬영	줌 참여자 소감 공유

- 운영 고려 사항
  - 온라인 참여자 지원: 줌 접속 체크, 실습 자료 사전 공유, 사진 리뷰 시 화면 공유 활용
  - 촬영 실습 장소: 카페 내 자연광 활용 공간 및 주변 야외 촬영 고려
  - 네트워킹 강화: 오프라인 & 온라인 참여자 모두 교류할 수 있도록 사진 공유 및 의견 나눔 시간 마련

생성된 워크숍 일정 초안이 오프라인과 온라인 참가자 모두 원활하게 참여할 수 있도록 설계되었네요. 실습과 이론 강의의 균형도 잘 맞춰진 것 같습니다. 이제 찰칵유랑단 추계 워크숍 일정을 캘린더에 정리해보겠습니다.

02 워크숍을 효과적으로 운영하려면 일정과 세부 프로그램을 체계적으로 정리하는 것이 중요합니다. 이번에는 구글 캘린더를 활용해 워크숍 일정 등록, 온라인 미팅 설정, 할 일 관리까지 단계별로 진행해보겠습니다. 구글 캘린더 calendar.google.com에 접속 후 구글 계정으로 로그인합니다.

> **TIP** 만약 캘린더가 영어로 설정되어 있다면 톱니바퀴 아이콘을 누르고 [설정 → 언어 및 지역]에서 '한국어'로 변경할 수 있습니다.

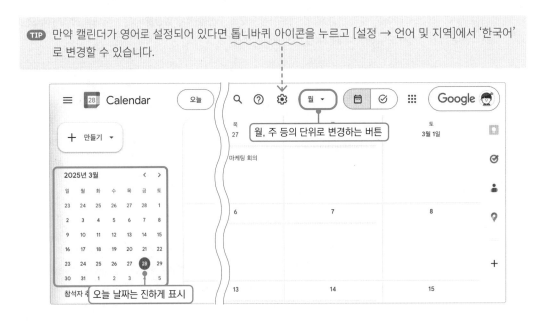

구글 캘린더의 메인 화면이 나타납니다. 오늘 날짜는 파란색 동그라미로 표시됩니다. 화면 상단의 날짜 단위 드롭다운 버튼을 누르면 일(day), 주(week), 달(month) 등 원하는 범주의 달력 형태로 변경할 수 있습니다.

03 이제 본격적으로 워크숍 일정을 등록해보겠습니다. 이벤트를 생성하면 참가자들과 해당 일정을 공유할 수 있으며, 화상 회의 기능을 활용해 온라인 참가자와도 쉽게 연결할 수 있습니다. 왼쪽 상단의 [+만들기] 버튼을 클릭하고 여러 옵션 중 [이벤트]를 선택한 다음, 이벤트 입력창이 나오면 기본 내용을 입력하고 [옵션 더보기]를 눌러 상세 입력창을 띄웁니다.

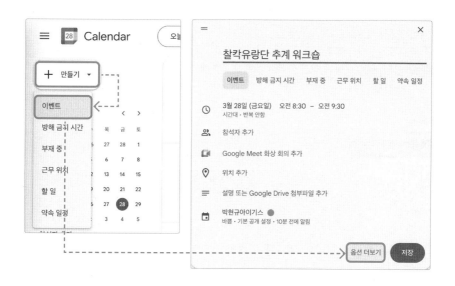

온라인 참가자의 참여를 위해 [Google Meet 화상 회의 추가] 버튼을 클릭하면 구글 화상 회의 링크가 추가되면서 [Google Meet으로 참여하기]라는 파란색 버튼으로 바뀝니다.

[Google Meet으로 참여하기] 버튼 오른쪽에 있는 아이콘을 누르면 링크를 복사할 수 있습니다. 이 링크를 참가자들에게 전달하면 됩니다.

이어서 워크숍이 진행될 오프라인 위치를 입력하고 알림을 설정한 다음 기타 정보를 설명란에 입력합니다. 기타 정보에는 챗GPT에서 받은 답변 내용을 입력하면 됩니다. 참가자를 초대하고 싶다면 참석자 이메일을 추가하여 자동으로 초대장을 보낼 수 있습니다. 모든 정보를 입력한 후 [저장] 버튼을 눌러 일정을 확정합니다.

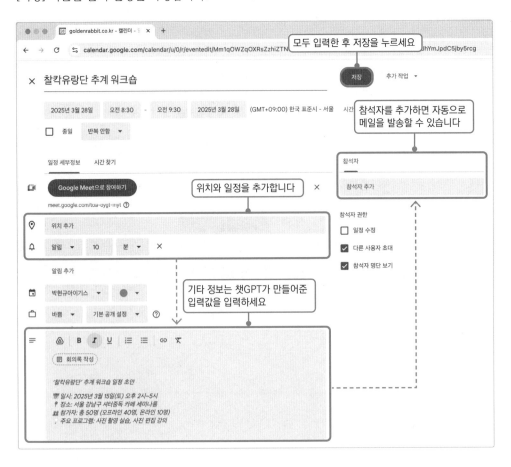

04 이제 워크숍의 각 세션을 체계적으로 관리하기 위한 할 일 기능을 활용해보겠습니다. 할 일을 입력하면 시간 순서에 맞춰 일정을 정리할 수 있고, 참가자들도 세부 내용을 쉽게 확인할 수 있습니다. 왼쪽 상단의 [+만들기] 버튼을 클릭하고 [할 일]을 선택한 다음 각 세션별로 제목, 시간, 주요 내용을 입력합니다. 입력한 후 [저장] 버튼을 눌러 할 일을 등록합니다.

이렇게 챗GPT의 도움을 받아 손쉽게 일정과 할 일을 등록했습니다.

미친 활용 28 노션 AI로 업무 분장하고 체크리스트 만들기

워크숍을 준비할 때는 준비물과 역할을 정리하는 것이 필수입니다. 하지만 내 손으로 일일이 정리하다 보면 누락되거나 일정이 겹치는 경우가 발생할 수 있습니다. 이를 해결하기 위해 노션 AI의 기능을 활용하여 워크숍에 필요한 준비물 리스트를 자동 생성하고, 체계적으로 정리하는 방법을 알아보겠습니다. 또한 노션에서는 멘션 기능을 활용해 업무를 배정할 수 있어 편리합니다. 그럼 시작해봅시다.

01 노션 www.notion.com에 접속하여 회원 가입하고 로그인합니다.

02 로그인을 하면 맞춤 메뉴 생성을 위한 설정 창이 나타납니다. ❶ [개인용]을 선택한 다음 워크숍 준비를 여러 사람과 할 것이므로 ❷ [다른 사람과 함께]를 선택합니다.

> **TIP** 저는 [여행], [개인 재무관리], [취미], [프로젝트 트래킹], [할 일 목록]을 체크하였습니다.

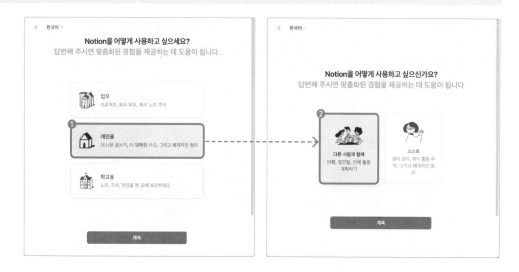

❸ [무슨 생각을 하고 있나요?]에서는 적절한 선택값을 선택하여 마무리하면 됩니다.

03 워크숍을 함께 준비할 멤버들의 이메일을 입력합니다. 입력할 멤버가 많다면 [+ 사용자 추가 또는 일괄 초대] 버튼을 클릭하면 여러 명을 한 번에 추가할 수 있습니다. 모든 정보를 입력한 후 [Notion으로 이동]을 누르면 설정이 완료됩니다.

04 이제 본격적으로 노션의 AI 기능을 활용해 워크숍 준비를 위한 체크리스트를 자동으로 생성해 보겠습니다. 왼쪽 메뉴바에서 [Notion AI]를 클릭합니다. 그러면 챗GPT와 비슷한 채팅 화면이 나타납니다. 챗GPT를 사용하듯 다음과 같이 질문해보세요.

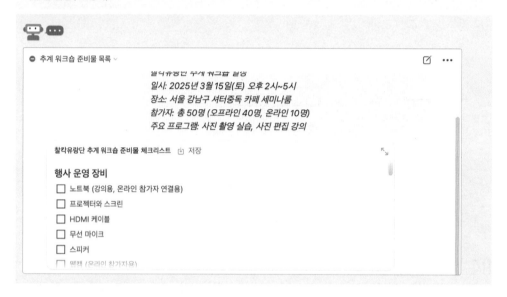

👤💬

찰칵유랑단 추계 워크숍을 준비하려고 해. 필요한 준비물 체크리스트를 만들어줘.

찰칵유랑단 추계 워크숍 일정

일시: 2025년 3월 15일(토) 오후 2시~5시

장소: 서울 강남구 셔터중독 카페 세미나룸

참가자: 총 50명 (오프라인 40명, 온라인 10명)

주요 프로그램: 사진 촬영 실습, 사진 편집 강의

시간별 일정(표 생략)

그러면 노션 양식에 맞는 체크리스트가 생성됩니다. 내용을 확인하고, 빠진 항목이 없는지 검토합니다. 필요한 경우 직접 추가하거나 AI에게 다시 요청하여 수정할 수 있습니다.

05 이제 체크리스트를 요일별 일정으로 정리해보겠습니다. 일정이 정리되면 해야 할 일의 우선순위를 명확하게 설정할 수 있고, 진행 상황을 체계적으로 관리할 수 있습니다. 이 과정에서 멘션 기능을 활용하겠습니다. 멘션 기능은 사용자나 페이지 등을 링크할 수 있는 기능입니다. 다음과 같이 채팅을 입력하면 자동으로 '주간 할 일 목록'으로 페이지를 새로 만들어 연결할 수 있습니다.

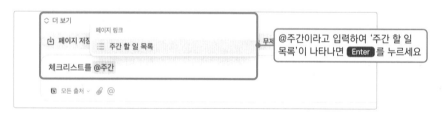

@주간이라고 입력하여 '주간 할 일 목록'이 나타나면 Enter 를 누르세요

체크리스트를 주간 할 일 목록으로 정리해줘.

AI가 자동으로 '찰칵유랑단 워크숍 준비 일정'을 생성합니다.

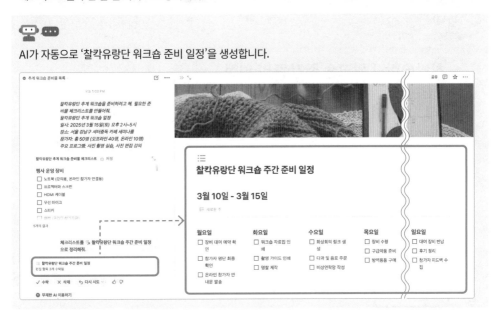

[수락] 버튼을 누르면 해당 페이지에 워크숍 준비물 체크리스트가 요일별로 정리되며, 완성된 페이지를 누르면 통합화면으로 전환합니다. **여기서 주목할 점은 워크숍 일정, 프로그램, 체크리스트의 모든 정보를 종합하여 일정을 생성했다는 것입니다.** 토요일이 행사 D-DAY라는 것을 인지하고 행사가 끝난 일요일에는 참가자 피드백 정리, 행사 사진 공유, 결과 보고서 작성 등 후속 작업까지 자동으로 포함하여 일정을 생성했습니다.

06 노션 AI와의 화면을 더 이상 보고 싶지 않다면 통합 화면 중간 위에 있는 ↖ 버튼을 누르세요.

이 상태에서 이제 워크숍 멤버에게 적절한 역할을 배분해보겠습니다. 역할 배분은 노션의 멘션 기능을 활용하면 유용합니다. 월요일 위치에서 **Enter** 를 2번 눌러 새 텍스트를 입력할 준비를 합니다.

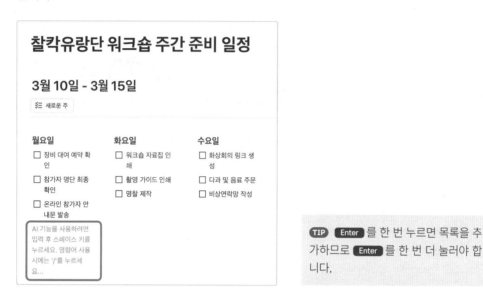

TIP **Enter** 를 한 번 누르면 목록을 추가하므로 **Enter** 를 한 번 더 눌러야 합니다.

07 @를 입력한 후 '사람'에 있는 [초대]를 누르면 담당자를 해당 페이지에서 언급할 수 있습니다. 이미 노션 페이지에 멤버를 초대한 상태라면 '사람'에 해당 멤버들이 보일 것입니다. 저는 아무도 초대하지 않은 상태이므로 새로 초대를 해봤습니다.

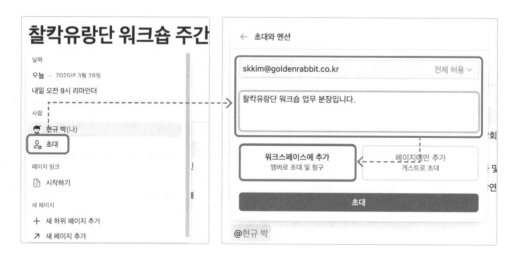

초대를 받은 팀원은 이메일을 통해 노션에 접속할 수 있으며, 초대장을 수락하면 워크숍 준비 일정에 바로 참여할 수 있습니다.

이제 각 팀원들에게 적절한 역할이 배정되었으니, 다음 단계에서는 추가적인 업무가 누락되지 않았는지 확인하고 보완하는 과정을 진행해보겠습니다.

08 모든 업무를 사전에 꼼꼼하게 체크하면 워크숍 당일에 불필요한 실수를 줄일 수 있습니다. 노션 AI를 사용하면 기존 업무 목록을 분석하고, 추가로 고려해야 할 업무를 추천받을 수 있습니다. 담당자 이름 오른쪽에 커서를 위치한 다음 /를 누릅니다. 그러면 노션 메뉴가 나타나는데, 스크롤바를 내려서 'Notion AI' 항목을 찾아 [더 보기]를 누릅니다. 그런 다음 '액션 아이템 추가'를 입력하고 `Enter`를 누르세요.

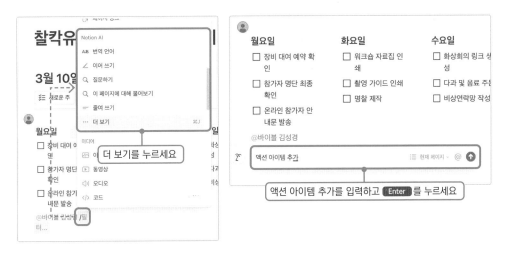

그러면 Notion AI가 액션 아이템을 추가합니다. 액션 아이템을 검토하고 [수락]을 누르면 현재 노션 페이지를 참고하여 더 추가해야 할 액션 아이템을 알아서 추가합니다.

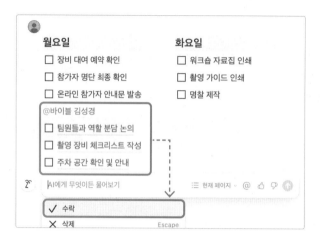

이렇게 하면 멤버를 초대하여 언급하면서 할 일을 AI 기반으로 추가할 수 있습니다.

09 워크숍을 준비하는 과정에서 중요한 일정이나 업무를 놓치지 않도록 알림을 설정하는 것도 중요합니다. 노션 AI를 활용하면 단순히 업무를 배정하는 것뿐만 아니라, 알림 기능을 설정하여 중요한 일정을 자동으로 리마인드할 수 있습니다. @를 입력한 다음 '날짜'에서 [내일 오전 9시 리마인더]를 누르면 알림을 설정할 수 있습니다. 설정된 날짜는 다시 클릭하면 원하는 날짜와 시간으로 조정할 수 있습니다.

이처럼 AI를 활용하면 체계적인 업무 분배와 일정 관리가 가능하며, 중요한 업무를 놓치지 않고 효율적으로 운영할 수 있습니다. 여러분도 개인적인 할 일 관리부터 팀 프로젝트, 커뮤니티 일정 관리까지 AI를 활용해 더욱 스마트하게 업무를 정리해보세요!

미친활용29 제미나이, 구글 캘린더로 일정 관리 효율성 200% 높이기

이번에는 일정 관리의 효율성을 200%로 높이는 방법을 익혀보겠습니다. 인공지능 기술을 잘 활용하면 단순히 일정만 입력하는 것이 아니라 일정 조율이나 알림 설정까지 자동으로 처리할 수 있습니다. 여기서는 구글의 제미나이^{Gemini}와 구글 캘린더를 연동하여, 음성 명령이나 텍스트 입력만으로 일정을 등록하고 자동으로 관리하는 방법을 알아보겠습니다.

01 제미나이 gemini.google.com에 접속한 다음 로그인하면 채팅 화면이 나타납니다. 채팅창에 다음과 같이 입력합니다.

> 🧑 💬
>
> 찰칵유랑단 워크숍을 준비하려고 해. 사진동호회야. 워크숍 날짜는 3월 11일이고, 참가자 수는 30명이야. 워크숍에서 진행할 프로그램은 강연, 실습, 점심식사, 네트워킹이야. 이 일정을 효과적으로 배치해 하루 일정 초안을 만들어줘.

> 🤖 💬
>
> 찰칵유랑단 워크숍 일정 초안 (3월 11일)
>
> 참가자: 30명
>
> 프로그램: 강연, 실습, 점심식사, 네트워킹
>
> 목표: 워크숍 주제에 맞춰 알찬 강연과 실습을 제공하고, 참가자 간의 활발한 교류를 통해 동호회 활성화에 기여

제안하는 하루 일정 초안

시간	프로그램	내용	비고
09:00 - 09:30 (30분)	등록 및 네트워킹	참가자 등록 및 간단한 자기소개, 자유로운 네트워킹 시간	다과 제공
09:30 - 11:00 (1시간 30분)	강연: 사진으로 소통하기	사진을 통한 감정 표현 및 소통 방법 강연	질의응답 시간 포함
11:00 - 12:30 (1시간 30분)	실습: 감정 표현 사진 촬영	강연 내용을 바탕으로 다양한 감정을 표현하는 사진 촬영 실습	조별 활동
12:30 - 13:30 (1시간)	점심 식사	참가자 간 자유로운 식사 및 교류 시간	도시락 또는 뷔페식
13:30 - 15:00 (1시간 30분)	실습: 사진 피드백 및 토론	조별 사진 촬영 결과물 공유 및 피드백, 토론	전문가 피드백 포함
15:00 - 16:30 (1시간 30분)	네트워킹: 자유로운 교류 및 정보 공유	사진 관련 정보 공유 및 자유로운 네트워킹 시간	다과 제공
16:30 - 17:00 (30분)	마무리 및 설문 조사	워크숍 마무리 및 설문 조사, 기념 촬영	기념품 증정

...생략...

궁금한 점이 있다면 언제든지 문의해주세요.

02 일정을 잘 준비해주었습니다. 그런데 세션 간 적절한 휴식 시간이 부족해보입니다. 휴식 시간을 배치하고, 참여도 높은 실습과 네트워킹 기회 확대 등을 반영해 일정을 조정해보겠습니다.

이 일정 초안을 기반으로 참가자의 이동 동선과 집중력을 고려해 가장 효율적인 워크숍 일정으로 최적화해줘. 또한 발표 세션과 휴식 시간이 적절히 배치되도록 조정해줘.

찰칵유랑단 워크숍 일정 최적화 (3월 11일)
기존 일정 초안을 바탕으로, 참가자들의 이동 동선과 집중력을 고려하여 다음과 같이 최적화된 일정을 제안합니다.

개선된 일정

시간	프로그램	내용	비고
09:00 - 09:30 (30 분)	등록 및 네트워킹	참가자 등록 및 간단한 자기소개, 자유로운 네트워킹 시간	다과 제공
09:30 - 10:30 (1시 간)	강연: 사진으로 소통하기	사진을 통한 감정 표현 및 소통 방법 강연	질의응답 시간 포함
10:30 - 10:45 (15분)	휴식	자유로운 휴식 및 네트워킹 시간	간단한 다과 제 공
10:45 - 12:15 (1시간 30분)	실습: 감정 표현 사진 촬영	강연 내용을 바탕으로 다양한 감정을 표현하는 사진 촬영 실습	조별 활동
12:15 - 13:15 (1시간)	점심 식사	참가자 간 자유로운 식사 및 교류 시간	도시락 또는 뷔 페식
13:15 - 14:45 (1시간 30분)	실습: 사진 피드백 및 토론	조별 사진 촬영 결과물 공유 및 피드백, 토론	전문가 피드백 포함
14:45 - 15:00 (15분)	휴식	자유로운 휴식 및 네트워킹 시간	간단한 다과 제 공
15:00 - 16:15 (1시간 15분)	네트워킹: 자유로운 교류 및 정보 공유	사진 관련 정보 공유 및 자유로운 네트워킹 시 간	다과 제공
16:15 - 16:45 (30분)	마무리 및 설문 조사	워크숍 마무리 및 설문 조사, 기념 촬영	기념품 증정

개선된 점

- 이동 동선 최소화: 강의실, 실습 공간, 식당 등을 가까운 곳에 배치하여 참가자들의 이동 시간을 줄였습니다.
- 집중력 향상: 강연 시간을 적절히 분할하고, 커피 브레이크를 통해 집중력을 유지하도록 하였습니다.
- 다양한 활동: 강연, 실습, 네트워킹 등 다양한 활동을 통해 참가자들의 만족도를 높였습니다.
- 유연성 확보: 예상치 못한 상황에 대비하여 시간 조절이 가능하도록 여유 시간을 확보하였습니다.

...생략...

위 제안들을 참고하여 찰칵유랑단 워크숍을 더욱 풍성하게 만들어보세요!

03 점심 시간도 조정하면 좋겠습니다. 전체 표를 수정하려면 매우 불편하겠지만 우리는 제미나이에게 점심 시간을 1시간에서 1시간 30분으로 늘려달라고 부탁하기만 하면 됩니다.

표를 수정하고 싶어. 점심 시간을 1시간에서 1시간 30분으로 늘려줘.

찰칵유랑단 워크숍 일정 수정 (점심 시간 연장)
점심 시간을 1시간 30분으로 늘려 참가자들이 충분히 휴식하고 교류할 수 있도록 수정된 일정입니다.

수정된 일정

시간	프로그램	내용	비고
09:00 - 09:30 (30분)	등록 및 네트워킹	참가자 등록 및 간단한 자기소개, 자유로운 네트워킹 시간	다과 제공
09:30 - 10:30 (1시간)	강연: 사진으로 소통하기	사진을 통한 감정 표현 및 소통 방법 강연	질의응답 시간 포함
10:30 - 10:45 (15분)	휴식	자유로운 휴식 및 네트워킹 시간	간단한 다과 제공
10:45 - 12:15 (1시간 30분)	실습: 감정 표현 사진 촬영	강연 내용을 바탕으로 다양한 감정을 표현하는 사진 촬영 실습	조별 활동
12:15 - 13:45 (1시간 30분)	점심 식사	참가자 간 자유로운 식사 및 교류 시간	도시락 또는 뷔페식
13:45 - 15:15 (1시간 30분)	실습: 사진 피드백 및 토론	조별 사진 촬영 결과물 공유 및 피드백, 토론	전문가 피드백 포함
15:15 - 15:30 (15분)	휴식	자유로운 휴식 및 네트워킹 시간	간단한 다과 제공
15:30 - 16:45 (1시간 15분)	네트워킹: 자유로운 교류 및 정보 공유	사진 관련 정보 공유 및 자유로운 네트워킹 시간	다과 제공
16:45 - 17:15 (30분)	마무리 및 설문 조사	워크숍 마무리 및 설문 조사, 기념 촬영	기념품 증정

...생략...

04 또 하나 해보겠습니다. 네트워킹 시간이 오전에도 한 번 있으면 좋겠습니다.

표를 수정하고 싶어. 네트워킹 시간을 오전에도 한 번 배치해줘.

찰칵유랑단 워크숍 일정 (네트워킹 시간 추가)

네트워킹 시간을 오전에도 추가하여 참가자들이 더욱 자유롭게 교류할 수 있도록 개선된 일정입니다.

시간	프로그램	내용	비고
09:00 - 09:30 (30분)	등록 및 네트워킹	참가자 등록 및 간단한 자기소개, 자유로운 네트워킹 시간	다과 제공
09:30 - 10:15 (45분)	강연: 사진으로 소통하기	사진을 통한 감정 표현 및 소통 방법 강연	질의응답 시간 포함
10:15 - 10:30 (15분)	휴식 및 네트워킹	자유로운 휴식 및 네트워킹 시간	간단한 다과 제공
10:30 - 12:00 (1시간 30분)	실습: 감정 표현 사진 촬영	강연 내용을 바탕으로 다양한 감정을 표현하는 사진 촬영 실습	조별 활동
12:00 - 13:30 (1시간 30분)	점심 식사	참가자 간 자유로운 식사 및 교류 시간	도시락 또는 뷔페식
13:30 - 15:00 (1시간 30분)	실습: 사진 피드백 및 토론	조별 사진 촬영 결과물 공유 및 피드백, 토론	전문가 피드백 포함

05 일정 추가가 완료되었습니다. 이제 이것을 구글 스프레드시트로 내보내겠습니다. 일정표 아래에 있는 [Sheet로 내보내기] 버튼을 누르세요. 그러면 새 구글 스프레드시트 파일이 생성되고, 앞에서 만든 표가 입력됩니다.

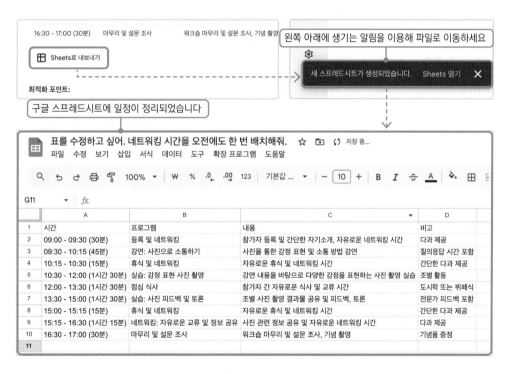

06 계속해서 제미나이를 활용해 일정과 알림을 자동으로 구글 캘린더에 추가해보겠습니다.

각 프로그램과 시간을 구글 캘린더에 입력해줘.

네, 알겠습니다. 8개의 일정 항목을 생성하고 싶으시군요. 지금 바로 항목을 생성할까요?

응

네, 모두 완료되었습니다.

점심식사 시작 30분 전에 알림 추가해줘.

네, 3월 11일 오후 12시에 "점심 식사 시작"이라고 알려 드릴께요.

3월 4일 오전 10시에 참가비 확인 업무 추가해줘.

네, 3월 4일 오전 10시에 "참가자 등록비 확인" 일정을 추가했습니다.

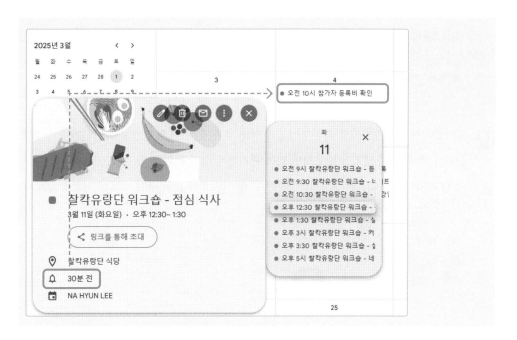

제미나이를 활용해 워크숍 프로그램 일정, 점심 식사 알림 설정, 추가 일정까지 모두 캘린더에 성공적으로 기록했습니다. 이제 한 단계 더 나아가, 모바일 환경에서 제미나이를 활용한 일정 관리를 실습해 보겠습니다.

1000% 노하우 제미나이가 답변할 때 '구글 워크스페이스' 표시는 왜 나타나는 걸까?

제미나이에서 일정을 생성할 때 구글 워크스페이스가 표시되는 이유는 제미나이가 구글 캘린더와 연동되어 있기 때문입니다. 구글 워크스페이스는 지메일, 캘린더, 드라이브, 문서 등 다양한 협업 도구가 포함된 플랫폼으로, 일정 관리 기능이 자동으로 실행됩니다. 이렇게 제미나이에서 일정 관련 요청을 하면 자동으로 일정이 구글 캘린더에 추가됩니다.

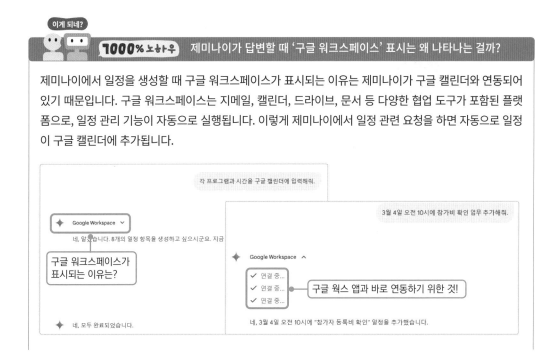

구글 워크스페이스 옆에 나타난 펼치기 버튼을 누르면 3개의 [연결 중…]이 나타납니다. 제미나이가 구글 워크스페이스를 통해 일정을 생성하는 과정에서 3개의 서비스가 동시에 연결되면서 나타난 표시입니다. 이렇게 구글 어시스턴트를 이용하면 손쉽게 여러 앱에 일정을 등록할 수 있습니다.

07 모바일에서도 마찬가지로 제미나이로 일정을 추가하고, 기존 일정을 확인하거나 수정할 수 있습니다. **특히 음성 명령을 활용하면 더욱 편리하게 일정 관리를 할 수 있습니다.** 다음 그림과 같이 ❶ 제미나이 앱을 스마트 폰에 설치한 후 ❷ 마이크를 눌러 음성 모드를 시작하세요.

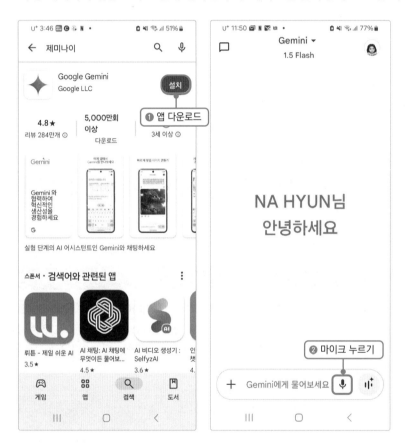

08 이 상태에서 다음과 같이 음성을 입력하면 됩니다. 음성을 입력하는 동안에는 마이크 아이콘이 파란색으로 변합니다. 이렇게 음성으로 명령해도 요청한 날짜의 일정을 잘 안내해줍니다.

3월 15일 일정을 알려줘.

09 일정 요약도 음성 명령으로 수행할 수 있습니다. 답변 하단에는 구글 캘린더가 함께 표시되어 이를 클릭하면 바로 캘린더로 이동해 일정을 확인할 수 있습니다. 음성이 재생되는 동안에는 ⏸ 아이콘이 나타나고, 음성이 종료되면 🔊 아이콘으로 변경됩니다. 이를 통해 음성 피드백이 정상적으로 이루어지는지 쉽게 확인할 수 있습니다.

3월 15일에 해야 할 일을 요약해줘.

10 할 일(Task)도 자동으로 구글 캘린더와 연동됩니다. 클릭하면 캘린더 앱이 활성화되어 할 일을 보다 직관적으로 관리할 수 있습니다.

구글 캘린더에서 찰칵유랑단 추계 워크숍 일정을 확인하고 일정 시작 1시간 전에 알림을 받도록 설정해줘.

설정이 완료되었네요. 아주 간단하죠?

Chapter 08

주말 여행 계획을 위한 AI 활용

주말 여행을 계획할 때는 일정부터 예산, 준비물까지 챙겨야 할 것이 많아 부담스럽게 느껴질 때가 많습니다. 어디를 갈지 고민하고, 예상 비용을 계산하며, 빠뜨리지 않고 준비물을 챙기는 과정이 생각보다 번거롭기 때문입니다. 하지만 AI를 활용하면 이 모든 과정을 더 쉽고 체계적으로 관리할 수 있습니다. 이 장에서는 AI를 활용해 여행 일정을 효율적으로 세우고, 예산을 체계적으로 관리하며, 준비물까지 꼼꼼히 준비하는 방법을 배워보겠습니다. AI와 함께 손쉽게 주말 여행 계획을 세워봅시다.

- 챗GPT : 일정 초안 작성, 일정 관련 대화 흐름 정리 및 메모 도구
- 마이로 : 일정과 취향에 맞춰 여행 계획을 자동으로 설계해주는 초개인화 여행 플래너

미친활용 30 AI 여행 플래너 마이로 서비스로 여행 일정 쉽게 세우기

이번에는 AI 여행 플래너인 마이로myro를 활용해 주말 여행 일정을 만들어보겠습니다. 마이로는 여행자에게 최적의 여행 일정을 제공하는 초개인화 AI 여행 플래너입니다. 사용자가 선호하는 여행지, 일정, 관심사 등을 입력하면 이를 기반으로 분 단위의 세부 일정을 자동으로 생성해줍니다. 이를 통해 여행 준비에 소요되는 시간을 대폭 줄일 수 있으며, 개인의 취향에 맞는 맞춤형 여행 계획을 간편하게 세울 수 있습니다.

01 마이로를 활용해 주말 1박 2일 여행 일정을 함께 계획해보겠습니다. 먼저 마이로 웹사이트 www.myro.co.kr에 접속한 다음 회원 가입 후 로그인하여 [마이로 시작하기]를 누르세요.

02 그러면 여행 목록을 고를 수 있습니다. [목록에서 찾아보기]를 누르고 원하는 지역을 골라보세요. 저는 도쿄를 골랐습니다.

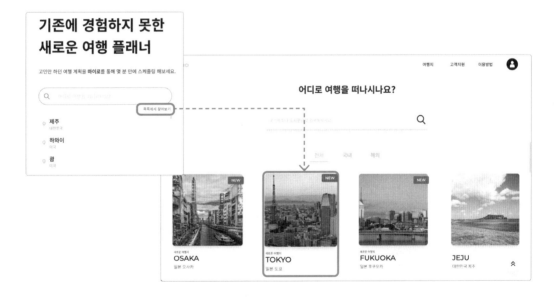

03 모달 창이 나타나면 [일정 만들기]를 누르세요. 그러면 여행 기간을 고를 수 있습니다. 여행 기간도 원하는 날짜로 고르면 됩니다. 날짜를 고른 다음에는 [선택]을 눌러주세요.

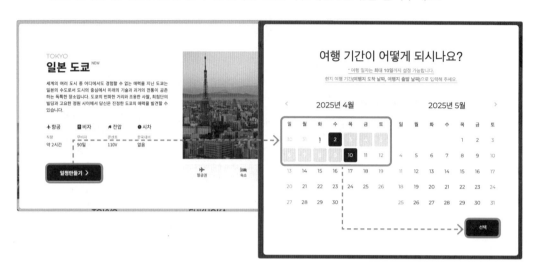

04 그러면 마이로 화면에서 도쿄 여행 일정을 확인하기 위한 과정을 보여줍니다. 'STEP 1 날짜 확인'에서 [항공권]을 눌러보세요. 그러면 제휴 서비스 페이지로 자동으로 이동하여 선택한 날짜에 맞는 항공권을 보여줍니다. 일정 작성을 위해 항공편 시간대를 파악하는 것이 중요하니 이렇게 항공권 검색을 먼저 해보는 것이 좋습니다.

> **NOTE** 숙박이나 로밍eSIM도 마찬가지로 제휴 서비스를 이동하여 쉽게 요금을 확인해볼 수 있습니다.

05 서비스를 간단히 살펴본 다음 본 일정 계획을 세워보겠습니다. 항공편 시간대를 확인한 후, 현지 기준으로 여행 가능한 시간을 설정하면 다음과 같습니다.

'여행시간 상세설정'에서 도쿄에서 머무르는 시간을 입력하니 나머지는 AI가 여행 시간 상세 설정을 해주었습니다. 시간을 확인한 후 [시간 설정 완료] 버튼을 눌러 마무리합니다.

06 'STEP 2 장소 선택'으로 넘어갑니다. 여기서는 구글 데이터를 기반으로 장소를 추천해줍니다. 기본 옵션 오른쪽에서 [명소], [식당], [카페]를 선택할 수 있습니다. 원하는 것을 선택하여 여행 일정에 추가해보세요.

장소를 추가하면 명소 위치가 오른쪽 구글 지도에 표시되며, 이동 소요 시간도 자동으로 계산해줍니다. 보통 이동 시간을 생각하기 어렵기 마련이죠. 하지만 이렇게 하니 시간을 고려하여 동선을 계획할 수 있네요.

선택한 장소를 지도에 표시해줍니다

마이로는 기본적으로 선택한 장소에서 가까운 목록을 보여주므로 동선을 짜는 노력을 줄여줍니다. 만약 장소를 추가하다가 주어진 시간보다 더 오래 걸리는 일정이 되면 '여행 총 시간보다 장소의 총 시간이 클 수 없습니다'라는 메시지가 나타납니다.

주어진 여행 시간보다 계획이 커지면 알림 메시지를 보여줍니다

여행 총 시간보다 장소의 총 시간이 클 수 없습니다.

확인

07 명소, 식당, 카페 선택이 모두 끝나면 [다음]을 눌러 숙소 설정으로 넘어갑니다. 숙소도 마찬가지 방법으로 선택합니다.

08 [저장]을 누르면 '여행 계획을 저장하시겠습니까?'라는 메시지가 나타납니다. [확인]을 누르고
나타나는 화면에서 스크롤바를 살짝 내려 [일정 생성]을 누릅니다.

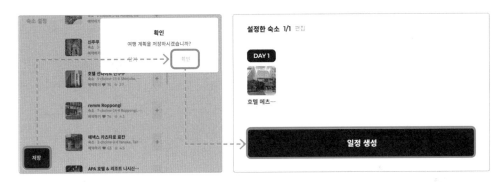

'이동수단 선택'이 나타나면 원하는 옵션을 선택하여 [일정 생성]을 누르세요. 그러면 여러분이
선택한 항목에 맞는 전체 계획을 보여줍니다.

이렇게 도쿄 1박 2일 일정이 완성되었습니다. 이처럼 마이로 서비스를 사용하면 데이터, AI 기반으로 원하는 여행지와 일정, 동선을 쉽게 계획할 수 있습니다.

미친 활용 31 챗GPT로 여행 예산 계획하기

여행지에서의 즐거움도 중요하지만, 예산을 초과하면 부담이 될 수 있죠. 이번 실습에서는 챗GPT를 활용해 여행 예산을 체계적으로 수립해보겠습니다. 이 과정을 따라가면 누구나 효율적인 예산 관리를 할 수 있습니다. 그럼 함께 시작해볼까요?

01 앞서 마이로로 계획한 도쿄 1박 2일 일정을 텍스트로 활용하려면 [마이페이지 → ⋮ → 프린트] 를 순서대로 눌러 일정을 엑셀 파일로 다운로드할 수 있습니다.

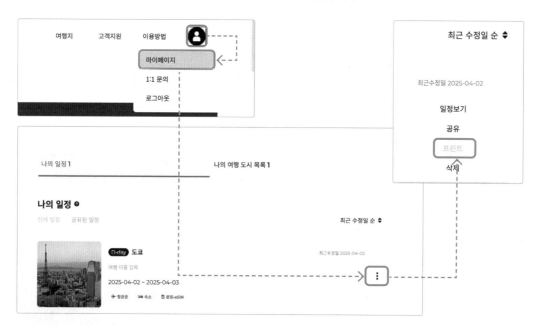

02 엑셀 파일을 드래그 앤 드롭 또는 [+] 버튼을 눌러 챗GPT에 업로드한 후 다음과 같이 예산 계획 을 받기 위한 프롬프트를 입력합니다.

 도쿄 1박 2일 여행 예산 항목을 만들어줘. 항목에는 교통비, 숙박비, 식비, 입장료, 쇼핑비, 기타 비용을 포함해줘.

예산 항목	예상 비용 (원)	비고
항공비	300,000 ~ 500,000	왕복 항공권 (시즌 및 예약 시점에 따라 변동)
숙박비	150,000 ~ 250,000	중급 호텔 1박 (위치와 시설에 따라 다름)
식비	100,000	현지 식사 및 간식
교통비	20,000 ~ 30,000	지하철, 버스 등 대중교통 이용
입장료	50,000	관광 명소 입장료
쇼핑비	100,000	기념품 및 개인 쇼핑
기타 비용	30,000	예비비 및 예상치 못한 지출
총합	750,000 ~ 1,060,000	

...생략...

03 다만 02의 예산은 1인 기준이므로 이것을 2인 기준으로 바꿔달라고 하겠습니다.

2인 기준으로 예산을 작성해줘.

예산 항목	1인 예상 비용 (원)	2인 예상 비용 (원)	비고
항공비	350,000 ~ 500,000	700,000 ~ 1,000,000	왕복 항공권 (시즌 및 예약 시점에 따라 변동)
숙박비	200,000	200,000	중급 호텔 1박 (2인 1실)
식비	100,000	200,000	2인 하루 세 끼 (현지 음식점 기준)
교통비	25,000	50,000	2일간 대중교통 이용 (지하철, 버스 등)
입장료	50,000	100,000	주요 관광지 입장료 (2인)
쇼핑비	100,000	200,000	기념품 및 개인 쇼핑 예산 (2인 기준)
기타 비용	30,000	60,000	예비비 및 예상치 못한 지출 (2인)
총합	855,000 ~ 1,055,000	1,710,000 ~ 2,110,000	

추가 팁

- **항공비 절약** : 저가 항공사(LCC)나 프로모션 항공권을 이용하면 2인 합계 70만 원 이하로도 가능합니다.
- **숙박비 절감** : 도쿄 시내의 비즈니스 호텔, 게스트하우스, 또는 에어비앤비를 예약하면 15만~20만 원 선에서 2인 숙박 가능.
- ...생략...

04 추가 항목도 추천 받아볼까요? 예를 들면 여행자 보험이나 유심, 비상 자금 등 계획 단계에서는 고려하기 어려운 것들이 있을 수 있습니다.

위의 예산 항목 외에 추가로 더 넣어야 할 항목이 있을까?

추가 예산 항목 추천

항목	예상 비용 (2인)	비고
여행자 보험	20,000 ~ 50,000	1인당 10,000~25,000원 (기간 및 보장 범위에 따라 다름)
Wi-Fi/데이터 유심	10,000 ~ 30,000	포켓 와이파이 대여(약 1일 5,000원) 또는 유심 구매
환전 수수료	10,000 ~ 20,000	환전 시 발생하는 수수료 (금액에 따라 다름)
비상 자금	50,000 ~ 100,000	돌발 상황 대비용 현금
관광세	2,000 ~ 5,000	일부 호텔에서 부과되는 숙박세
수하물 비용	20,000 ~ 50,000	저가항공 이용 시 추가 수하물 요금
카페/간식비	30,000 ~ 50,000	관광 중 카페 방문, 간식 구매 비용

추가 항목 설명

- **여행자 보험** : 해외에서 발생할 수 있는 돌발 상황(병원 방문, 분실 등)에 대비해 소액이라도 꼭 가입하는 것이 좋습니다.
- **Wi-Fi/데이터** : 도쿄 시내는 Wi-Fi가 잘 되어 있지만, 원활한 이동과 검색을 위해 포켓 와이파이나 유심이 필요할 수 있습니다.

...생략...

추가 항목도 넣어서 예산을 작성해줘.

도쿄 1박 2일 여행 예산 (2인 기준)

...생략...

총예산: 1,700,000원

이처럼 ▐미친활용30▌ **AI 여행 플래너 마이로 서비스로 여행 일정 쉽게 세우기**와 챗GPT를 연계하면 여행 비용 계획을 손쉽게 세울 수 있습니다.

▐미친활용32▌ 챗GPT로 여행 준비물과 위험 요소까지 완벽하게 대비하기

이번 실습에서는 챗GPT를 활용해 여행 준비물 체크리스트를 생성하고, 예상할 수 있는 위험 요소를 관리할 수 있는 표를 만들어보겠습니다. AI를 활용해 준비물을 빠짐없이 챙기고 잠재적 위험 요소를 체계적으로 관리해볼까요?

01 여행을 떠나기 전, 어떤 준비물을 챙겨야 할지 막막하신가요? 챗GPT를 활용하면 여행 준비물 체크리스트를 간단히 만들 수 있습니다. 챗GPT 채팅창에 다음과 같이 프롬프트를 입력합니다.

도쿄 1박 2일 여행 준비물 리스트를 만들어줘. 옷, 세면도구, 전자기기 등 기타 필요한 것까지 모두 포함해줘.

🤖 💬

도쿄 1박 2일 여행 준비물 리스트

카테고리	준비물
옷	속옷, 양말, 티셔츠, 바지, 가벼운 겉옷, 잠옷
세면도구	칫솔, 치약, 세안제, 샴푸, 린스, 바디워시, 스킨/로션, 면도기, 빗
전자기기	스마트폰, 충전기, 보조배터리, 멀티어댑터, 이어폰/헤드폰
기타	여권, 항공권, 숙소 예약 확인서, 지갑(카드, 현금), 교통카드, 가이드북/지도, 우산, 약(두통약, 소화제 등), 에코백/백팩, 선크림, 립밤

02 기본적인 준비물이 잘 나와 있네요. 이제 동행인에 따라 추가로 챙겨야 할 준비물이 있는지 챗GPT에게 한 번 더 물어보겠습니다.

👤 💬

이번 여행은 여자친구와 함께 갈 예정이야. 도쿄 1박 2일 여행 준비물 리스트에 더 챙겨야 할 것 없을까?

🤖 💬

여자친구와 함께하는 여행이라면 다음 준비물도 추가하면 좋아요.

도쿄 1박 2일 커플 여행 준비물 추가 리스트

- 커플 아이템 : 커플 티셔츠, 커플 신발, 커플 사진 소품(폴라로이드 카메라, 셀카봉)
- 세면도구 : 여성용 화장품(클렌징, 메이크업 제품), 헤어 스타일링기(고데기 등)
- 건강 및 위생 : 상비약(진통제, 소화제, 밴드), 생리대, 손 세정제
- 로맨틱 소품 : 향초나 디퓨저(숙소에서 분위기 연출), 기념 선물
- 기타 : 휴대용 손거울, 미니 보조가방, 멀티탭(2명이서 기기 충전 시 유용)

👤 💬

이번 여행은 부모님을 모시고 갈 예정이야. 도쿄 1박 2일 여행 준비물 리스트에 더 챙겨야 할 것 없을까?

🤖 💬

부모님을 모시고 가는 여행이라면 아래 준비물을 추가하시면 더 편안한 여행이 될 거예요.

도쿄 1박 2일 부모님과 함께하는 여행 준비물 추가 리스트

- 건강 관리 : 부모님 복용 중인 약, 혈압기나 당뇨 측정기(필요 시), 간단한 비타민
- 편안한 여행 : 편한 신발, 보행 시 도움 될 수 있는 지팡이(필요한 경우), 가벼운 방석(장시간 이동 시)

- 위생 및 편의 : 휴대용 물티슈, 손 세정제, 보온병(따뜻한 물 준비용)
- 엔터테인먼트 : 부모님이 좋아하시는 간단한 책, 음악 플레이어나 이어폰
- 기타 : 여행 일정표 출력본, 일본어로 된 간단한 안내문(긴급 연락처, 숙소 주소 등), 부모님 여권 복사본

부모님과의 여행은 세심한 배려가 중요하니, 이동 시 휴식 시간도 충분히 확보하면 더욱 좋습니다.

동행자에 따라 추가로 챙겨야 할 준비물이나 유용한 정보까지 제공해줍니다. 여러분도 여행의 성격에 따라 준비물을 더 추가해보면 좋을 것 같네요.

03 여행 일정 중 예상치 못한 날씨나 교통 문제로 곤란한 상황이 생길 수도 있겠죠? 챗GPT에게 이런 위험 요소를 어떻게 대비할 수 있는지 물어보며 함께 준비해보겠습니다.

👤 💬

도쿄 1박 2일 여행 중 날씨 변화나 교통 문제로 생길 위험 요소를 알려줘. 이에 대비할 방법도 추천해줘.

🤖 💬

도쿄 1박 2일 여행 중 발생할 수 있는 위험 요소와 대비 방법

위험 요소	내용	대비 방법
날씨 변화	갑작스러운 비, 일교차로 인한 추위	- 우산, 우비 준비 - 가벼운 방수 재킷이나 겉옷 챙기기 - 실내 활동(박물관, 쇼핑몰 등) 대체 일정 준비
교통 문제	열차 지연, 복잡한 지하철 노선, 교통 정체	- 이동 시간 여유 있게 계획 - Google Maps, NAVITIME 등 교통 앱 활용 - 도쿄 지하철 1일권 구매
...생략...		
교통 카드 잔액 부족	갑자기 교통 카드 잔액 부족으로 열차 탑승 불가	- 교통카드 충전 시 충분히 충전 - 잔액 확인 앱 설치 - 현금 준비

자, 이제 여행 준비물과 위험 요소 관리에 필요한 사항을 모두 확인했으니 본격적으로 체크리스트를 만들어볼까요? 체크박스가 포함된 도쿄 1박 2일 여행 준비물과 위험 요소 관리표를 만들어달라고 챗GPT에게 요청해 인쇄해서 활용할 수 있는 완성된 리스트를 만들어보겠습니다.

👤 💬

체크박스가 포함된 여행 준비물과 위험 요소 관리표를 만들어줘. 바로 복사해서 사용할 수 있게 해줘.

🤖 💬

도쿄 1박 2일 여행 준비물 & 위험 요소 관리표

[여행 준비물 체크리스트]

☐ 속옷

☐ 양말

☐ 티셔츠

☐ 바지

...생략...

[위험 요소 관리 체크리스트]

☐ 우산 챙기기

☐ 교통 앱 설치

☐ 번역 앱 준비

...생략...

이번 실습에서는 챗GPT를 활용해 여행 준비물 체크리스트를 만들고, 예상할 수 있는 위험 요소까지 꼼꼼하게 대비하는 방법을 알아보았습니다. 준비 단계부터 AI의 도움을 받으면 놓치는 항목 없이 철저하게 준비할 수 있다는 점이 매력적이죠. 여행은 계획이 탄탄할수록 더욱 즐겁고 안전해집니다. 여러분도 AI를 활용해 준비물을 꼼꼼하게 챙기고 위험 요소를 관리하며 알찬 여행을 준비해보세요.

(Chapter 09)

반려동물 생일파티 준비를 위한
AI 활용

반려동물은 이제 가족의 일원으로 여겨지는 시대입니다. 많은 보호자들이 반려동물의 생일이나 입양 기념일을 특별하게 보내고 싶어 합니다. 하지만 파티 장소를 정하고, 케이크와 장식을 준비하며, 돌발 상황까지 대비하려면 신경 써야 할 것이 많아 막막할 것입니다. 이럴 때 AI를 활용하면 더욱 체계적으로 준비할 수 있습니다. 예를 들어 반려동물과 함께할 수 있는 장소를 추천받고, 맞춤형 케이크나 포토그래퍼를 빠르게 찾을 수 있습니다. 또한 날씨 데이터를 분석해 실내·야외 장소를 비교하거나, 반려동물의 성향을 고려한 행사 운영 전략도 세울 수 있습니다. 이 장에서는 AI로 반려동물 생일파티를 손쉽게 기획하는 방법을 알아보겠습니다. 함께 시작해볼까요?

- 챗GPT : 일정 초안 작성, 일정 관련 대화 흐름 정리 및 메모 도구

- 퍼플렉시티 AI : 실시간 검색 기반 정보 탐색 및 아이디어 확장 도구

미친 활용 33 퍼플렉시티로 완벽한 반려동물 생일파티 장소 찾기

반려동물 생일파티 장소를 찾을 때 가장 중요한 것은 최신 정보와 신뢰할 수 있는 데이터입니다. 이번에는 실시간 웹 검색을 기반으로 최신 장소 정보와 가격, 후기 등을 빠르게 찾아주고 출처 링크까지 제공하는 AI인 퍼플렉시티^{Perplexity}를 활용하겠습니다. 챗GPT보다 더 빠르고 정확하게 반려동물과 함께할 수 있는 파티 장소를 찾을 수 있죠. 이제 반려동물을 위한 최적의 생일파티 장소를 찾아볼까요?

NOTE 챗GPT와 퍼플렉시티의 차이점은 무엇일까요? 퍼플렉시티 AI는 실시간 인터넷 검색으로 답변을 제공하기 때문에 최신 정보를 바로 찾아줍니다. 학술 논문, 영상, 소셜 미디어 등 답변에 활용된 정보의 출처와 링크를 제공합니다. 검색 엔진처럼 빠르고 간결한 결과를 제공하며, 사용자의 질문을 바탕으로 연관 질문도 추천합니다.

01 먼저 퍼플렉시티 웹사이트 www.perplexity.ai에 접속합니다. 퍼플렉시티는 챗GPT처럼 대화형 AI이지만, 웹 검색 기능이 강력하게 결합되어 있어 최신 정보를 빠르게 찾는 데 매우 유용합니다. 회원 가입한 후 로그인하세요.

02 퍼플렉시티 웹 검색을 통해 최신 정보를 찾을 것입니다. 채팅창 오른쪽 아래에 보이는 지구본을 눌러서 '웹 모드'가 켜져 있는지 확인하세요.

03 퍼플렉시티에 다음과 같이 입력해서 서울 반려동물 동반 생일파티 장소를 추천받아 보겠습니다.

🧑 💬

서울 반려동물 동반 생일파티 장소 추천, 가격, 후기 포함

🤖 💬

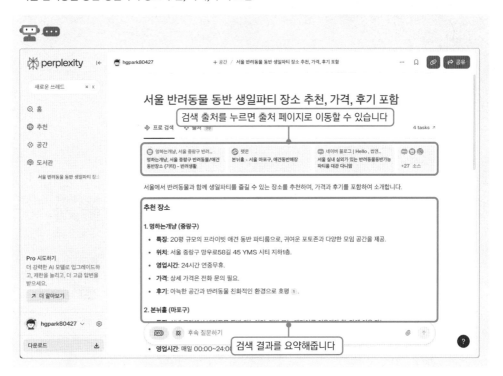

이처럼 퍼플렉시티는 웹에서 검색한 자료를 기반으로 정리한 정보를 제공합니다. 웹에서 검색한 자료의 출처 링크를 함께 보여주므로 정보의 신뢰성을 직접 확인할 수 있어 유용합니다.

> **NOTE** 퍼플렉시티는 이미지 검색뿐 아니라 이미지 생성 기능도 제공합니다. 다만 이 기능은 유료 회원(Pro)에게만 제공됩니다.

스크롤하여 답변 아래로 내려가면 원래 질문과 관련된 연관 질문도 보입니다. '서울에서 가장 인기 있는 반려동물 생일파티 장소는?', '평균적인 패키지 가격대는?', '예약 시 주의할 점은?' 등의 연관 질문을 통해 우리가 미처 생각하지 못한 정보까지 찾아볼 수 있습니다.

≋ 사람들도 묻습니다

| 서울에서 가장 인기 있는 반려동물 동반 생일파티 장소는 어디야 | + |

| 각 장소의 주차 시설은 어떻게 돼 | + |

| 생일파티에 참여할 수 있는 포토존은 어디에 있나 | + |

| 각 장소의 예약 절차는 어떻게 돼 | + |

| 생일파티에 외부 음식을 가져올 수 있나 | + |

만약 추가 출처 항목을 보고 싶다면 [출처] 버튼을 누르면 됩니다.

서울 반려동물 동반 생일파티 장소 추천, 가격, 후기 포함

⟲ 프로 검색   ✦ 출처 30   ━ 모든 출처 항목을 볼 수 있습니다

1 반 멍하는개냥, 서울 중랑구 반려동물/애견 동반장소 (기타) - 반려생활
ban-life.com/store/view?typ...
멍하는개냥, 서울 중랑구 반려동물/애견 동반장소 (기타) - 반려생활
반려생활에서 멍하는개냥에 대한 리뷰를 남기고 포인트를 적립해 보세요. :)

2 ℗ 펫온
peton.me/bbs/board.php?...
본뉘홀 - 서울 마포구, 애견동반매장
대형견까지 가능,가방 또는 캐리어,주소:서울 마포구 와우산로18길 15 3층

3 blog 네이버 블로그 | Hello , 썹앤정 이야기
blog.naver.com/qptcjstk6/2237...
서울 실내 실외가 있는 반려동물동반가능 파티룸 대관 다니맘
서울 실내 실외가 있는 반려동물동반가능 파티룸대관 다니맘 애견파티룸 다니맘 주소 : 서울특별시 노원구 ...

4 blog 네이버 블로그 | 마포 최대규모 파티룸 / 더케이&신촌 쏘굴
blog.naver.com/gmlxo1648/2227...
50평 규모의 루프탑&바베큐 더케이파티룸!

pro ✕ 후속 질문하기   ⊘ ↑

5 blog blog.naver.com/marudongblog/2...

04 서울 전역에는 반려동물과 함께할 수 있는 장소가 많겠지만, 원하는 지역을 명확히 지정하면 더 알맞은 결과를 얻을 수 있겠죠? 이번에는 '용산구'로 검색 범위를 좁혀 반려동물 파티룸 정보를 찾아보겠습니다.

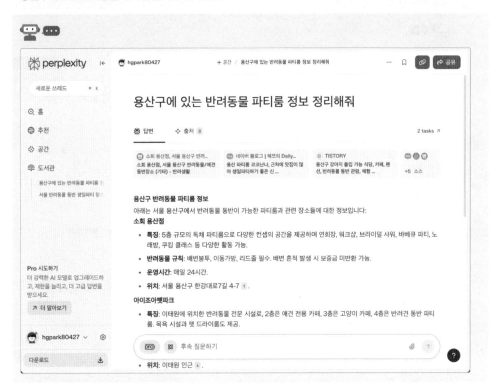

용산구에 있는 반려동물 파티룸 정보를 정리해줘.

퍼플렉시티가 용산구에 있는 반려동물 파티룸 몇 곳을 추천해주네요. 하지만 이 정보만으로는 뭔가 부족하다고 느껴집니다. 장소 선택은 가격, 시설, 후기 등 다양한 요소를 고려해야 하니까요. 이럴 때 유용하게 활용할 수 있는 것이 바로 퍼플렉시티의 연관 질문 기능입니다. 연관 질문 목록 중에서 아무거나 클릭해보겠습니다.

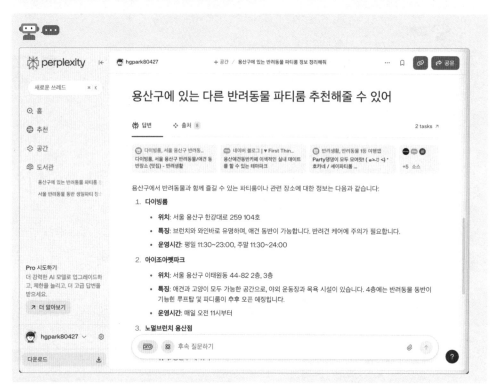

용산구에 있는 다른 반려동물 파티룸 추천해줄 수 있어?

퍼플렉시티가 연관 질문에 따른 답변을 해주었습니다. 이처럼 연관 질문을 잘 이용하면 사람들이 자주 하는 질문을 통해 생각하지 못했던 아이디어를 얻을 수 있습니다. 검색 시간을 단축하면서도 더 정확한 정보를 얻을 수 있으니 여러분도 꼭 활용해보세요.

미친활용34 챗GPT로 믿을 수 있는 반려동물 이벤트 공급업체 찾기

이번에는 챗GPT를 활용해 반려동물 생일파티에 필요한 이벤트 공급업체를 찾아보겠습니다. 서울 지역의 케이크, 장식, 포토그래퍼 등의 다양한 관련 업체 정보를 확인하고, 가격이나 후기를 비교해 최적의 업체를 선택해봅시다.

01 챗GPT에서 [검색] 옵션을 눌러 웹 검색 기능을 활성화시킵니다. 그리고 다음과 같이 이야기하여 반려동물 생일파티 이벤트 업체를 찾아보겠습니다.

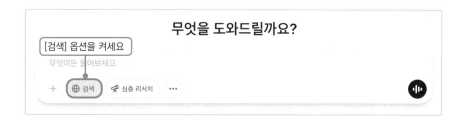

무엇을 도와드릴까요?

[검색] 옵션을 켜세요

무엇이든 물어보세요

+ ⊕ 검색 ⚡ 심층 리서치 ···

서울에서 반려동물 생일파티를 준비할 수 있는 이벤트 업체와 가격, 후기를 알려줘.

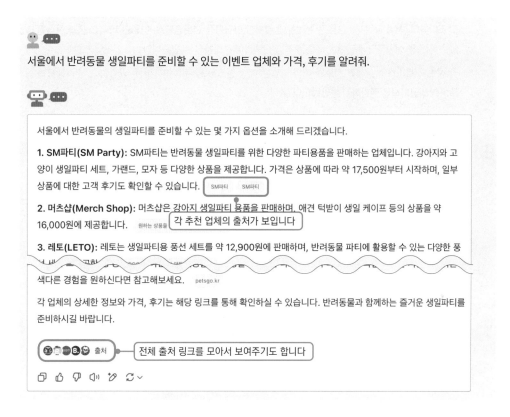

서울에서 반려동물의 생일파티를 준비할 수 있는 몇 가지 옵션을 소개해 드리겠습니다.

1. SM파티(SM Party): SM파티는 반려동물 생일파티를 위한 다양한 파티용품을 판매하는 업체입니다. 강아지와 고양이 생일파티 세트, 가랜드, 모자 등 다양한 상품을 제공합니다. 가격은 상품에 따라 약 17,500원부터 시작하며, 일부 상품에 대한 고객 후기도 확인할 수 있습니다. [SM파티 SM파티]

2. 머츠샵(Merch Shop): 머츠샵은 강아지 생일파티 용품을 판매하며, 애견 턱받이 생일 케이프 등의 상품을 약 16,000원에 제공합니다. 원하는 상품을 [각 추천 업체의 출처가 보입니다]

3. 레토(LETO): 레토는 생일파티용 풍선 세트를 약 12,900원에 판매하며, 반려동물 파티에 활용할 수 있는 다양한 풍색다른 경험을 원하신다면 참고해보세요. petsgo.kr

각 업체의 상세한 정보와 가격, 후기는 해당 링크를 통해 확인하실 수 있습니다. 반려동물과 함께하는 즐거운 생일파티를 준비하시길 바랍니다.

🔵🟣8🟢 출처 [전체 출처 링크를 모아서 보여주기도 합니다]

챗GPT가 업체와 가격대, 후기까지 정리된 결과를 보여줍니다. 각 업체별 출처 링크가 함께 제공되어 있어 추가적인 정보를 확인하거나 직접 예약 페이지로 이동할 수도 있습니다.

02 이제 조금 더 많은 업체 정보를 요청해보겠습니다. 추가 요청을 하니 서울에 위치한 다양한 반려동물 이벤트 업체 목록이 나왔습니다.

더 찾아줘.

서울에서 반려동물의 생일파티를 준비할 수 있는 추가적인 장소와 서비스를 소개해 드리겠습니다.

1. 세이파티룸&스튜디오 (부천시): 부천에 위치한 이 파티룸은 반려동물과 함께하는 생일파티에 적합한 공간을 제공합니다. '반려동물 생일파티 패키지'를 추가하면 생일파티 인테리어를 제공하며, 반려동물 추가 요금은 한 마리당 5,000원입니다. 루프탑에서 바베큐도 가능하며, 노래방 기계, 보드게임 등 다양한 시설이 구비되어 있습니다.

...생략...

5. 조이파티 (서울 강남구): 강남구 논현동에 위치한 파티용품 전문점으로, 다양한 파티 소품과 장식을 제공합니다. 반려동물 생일파티에 필요한 용품을 직접 선택하여 준비하실 수 있습니다.

각 장소와 서비스의 상세한 정보와 예약 방법은 해당 링크를 통해 확인하실 수 있습니다. 반려동물과 함께하는 특별한 생일파티를 준비하시길 바랍니다.

03 업체별 서비스와 특징이 나와 있긴 하지만, 어떤 업체를 선택해야 할지 고민이 될 수 있습니다. 그럴 때는 비교 분석을 요청하면 더욱 쉽게 선택할 수 있습니다.

위에서 추천한 반려동물 생일파티 업체들을 가격, 제공 서비스, 반려동물 케어 옵션 기준으로 비교해줘.

서울에서 반려동물 생일파티를 준비할 수 있는 업체들을 가격, 제공 서비스, 반려동물 케어 옵션을 기준으로 비교해 드리겠습니다.

업체명	가격	제공 서비스	반려동물 케어 옵션
SM파티(SM Party)	약 17,500원부터	반려동물 생일파티 세트, 가랜드, 모자 등 다양한 파티용품 판매	별도의 케어 옵션 없음
머츠샵(Merch Shop)	약 16,000원	강아지 생일파티 용품, 애견 턱받이 생일 케이프 등 판매	별도의 케어 옵션 없음
레토(LETO)	약 12,900원	생일파티용 풍선 세트 등 파티 용품 판매	별도의 케어 옵션 없음
살롱드연남(Salon de Yeonnam)	가격 정보 미제공	프렌치 인테리어의 빈티지한 공간 대관 서비스	반려동물 동반 가능, 별도의 케어 옵션 없음
펫츠고(Petsgo)	상품에 따라 상이 (예: 크루즈 여행 59,000원)	반려동물과 함께하는 여행 및 이벤트 기획	여행 중 반려동물과 함께하는 프로그램 제공, 별도의 케어 옵션 없음

각 업체의 상세한 정보와 가격, 후기는 해당 링크를 통해 확인하실 수 있습니다. 반려동물과 함께하는 특별한 생일파티를 준비하시길 바랍니다.

각 업체의 가격, 제공 서비스, 반려동물 케어 옵션을 한눈에 볼 수 있게 비교표를 만들어줬습니다. 비교표를 살펴보고 원하는 업체를 결정하면 됩니다.

04 업체를 결정했다면 이제 세부 정보와 예약 방법을 알아봐야겠죠? 다음과 같이 세부 정보와 예약 방법을 물어보면 웹에서 검색한 신뢰할 수 있는 후기들을 정리해 보여줍니다. 실제 후기 내용이 궁금하다면 출처를 눌러 확인해보세요.

SM파티(SM Party) 반려동물 생일파티 케어 옵션과 실제 후기를 5개 정도 찾아줘.

SM파티(SM Party)는 반려동물 생일파티를 위한 다양한 파티용품을 판매하는 업체로, 별도의 반려동물 케어 서비스를 제공하지는 않습니다. 고객들이 직접 상품을 구매하여 반려동물의 생일파티를 준비하는 방식입니다.

다음은 SM파티의 반려동물 생일파티 용품에 대한 실제 고객 후기 5가지입니다:

1. **강아지 생일모자 케이크 고양이 생일파티** SM파티 +2

   - "너무 귀여워요 가격도 저렴하고 사이즈도 작아서 소형견도 잘 맞아요" SM파티 +2

2. **강아지 생일모자 케이크 고양이 생일파티** SM파티 +2

   - "끈이 얇아서 털없는 견종에겐 안맞네요,,^^ 상모돌리기로 잘쓰는거같아요...ㅎ" SM파티 +1

3. **강아지 생일모자 케이크 고양이 생일파티** SM파티 +2

   - "저희 강아지는 털이 단모종이라 고정이 아예 안됬지만 나름 귀여웠어요 ㅋㅋ" SM파티 +1

4. **강아지 생일모자 케이크 고양이 생일파티**

   - "너무 귀엽고 맘에 드는데 저희 강아지한테는 커서 고정이 잘 안돼서 아쉬워요" SM파티 +2

5. **강아지 생일모자 케이크 고양이 생일파티** SM파티 +2

   - "만족" SM파티 +1

이러한 후기를 참고하여 반려동물의 특성에 맞는 파티용품을 선택하시면 더욱 즐거운 생일파티를 준비하실 수 있을 것입니다.

 출처

05 계속해서 예약 방법과 예약 시 주의할 점을 확인해보겠습니다.

SM파티(SM Party) 예약 방법과 문의할 때 필요한 질문 리스트를 만들어줘.

> **SM파티-감성,심플,트랜디한 파티용품, 인테리어소품 전문몰**
> smparty.co.kr
>
> SM파티(SM Party)는 반려동물 생일파티를 위한 다양한 파티용품을 판매하는 온라인 쇼핑몰입니다. 별도의 예약 절차는 필요하지 않으며, 원하는 상품을 선택하여 직접 구매하시면 됩니다.
>
> **문의 방법:**
>
> - **전화 문의:** 고객센터 운영 시간은 월요일부터 금요일까지 오전 9시부터 오후 6시까지이며, 점심시간은 정오 12시부터 오후 1시까지입니다. 토요일, 일요일, 법정공휴일은 휴무입니다. ᴿᴹ파티
> - **이메일 문의:** 이메일을 통해 문의하실 수 있습니다.
> - **카카오톡 채널:** 카카오톡에서 'SM파티' 채널을 추가하여 채팅으로 문의하실 수 있습니다.
>
> **문의 시 확인하면 좋은 사항들:**
>
> 1. **상품 재고 여부:** 구매하려는 파티용품의 재고가 충분한지 확인하세요.
> 2. **배송 기간 및 비용:** 배송 소요 시간과 비용을 문의하여 파티 일정에 맞게 준비하세요.
> 3. **교환 및 반품 정책:** 상품에 문제가 있을 경우의 교환 및 반품 절차와 조건을 확인하세요.
> 4. **추가 액세서리 제공 여부:** 일부 상품에 포함되지 않은 추가 장식이나 액세서리가 있는지 문의하세요.
> 5. **대량 구매 시 할인 가능 여부:** 여러 상품을 대량으로 구매할 경우 할인 혜택이 있는지 확인하세요.
>
> 이러한 사항들을 사전에 확인하시면 원활한 구매와 파티 준비에 도움이 될 것입니다.

예약 절차와 함께 문의 시 챙겨야 할 내용까지 꼼꼼히 안내해주네요. 제공된 링크를 통해 바로 예약도 할 수 있으니 매우 편리합니다.

이번 실습에서는 챗GPT를 활용해 반려동물 생일파티 이벤트 업체를 찾아보고 비교 분석까지 진행했습니다. 예전에는 웹 사이트에 검색하고 일일이 내용을 찾으면서 예약을 진행했다면, 챗GPT는 필요한 정보만 골라 비교표로 제공하고 실시간으로 업데이트된 예약 방법까지 안내하여 매우 편리합니다.

미친 활용 35 챗GPT로 반려동물 이벤트 위험 요소 미리 대비하기

이번에는 챗GPT를 사용해 반려동물 생일파티에서 발생할 수 있는 다양한 위험 요소를 식별하고, 각 위험 요소에 맞는 예방 방법과 대처 방안을 단계별로 만들어보겠습니다. 챗GPT의 분석 기능을 통해 빠뜨릴 수 있는 요소까지 꼼꼼히 챙기며, 위험 요소 관리 체크리스트도 직접 생성해보겠습니다.

01 챗GPT에게 다음과 같이 질문해보겠습니다.

👤 💬

반려동물 생일파티에서 발생할 수 있는 위험 요소를 모두 알려줘. 안전, 음식, 소음, 돌발 상황 등 카테고리별로 나눠줘.

🤖 💬

반려동물 생일파티에서 발생할 수 있는 위험 요소

1. 안전 관련 위험 요소

- **물림 사고** : 낯선 사람, 다른 반려동물과의 접촉으로 공격성이 유발될 수 있음

  대비책: 모든 반려동물에 목줄, 입마개 착용, 구역별 공간 분리

- **장식물로 인한 위험** : 풍선, 리본, 작은 장식물 등으로 인한 질식 및 부상 위험

  대비책: 반려동물 접근 불가 위치에 장식 설치

...생략...

4. 돌발 상황 위험 요소

- **탈출 위험** : 문이나 창문이 열려 반려동물이 이탈할 가능성

  대비책: 출입구 철저히 관리, 참가자들에게 주의사항 사전 고지

- **다툼 발생** : 여러 반려동물 모임으로 인한 싸움, 부상 발생 가능

  대비책: 성향이 다른 반려동물은 따로 관리, 단계적 만남 유도

챗GPT가 카테고리별로 다양한 위험 요소를 체계적으로 나누어 설명해주네요. 예상하지 못했던 여러 가지 잠재적 위험 요소까지 알려주니 더욱 꼼꼼하게 준비할 수 있을 것 같습니다. 실제로 이런 사고 사례가 있었는지도 궁금하지 않나요? 이번에는 챗GPT의 웹 검색 기능을 활용해 보다 정확하고 신뢰할 수 있는 정보를 찾아보겠습니다.

02 반려동물과 관련된 사고는 반려견 사고, 반려묘 사고, 반려동물 교통사고 등 다양할 수 있습니다. 정확한 키워드를 떠올리기 어렵거나 관련된 다양한 표현을 한 번에 검색하고 싶을 때는 다음과 같이 예를 들어주면서 ○가지 이상을 찾아달라고 하면 됩니다.

👤 💬

반려동물 사고의 다양한 유형을 찾아줘. 특히 최근 10건의 반려동물 사고를 보여줘.

반려동물과 관련된 사고는 다양한 형태로 발생하며, 그에 따른 법적 분쟁도 증가하고 있습니다. 최근의 사례를 통해 이러한 사고의 유형과 예방책을 살펴보겠습니다.

1. **애견 미용실 탈출 사고**: 애견 미용실에 맡긴 반려견이 문이 열린 틈을 타 탈출하여 교통사고로 사망한 사례가 있었습니다. 보호자는 미용실과 문을 연 손님에게 보상을 요구하였으나 합의에 이르지 못해 소송을 준비했습니다.

   YTN

2. **이물질 섭취 사고**: 반려견이 이쑤시개, 과일 씨앗, 사람 의약품 등 먹어서는 안 되는 물건을 삼켜 장폐색 등의 문제

9. **화재 사고**: 반려동물이 연기난로를 넘어뜨리거나 전기코드를 물어뜯어 화재를 유발하는 사례가 보고되었습니다.

   반려동물과 사는 집의 인테리어 자재 +1

10. **탈수 및 온도 관련 사고**: 실내 온도와 습도가 적절하게 관리되지 않아 반려동물이 탈수 증상을 보이거나 온열 질환에 걸리는 경우가 있습니다. 반려동물과 사는 집의 인테리어 자재

이러한 사고를 예방하기 위해서는 반려동물의 행동을 주의 깊게 관찰하고, 안전한 환경을 조성하는 것이 중요합니다. 또한, 사고 발생 시 신속한 대응과 적절한 조치를 취하는 것이 필요합니다.

이렇게 챗GPT의 [검색] 기능을 쓰다 보면 구글과 같은 검색 엔진의 결과와 무엇이 다른지 의문이 생길 것입니다. 사실 구글 검색에서도 '반려동물 *사고'라고 검색하면 다양한 반려동물 사고 결과가 검색됩니다.

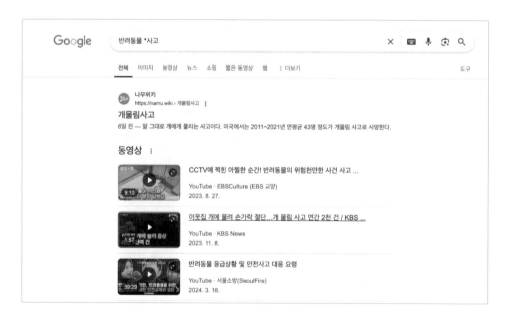

하지만 챗GPT의 [검색] 기능은 맥락이 있다는 점에서 구글과는 다소 다릅니다. 챗GPT는 지금까지의 대화를 기반으로 검색 결과를 맥락에 맞게 정리해서 보여준다면, 구글은 텍스트 매칭에 의한 결과만 보여줍니다. 구글의 검색과 챗GPT의 [검색] 중 무엇을 사용할지 고민이 된다면 다음 사항을 고려해보세요.

- 정확한 문장을 포함한 페이지를 찾고 싶다면 구글 검색이 유리
- 대화 맥락에 맞으면서 주제를 넓게 이해하고 빠르게 요약된 정보를 얻고 싶다면 챗GPT [검색] 기능이 유리

03 이제 반려동물 생일파티 이벤트에서 발생할 수 있는 위험 요소를 정리하고, 완벽한 이벤트를 준비할 수 있도록 체크리스트를 만들어보겠습니다.

👤 💬

지금까지 분석한 반려동물 생일파티에서 발생할 수 있는 위험 요소와 예방책을 포함한 위험 요소 관리 체크리스트를 만들어줘. 체크박스도 넣어줘.

🤖 💬

다음은 반려동물 생일파티에서 발생할 수 있는 위험 요소와 예방책을 포함한 위험 요소 관리 체크리스트입니다. 체크박스도 포함되어 있어 준비 단계에서 쉽게 활용할 수 있습니다.

🐾 반려동물 생일파티 위험요소 관리 체크리스트

체크	위험요소	설명	예방 및 대처 방안
☐	음식 중독	사람이 먹는 음식 중 일부는 반려동물에게 유해함 (초콜릿, 양파, 포도 등)	반려동물 전용 간식과 케이크 준비, 사람 음식은 접근 불가하게 보관
☐	소음 스트레스	큰 음악 소리, 아이들의 고성, 박수 소리 등	소리 자극 최소화, 조용한 휴식 공간 마련
☐	다툼 및 싸움	여러 반려동물 동반 시 성격 차이로 싸움 가능	사전 사회화 여부 확인, 공간 분리 또는 짧은 시간 교류 후 상태 확인
☐	사람 간 불편	반려동물에 익숙하지 않은 손님 또는 어린이와의 마찰	손님에게 기본 예절 안내, 반려동물 접촉 시 보호자 동반 권장
☐	과도한 흥분	장시간의 파티로 인해 반려동물 과도하게 흥분	충분한 휴식 시간 제공, 흥분 시 별도 공간에서 진정 유도
☐	청결 문제	배변 문제, 침 흘림, 털 날림 등	배변패드, 물티슈, 쓰레기봉투 준비, 미리 청소 도구 확보

이번 실습에서는 챗GPT를 활용해 반려동물 생일파티에서 발생할 수 있는 다양한 위험 요소를 식별하고, 이를 대비하기 위한 체크리스트를 체계적으로 작성해보았습니다. AI의 도움을 받으면 빠짐없는 준비와 꼼꼼한 관리가 가능해져 예상치 못한 상황에서도 당황하지 않고 안전하게 이벤트를 진행할 수 있습니다. 여러분도 챗GPT를 활용해 반려동물과 함께하는 소중한 순간을 더욱 완벽하게 준비해보세요.

AI로 마케팅하고
홍보하기

아하!! 챗GPT엔 이런 기능이 있구나!

여기서 공부할 내용

마케팅과 홍보는 좋은 제품이나 서비스를 알리는 데 없어서는 안 될 과정입니다. 하지만 작은 브랜드나 1인 사업자가 마케팅과 홍보까지 직접 챙기려면 부담이 큽니다. 이제는 AI가 그 부담을 덜어줄 수 있습니다. AI는 카드 뉴스 제작, 홍보 문구 작성, 소셜 미디어 운영, 심지어 웹툰 제작까지도 도와줍니다. 이 파트에서는 누구나 쉽게 따라할 수 있는 AI 도구를 활용해 마케팅 콘텐츠를 제작하고, 효과적인 홍보 전략을 세우는 방법을 배워보겠습니다. AI로 더 쉽고 빠르게 하는 마케팅과 홍보, 지금부터 시작해볼까요?

💬 이 그림은 챗GPT에게 "토끼가 AI 도구를 활용해 카드뉴스 마케팅 콘텐츠를 제작하는 장면을 지브리 스타일로 그려줘"라고 요청하여 생성되었습니다.

Chapter 10

독립서점 마케팅을 위한 AI 활용

독립서점을 운영하는 것은 책을 사랑하는 마음만으로는 쉽지 않은 도전입니다. 특히 마케팅과 홍보는 많은 시간과 노력을 필요로 하지만, 1인 서점 운영자나 소규모 시점에게는 큰 부담이 될 수 있습니다. 좋은 책과 독특한 큐레이션이 있어도 이를 알릴 수 없다면 고객과의 만남은 쉽지 않겠죠. 하지만 이제는 AI가 이러한 부담을 줄여줄 수 있습니다. 이번 챕터에서는 AI를 활용해 독립서점의 매력을 효과적으로 알릴 수 있는 마케팅 콘텐츠를 제작하고, 적은 예산으로도 효율적인 광고 전략을 세우는 방법을 배워보겠습니다. 카드뉴스 제작, 광고 문구 작성, 소셜미디어 운영, 영상 제작 등 다양한 마케팅 작업을 AI를 활용해 빠르고 쉽게 할 수 있습니다. 자, 이제 AI와 함께 마케팅 전문가처럼 독립서점을 알려볼까요?

- 챗GPT : 맞춤형 홍보 문구 생성, 카드뉴스 기획, 카피라이팅, 콘텐츠 기획, 스크립트 작성 도구

- 미리캔버스 : AI 기반 디자인 제작 도구

- 브루: AI 기반 영상 자막 생성, 자동 편집 도구

- 달리 : AI 기반 이미지 생성 도구

- 목커 : 제품 목업(Mockup) 제작 도구

챗GPT로 홍보 문구 작성하기

홍보 문구는 독립서점의 매력을 한눈에 전달하며 고객이 방문하고 싶게 만드는 중요한 요소입니다. 하지만 매번 새로운 문구를 창의적이고 진정성 있게 작성하는 일은 쉽지 않죠. 이번 실습에서는 챗 GPT를 활용해 독립서점만의 개성과 철학을 담은 맞춤형 홍보 문구를 작성하는 방법을 살펴보겠습니다. 챗GPT는 간단한 입력만으로도 다양한 톤과 스타일의 문구를 빠르게 생성할 수 있어 마케팅에 큰 도움이 됩니다. 이번 실습에서는 서점 소개 글, SNS 게시글, 이벤트 홍보 문구를 챗GPT로 작성하고 필요에 따라 수정·보완하는 방법까지 함께 익혀보겠습니다.

01 독립서점 마케팅을 위한 홍보 문구 작성을 위해 먼저 독립서점 고객층의 연령대와 주요 관심사를 분석해보겠습니다. 챗GPT에게 다음과 같이 요청합니다.

독립서점을 찾는 주요 고객층의 연령대와 관심사를 분석해줘. 최신 트렌드와 독립서점 이용자 통계도 함께 알려줘.

독립서점은 대형 서점과는 차별화된 개성과 취향을 반영한 공간으로, 다양한 연령층의 관심을 받고 있습니다.

주요 고객층의 연령대 및 관심사

- **20~30대** : 독립서점 이용자의 약 79%를 차지하며, 특히 20대의 비율이 전체의 절반 이상을 차지합니다. 이들은 독특한 경험과 개성을 중시하며, 독립서점에서 다양한 문화 활동과 커뮤니티 참여를 추구합니다.

  shinhancard.com

- **40~50대** : 중장년층의 방문도 증가하고 있으며, 이들은 독립서점에서 아늑하고 문화적인 분위기를 즐기며, 다양한 문화적 가치를 경험하고자 합니다.

  trendmonitor.co.kr

독립서점 이용자 통계 및 최신 트렌드

- **독립서점 수 증가** : 2023년 기준 전국에 884곳의 독립서점이 운영 중이며, 이는 전년 대비 69곳(8.5%) 증가한 수치입니다. 특히 울산(40%), 충남(29.4%), 경북(26.9%) 등 비수도권 지역에서의 증가율이 두드러집니다.

  blog.bookshopmap.com

- **SNS와 문화 프로그램 활용** : 독립서점의 약 68.3%가 인스타그램 계정을 운영하며, 이를 통해 서점 소식, 이벤트, 책 추천 등을 공유하여 고객과 활발히 소통하고 있습니다. 또한, 저자 강연, 독서 모임, 필사 모임 등 다양한 프로그램을 통해 지역 사회의 문화 교류의 장으로 기능하고 있습니다.

dongneseojeom.com

• ...생략...

이처럼 독립서점은 다양한 연령층의 고객들이 자신의 취향과 관심사를 공유하고, 지역 문화와 소통하는 공간으로서의 역할을 강화하고 있습니다.

분석 결과를 보니 20~30대가 독립서점을 가장 많이 이용하는 것으로 나타났네요. 특히 20대 이용자들은 개성 있는 경험과 문화적 활동을 중요하게 생각하며 SNS를 통해 서점과 활발히 소통하고 있습니다. 중장년층의 방문도 늘고 있지만 이번 마케팅에서는 20~30대 고객층을 주 타겟으로 삼는 것이 효과적일 것 같습니다. 이제 이 분석을 바탕으로 20~30대가 공감할 수 있는 효과적인 홍보 문구를 만들어보겠습니다.

02 분석된 타겟층에 맞는 홍보 전략을 세워보겠습니다. 챗GPT에게 20~30대 독립서점 이용자들을 효과적으로 사로잡을 홍보 전략을 제안해달라고 하겠습니다.

👤💬

20~30대 독립서점 고객층을 위한 홍보 전략을 제안해줘. SNS 활용 방안, 서점 소개 글, 이벤트 홍보 아이디어까지 포함해줘.

🤖💬

20~30대 독립서점 고객층을 위한 홍보 전략 제안입니다.

1. SNS 활용 방안

• **인스타그램 릴스와 스토리 적극 활용** : 짧은 영상으로 '오늘의 추천 책', '책방 일상', '신간 입고 과정' 등을 보여주어 친근감을 형성한다. 스토리에서는 '질문하기' 기능을 사용해 "요즘 읽고 있는 책은?" 같은 질문으로 팔로워와 소통한다.

• **해시태그 전략** : #독립서점 #책덕후 #감성책방 #책방투어 #책추천 등 20~30대가 자주 검색하는 해시태그를 분석해 게시글마다 추가한다.

• **UGC(사용자 제작 콘텐츠) 이벤트** : "우리 책방에서 찍은 사진을 공유해 주세요!" 이벤트를 열어 고객들이 독립서점 방문 인증샷을 공유하게 유도한다. 선정된 콘텐츠는 서점 공식 계정에 리포스트해 고객과의 연결을 강화한다.

2. 서점 소개 글 작성 (챗GPT 활용)

• "안녕하세요, 감성과 이야기로 가득한 작은 공간, 'OOO 독립서점'입니다. 책이 주는 따뜻한 위로와 새로운 영감을 나누고 싶어 이곳을 열었습니다. 독특한 책 큐레이션부터 감성 가득한 공간까지, 책과 함께 '쉼'을 찾으러 오세요. 매주 새로운 책과 이벤트 소식은 인스타그램에서 확인할 수 있습니다. 여러분의 일상에 작은 설렘이 되길 바라며, 언제든 환영합니다."

3. 이벤트 홍보 아이디어

- **'책 속 한 줄' 챌린지** : "내가 가장 좋아하는 책 속 문장을 공유해 주세요!" 이벤트를 열어 참여자를 대상으로 '무료 커피 쿠폰'이나 '할인 쿠폰'을 제공한다.
- **포토존 설치 & SNS 이벤트** : 책방 내 감성적인 포토존을 설치하고, 방문객이 찍은 사진을 업로드하면 추첨을 통해 '책방 굿즈'나 '베스트셀러 1권'을 증정한다.
- ...생략...

챗GPT가 제안한 홍보 전략은 20~30대 고객층이 독립서점의 개성과 경험, 소통과 같은 가치를 중요하게 여긴다는 점을 잘 반영하고 있습니다. 특히 SNS를 통한 꾸준한 소통과 참여형 이벤트가 효과적이라는 제안은 타겟층의 관심사와 딱 맞아떨어지는 전략으로 보입니다.

03 챗GPT에게 앞의 홍보 전략을 기반으로 실제 홍보 문구를 작성하도록 요청하겠습니다. 서점 소개 글, SNS 게시글, 이벤트 홍보 문구까지 한 번에 요청하면 각 문구가 일관된 톤과 메시지를 유지할 수 있어 더 효과적입니다.

> **NOTE** 독립서점 이름으로 정한 '띵북스(ThinkBooks)'는 MZ세대가 자주 쓰는 '띵작', '띵언'처럼 센스 있고 유쾌한 느낌을 담아 20대가 좋아할 감각적이고 트렌디한 이름으로 챗GPT가 지어줬으며, '생각할 거리를 주는 책'이라는 의미를 담고 있습니다.

👤💬

20~30대 고객층을 대상으로 독립서점 '띵북스'을 소개하는 글, SNS 게시글, 그리고 '띵북스 북토크' 이벤트 홍보 문구를 각각 작성해줘. 서점의 개성과 경험, 독립서점만의 매력을 강조해줘.

🤖💬

1. 띵북스 서점 소개 글

"안녕하세요, 당신의 일상에 작은 영감을 더하는 독립서점 '띵북스'입니다. 우리는 책 한 권, 한 권이 가진 이야기와 개성을 사랑하며, 취향 있는 독자들을 위해 특별한 큐레이션을 제공합니다. ...생략...

2. 띵북스 SNS 게시글 (인스타그램용)

- **책이 주는 작은 행복, 여긴 '띵북스'**
  "취향을 아는 독립서점, 띵북스에 오신 걸 환영합니다! 오늘의 추천 책부터 숨은 보석 같은 도서까지, 당신만의 이야기를 찾아가 보세요. 책장 사이사이, 향기로운 커피 한 잔과 함께 머물다 가셔도 좋아요. 우리만의 작은 우주, 띵북스에서 만나요!
- DM으로 예약, 문의 가능
- 운영시간: 11:00 ~ 20:00 (월요일 휴무)

- 서울시 마포구 ○○로 123

\#띵북스 \#독립서점 \#책방투어 \#감성서점 \#오늘의책"

3. '띵북스 북토크' 이벤트 홍보 문구

- 띵북스 북토크: 책을 좋아하는 우리가 만나는 시간

"📖 책 한 권, 그리고 이야기 한 조각. 띵북스가 준비한 특별한 북토크에서 함께해요!

이번 달의 책: '○○○○' – 저자 ○○○와 함께 책 속 이야기를 나누고, 독자들과 생각을 공유하는 시간!

- 일시: 2025년 3월 15일(토) 오후 2시
- 장소: 띵북스 2층 라운지
- 참가신청: 프로필 링크 클릭! (선착순 20명)

책과 사람, 그리고 당신의 이야기가 만나 하나가 되는 곳. 띵북스에서 기다릴게요!

\#띵북스 \#북토크 \#독립서점이벤트 \#책읽는시간 \#20대30대모여라"

자, 이제 챗GPT가 제안한 3가지 버전의 홍보 문구가 완성되었습니다. 띵북스의 대략적인 홍보 콘셉트가 어느 정도 잡히셨나요? 이어서 카드뉴스, SNS 홍보 영상, 게시물 등도 제작할 예정입니다. 각 마케팅 자료의 템플릿을 선택한 후 문구를 다듬고 최적화하는 과정도 함께 진행해보겠습니다.

미친활용37 미리캔버스 AI로 카드뉴스 제작하기

카드뉴스는 독립서점의 매력을 시각적으로 전달할 수 있는 강력한 마케팅 도구입니다. 간결한 글과 이미지로 독자들의 시선을 사로잡고, SNS에서 빠르게 공유될 수 있죠. 이번 실습에서는 미리캔버스를 활용해 디자인 경험이 없어도 쉽고 빠르게 카드뉴스를 제작하는 과정을 진행하겠습니다. 미리캔버스는 초보자도 손쉽게 다양한 디자인을 제작할 수 있는 AI 기반의 무료 디자인 도구입니다. 제공되는 템플릿과 AI 기능을 활용하면 복잡한 작업 없이도 빠르고 감각적인 마케팅 콘텐츠를 완성할 수 있습니다. 독립서점의 홍보를 위해 카드뉴스를 어떻게 제작하고 활용할지 지금부터 차근차근 실습해보겠습니다.

01 먼저, 미리캔버스 www.miricanvas.com에 접속한 후 로그인합니다. 구글 계정이 있다면 화면 오른쪽 상단의 [로그인] 버튼을 눌러 간편하게 로그인할 수 있습니다.

> **NOTE** 구글 계정이 없다면 카카오톡이나 네이버 계정으로도 로그인할 수 있습니다.

로그인이 완료되면 대시보드 화면이 보입니다. 여기서 [새 디자인 만들기] 버튼을 눌러 새로운 작업을 시작합니다.

02 먼저 작업할 콘텐츠의 크기를 설정해야 합니다. 미리캔버스는 카드뉴스, 포스터, 유튜브 썸네일 등에 맞는 다양한 사이즈를 제공합니다. 이번 실습에서는 카드뉴스 사이즈(1080×1080px)를 선택하겠습니다. 왼쪽 상단의 전체 메뉴 아이콘☰을 누른 다음 사이즈 영역을 눌러 나오는 창에서 [카드뉴스]를 선택합니다.

03 카드뉴스 사이즈를 선택하면 콘텐츠 작업을 할 수 있는 화면이 나타납니다. 화면 왼쪽에는 여러 기능과 도구가 있는 메뉴바가, 중앙에는 실제 작업을 진행할 캔버스가 보입니다. 캔버스는 콘텐츠를 디자인하는 공간으로, 선택한 템플릿이나 직접 추가한 요소들이 표시되는 곳입니다. 왼쪽 메뉴 중 [템플릿]을 클릭하면 밑으로 다양한 카드뉴스 템플릿이 제공됩니다. 디자인 경험이 부족하더라도 이 템플릿을 활용하면 손쉽게 퀄리티 있는 콘텐츠를 제작할 수 있습니다.

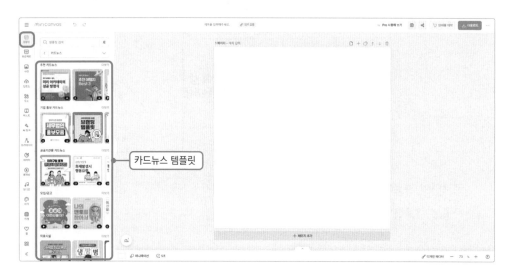

이제 서점 홍보를 위한 카드뉴스 템플릿을 찾아보겠습니다. 검색창에 '북카페'를 입력합니다. 검색 결과로 북카페 관련 콘텐츠 제작에 사용할 수 있는 템플릿이 여러 개 나오지만 생각보다 많지 않네요.

이럴 땐 검색어를 바꿔보는 것도 좋은 방법입니다. 이번에는 '서점'으로 검색해보겠습니다. 서점 관련 템플릿이 훨씬 다양하게 보이네요. 독립서점인 만큼 빈티지하고 따뜻한 느낌을 주는 템플릿이 잘 어울릴 것 같습니다. 빈티지한 느낌을 주는 이미지의 템플릿이 눈에 띕니다. 이것을 선택해보겠습니다.

> **NOTE** 템플릿 오른쪽 하단에 왕관 아이콘이 표시된 콘텐츠는 유료 회원(Pro) 전용 자료입니다. 다만 한 달간 무료 체험이 가능하니 먼저 사용해본 후 필요에 따라 구독 여부를 결정해도 좋습니다.

템플릿을 클릭하면 캔버스가 해당 템플릿으로 변경됩니다. 왼쪽 메뉴의 '비슷한 템플릿' 기능도 유용합니다. 선택한 템플릿과 유사한 디자인들이 추천되어 더 다양한 선택지를 살펴볼 수 있습니다. 한 번 선택했다고 끝이 아니라 다른 템플릿을 여러 가지로 적용해보며 최적의 디자인을 찾는 과정이 필요합니다.

04 이제 AI를 활용해 독립서점 마케팅에 활용할 이미지를 직접 생성해보겠습니다. 생성형 AI를 사용하면 원하는 분위기와 컨셉을 시각적으로 표현할 수 있어 서점의 개성과 철학을 담은 마케팅 자료를 손쉽게 제작할 수 있습니다. 왼쪽 메뉴바에서 [AI 도구]를 클릭하면 오른쪽 화면에 AI로 할 수 있는 다양한 작업 목록이 보입니다. 여기서 [AI 드로잉]을 선택하겠습니다. 이는 사용자가 입력한 텍스트를 바탕으로 AI가 이미지를 생성해주는 기능입니다.

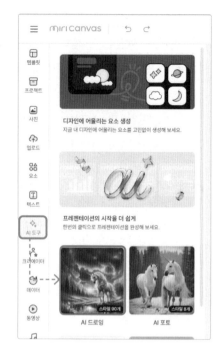

다음은 이미지의 스타일을 설정할 차례입니다. [없음] 버튼을 누르면 여러 가지 스타일 옵션이 표시됩니다. 각 스타일마다 완성된 이미지의 느낌이 달라지므로 작업에 맞는 스타일을 선택하는 것이 중요합니다.

여기서는 [하이퀄리티 → 초고해상도 프리미엄]을 선택하겠습니다. 원하는 옵션에 마우스를 올려두면 사용되는 생성형 AI 모델의 정보와 추천 타입, 스타일 특성 등이 설명되어 있는 창이 오른쪽에 뜹니다. 이 설명을 참고하면 여러분이 원하는 이미지가 어떤 느낌으로 완성될지 미리 예측할 수 있겠죠?

이제 가장 중요한 이미지 프롬프트를 입력할 차례입니다. AI는 입력된 설명을 기반으로 이미지를 생성하므로 원하는 이미지의 요소를 구체적으로 적을수록 더 만족스러운 결과를 얻을 수 있습니다. 다만 글자 수 제한이 있으니 그 안에서 핵심 요소들을 잘 담아야 합니다. 독립서점 이미지 생성을 요청하기 위한 프롬프트를 다음과 같이 입력하고, 화면 하단의 [생성] 버튼을 클릭합니다.

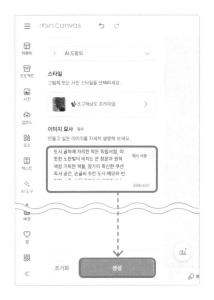

👤💬

도시 골목에 자리한 작은 독립서점, 따뜻한 노란빛이 비치는 큰 창문과 원목 책장 가득한 책들, 창가의 푹신한 쿠션 독서 공간, 손글씨 추천 도서 메모와 빈티지 소품, 식물 화분으로 꾸며진 아늑한 분위기, 테이블 위 커피잔과 펼쳐진 책, 20대 사람들이 독서와 대화를 즐기는 모습, 자전거가 놓인 입구, 포근한 색감과 부드러운 오후 햇살, 감성적이고 따뜻한 독립서점 풍경

잠시 기다리면 AI가 그려주는 이미지가 완성됩니다. 생성된 이미지가 마음에 들지 않거나 다른 스타일을 시도해보고 싶다면 [다시 생성] 버튼을 눌러 더 다양한 이미지를 만들 수 있습니다. 이미지 위에 마우스 커서를 올리면 [이미지 캔버스에 추가]라는 메시지가 뜹니다. 이를 클릭하면 선택한 이미지가 캔버스에 자동으로 삽입됩니다.

> **NOTE** 미리캔버스는 이미지 생성을 요청할 때마다 2개의 이미지를 만들어주며 90 크레딧을 차감합니다. 참고로 미리캔버스는 하루에 200 크레딧을 무료로 제공하니 여러 번 시도해도 괜찮습니다.

05 이제 카드뉴스의 핵심인 텍스트를 추가하고 AI 기능을 활용해 홍보 문구를 다듬어 보겠습니다. 텍스트는 독자가 가장 먼저 시선을 두는 요소이자 서점의 개성과 메시지를 전달하는 중요한 부분입니다. 캔버스에 있는 텍스트 상자에 마우스 커서를 갖다 대고 더블클릭하면 텍스트를 수정할 수 있는 창이 활성화됩니다. 먼저 독립서점의 이름인 '띵북스'를 입력합니다.

이제 서점 소개 홍보 문구를 입력할 차례입니다. ❶ 왼쪽 메뉴바에서 [텍스트]를 선택합니다. 텍스트 메뉴 안에 [스타일], [폰트], [특수문자] 등의 옵션이 보이네요. ❷ [폰트] 탭을 눌러 독립서점 홍보 문구에 어울리는 폰트를 찾아보겠습니다. ❸ 여기서는 감성적이면서도 따뜻한 느낌을 주는 [교보 손글씨 2019] 폰트를 선택하겠습니다. ❹ 폰트를 선택하면 캔버스 위에 선택한 폰트를 수정할 수 있는 텍스트 상자가 활성화됩니다. 보통 상단은 제목용, 하단은 본문용 글씨체로 구성되어 있습니다. 이번 작업에서는 제목용 글씨체만 사용할 것이므로 하단의 본문용 텍스트 상자는 삭제합니다.

> **NOTE** 폰트를 고르는 과정에서 고민이 많겠지만 너무 망설이지 마세요. 선택 후 언제든지 다시 변경할 수 있으니까요.

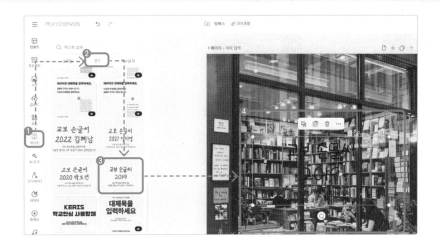

06 마음에 드는 폰트를 선택했다면 이제 준비해 둔 띵북스 소개 홍보 문구를 텍스트 상자 안에 붙여 넣어보겠습니다. 이때 영역에 비해 텍스트가 너무 길어보인다면 글자 크기를 조정해보세요. 왼쪽 메뉴에서 [글자 크기]를 선택해 텍스트가 상자 안에 들어가도록 조절합니다.

> **NOTE** 이 내용은 이미 **미친 활용 36** 챗GPT로 홍보 문구 작성하기에서 챗GPT로 작성해두었습니다.

07 텍스트 상자 안에 문구를 입력하면 자동으로 [AI 라이팅] 버튼이 활성화됩니다. [요약하기]와 [다시 쓰기] 옵션을 함께 활용하면, 긴 문장을 핵심만 담은 자연스럽고 매력적인 문구로 바꿔줍니다. AI가 제안한 문구가 만족스럽지 않다면 직접 텍스트 상자에서 수정하며 다듬으면 됩니다.

08 이제 모든 작업이 끝났습니다! 완성된 띵북스 카드뉴스를 저장해보겠습니다. 화면 오른쪽 상단의 [다운로드] 버튼을 클릭하면 나타나는 창에서 다양한 파일 형식 중 [PNG]를 선택합니다. PNG는 이미지 품질이 좋아 카드뉴스에 적합합니다.

09 파일 형식 선택 후 [고해상도 다운로드] 버튼을 눌러 저장하면 카드뉴스 제작이 완료됩니다.

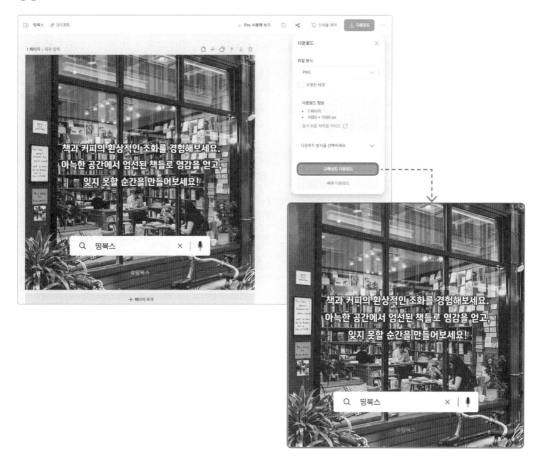

이번 실습에서는 미리캔버스의 템플릿과 AI 기능을 활용해 독립서점 '띵북스'의 개성과 철학을 담은 카드뉴스를 제작해보았습니다. AI 드로잉으로 독립서점의 분위기에 맞는 이미지를 생성하고, 다양한 폰트와 AI 라이팅 기능을 활용해 홍보 문구를 다듬어 보니 복잡하고 시간이 많이 걸리던 디자인 작업을 훨씬 쉽고 빠르게 할 수 있었습니다. 이처럼 카드뉴스는 독립서점뿐만 아니라 카페, 플리마켓, 전시회, 브랜드 홍보 등 다양한 분야에서도 필수적인 마케팅 요소입니다. 여러분도 AI 도구를 적극적으로 활용해 나만의 브랜드를 효과적으로 홍보해보세요.

7000%노하우 원하는 이미지를 삽입하고 업로드하는 방법이 있나요?

미리캔버스로 카드뉴스를 만들 때는 원하는 이미지를 삽입할 수도 있습니다. 이미지 검색과 직접 업로드 기능을 사용하면 됩니다. 먼저 이미지 검색 방법입니다. 왼쪽 메뉴바의 [사진]을 클릭한 후 원하는 키워드를 입력하면 다양한 무료 이미지를 제공합니다. 예를 들어 검색창에 '책방'을 입력한 후 원하는 사진을 클릭하면 비슷한 사진을 검색한 결과가 나옵니다. 원하는 이미지를 찾은 후 클릭하면 캔버스에 바로 삽입됩니다.

이미지 파일을 직접 업로드하고 싶다면 왼쪽 메뉴바에서 [업로드] 버튼을 눌러 내 PC나 스마트폰의 이미지 파일을 불러오면 됩니다. 삽입한 이미지는 크기와 위치를 자유롭게 조정할 수 있어 원하는 대로 디자인할 수 있습니다.

AI로 이미지를 생성하든, 제공되는 사진을 사용하든, 직접 촬영한 사진을 올리든 이미지는 자신이 원하는 대로 자유롭게 선택할 수 있습니다. 나만의 카드뉴스를 훨씬 더 자유롭고 창의적으로 제작해보세요.

미친 활용 38 브루로 서점 홍보 쇼츠 영상 만들기

이번에는 브루Vrew를 활용해 독립서점 '띵북스'의 쇼츠 홍보 영상을 제작해보겠습니다. AI 자막 생성 기능을 활용해 영상을 효과적으로 전달하는 방법을 익히고, 자막 스타일을 조정해 더 깔끔한 영상으로 완성할 것입니다. 이 과정을 마치면 영상 편집 경험이 없어도 손쉽게 쇼츠 영상을 제작하여 SNS 홍보에 활용하는 마케팅 실전 감각을 익힐 수 있을 것입니다. 자, 그럼 본격적으로 시작해볼까요?

01 브루를 사용하려면 먼저 브루 스튜디오를 설치해야 합니다. 브루는 웹 기반이 아니라 PC에 설치해서 사용하는 프로그램입니다. 브루 공식 홈페이지 vrew.ai/ko에 접속한 후 메인 화면에서 [무료 다운로드] 버튼을 클릭합니다.

다운로드한 설치 파일을 실행하여 브루 스튜디오를 PC에 설치합니다. 설치 과정은 간단하며 몇 분 정도 소요됩니다. 설치가 완료되면 브루 스튜디오를 실행합니다. 처음 실행하면 사용 매뉴얼이 화면에 나타나는데, 브루의 주요 기능을 설명해주는 내용이니 대략적으로 한 번 훑어보는 것이 좋습니다.

02 본격적으로 작업을 시작하기 위해 화면 왼쪽 상단의 [새로 만들기] 버튼을 클릭합니다. 로그인 화면이 나타나면 구글 계정으로 로그인하여 브루를 사용할 준비를 마칩니다.

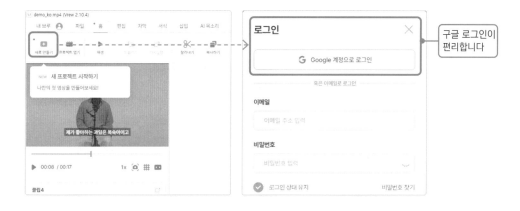

03 브루를 사용할 작업 환경 준비가 완료되으니 본격적으로 띵북스 서점 소개 홍보 쇼츠 영상을 만들기 위한 비디오 설정을 진행해보겠습니다. '새로 만들기' 창이 열리면 [텍스트로 비디오 만들기]를 선택합니다. 이 기능을 사용하면 텍스트 입력만으로도 AI가 자동으로 영상과 자막을 생성해주므로 작업 시간을 크게 단축할 수 있습니다.

04 먼저 '1 화면 비율 정하기'를 진행해봅시다. 쇼츠 영상은 세로형(9:16) 비율로 제작해야 합니다. 브루에서는 간단하게 화면 비율을 설정할 수 있습니다. [화면 비율] 옵션에서 [쇼츠 9:16]를 선택하면 오른쪽 미리 보기 화면에서 선택한 비율의 예시를 확인할 수 있습니다. 이때 자막 길이와 자막 위치도 조정하여 텍스트 가독성을 높여줍니다. 자동 애니메이션 옵션에도 체크해 AI가 추천하는 애니메이션 스타일을 적용해봅니다. 설정을 마쳤다면 [다음]을 눌러 다음 단계로 이동합니다.

05 그런 다음 '2 비디오 스타일 선택'에서 비디오의 전체적인 스타일을 정하겠습니다. 기존에 제공되는 템플릿을 사용할 수도 있지만 우리는 띵북스 서점의 컨셉을 반영한 독창적인 영상을 만들 것이므로 [나만의 비디오 스타일]을 선택합니다.

06 서점 홍보영상이므로 영상 스타일을 더욱 구체적으로 설정해야 합니다. [이름짓기] 단계에서 비디오 스타일 이름은 '쇼츠 영상', 비디오 스타일 설명은 '독립서점 홍보 영상'이라고 입력합니다. **입력된 설명을 기반으로 AI가 영상의 스타일을 구성하므로 정확하고 간결하게 입력하는 것이 중요합니다.** 이름짓기 설정을 마쳤다면 [다음]을 클릭하여 다음 단계로 이동합니다.

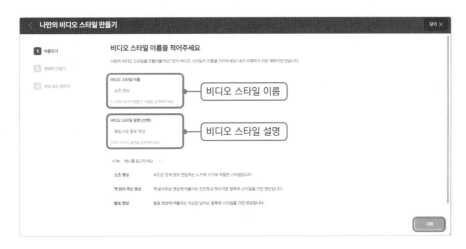

07 '명령어 만들기' 단계에서는 AI에게 대본 생성을 요청하기 위한 주제와 예시 대본을 입력하는 과정을 진행합니다. AI가 자동으로 대본을 생성해줄 수 있도록 적절한 프롬프트를 입력해야 합니다. 여기서는 다음과 같이 프롬프트를 입력한 후 [테스트하기] 버튼을 눌러 AI가 대본을 어떻게 생성하는지 확인합니다.

> **NOTE** 이 프롬프트는 **미친 활용 36** 챗GPT로 홍보 문구 작성하기를 토대로 구성했습니다.

'띵북스' 독립서점을 소개하는 쇼츠 영상 대본을 만들어줘. 영상은 따뜻하고 감성적인 톤으로, 띵북스의 아늑한 분위기와 개성 있는 책 큐레이션을 강조해. '이 골목 끝 작은 서점, 띵북스에서 취향을 만나보세요!' 같은 감성적인 멘트를 포함하고, 20~30대가 공감할 수 있는 말투로 작성해. 길이는 300자 이내로 짧고 임팩트 있게 작성해줘.

이어서 글의 주제를 알려달라는 창이 나타납니다. '서점 소개'라고 입력하면 AI가 자동으로 생성한 대본이 화면에 나타납니다. 생성된 대본을 살펴보니 꽤 자연스럽게 작성되었네요. 하지만 우리는 초반에 설정한 '띵북스' 컨셉을 유지하며 영상의 톤과 분위기를 조정해야 합니다. 따라서 오른쪽 '예시 대본' 창에 **미친 활용 36** 챗GPT로 홍보 문구 작성하기에서 만든 대본을 입력해 AI가 참고할 수 있도록 도와줍니다. 예시 대본을 추가한 후 [다시 생성하기] 버튼을 클릭합니다. 이번에는 띵북스의 감성적이고 따뜻한 분위기가 반영된 대본이 완성되었습니다. 설정이 만족스럽다면 [다음]을 눌러 다음 단계로 진행합니다.

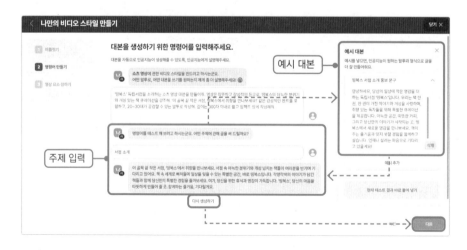

08 '영상 요소 정하기' 단계에서는 AI가 읽어줄 음성을 설정합니다. 화면에서 [AI 목소리 → 변경] 버튼을 클릭합니다.

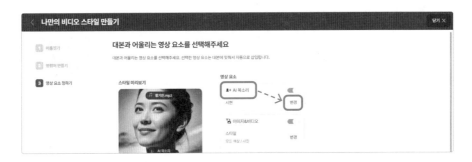

09 새로운 창이 뜨면 왼쪽 설정 영역에서 [한국어], [여성], [청년]으로 설정합니다. 이를 적용하면 총 4명의 AI 목소리 옵션이 오른쪽에 나타납니다. 띵북스는 따뜻한 감성을 지닌 20~30대를 타 겟으로 하기 때문에 '시현'의 목소리가 컨셉과 가장 잘 맞을 것 같습니다. 하단에 있는 [헤드폰] 아이콘을 클릭해 '시현'의 목소리를 직접 들어봅니다. 목소리가 영상 분위기와 잘 어울린다면 [확인] 버튼을 눌러 설정을 완료합니다.

10 이어서 영상에 사용될 이미지 및 비디오 스타일을 설정합시다. 화면에서 [이미지&비디오 → 변 경] 버튼을 클릭하면 다양한 영상 스타일이 오른쪽에 나타납니다. 띵북스의 브랜드 아이덴티티

를 반영하기 위해 색상 톤은 [노란색], 스타일은 [사진]을 선택하겠습니다. 설정을 적용하면 왼쪽 스타일 미리 보기 화면에서 변경된 스타일을 확인할 수 있습니다.

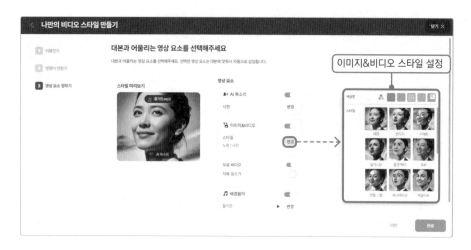

우리는 브루에서 제공하는 무료 비디오 클립을 활용하여 영상을 제작할 예정입니다. 따라서 [무료 비디오] 항목을 활성화하고 자동 음소거 옵션을 선택합니다. 우리는 AI 음성이 추가된 대본을 사용할 것이기 때문에 비디오에서 나오는 원래의 음성을 제거해야 영상의 일관성을 유지할 수 있습니다.

11 마지막으로 배경음악을 설정합니다. 화면에서 [배경음악 → 변경] 버튼을 클릭하면 다양한 음악 장르가 나타납니다. 띵북스의 브랜드 이미지와 어울리는 음악 스타일로 [감성적인] 카테고리를 선택하겠습니다. [▶] 버튼을 누르면 미리 들어볼 수 있습니다. 음악 선택까지 모두 완료되면 오른쪽 하단에 있는 [완료] 버튼을 눌러 나만의 비디오 스타일 설정을 마칩니다.

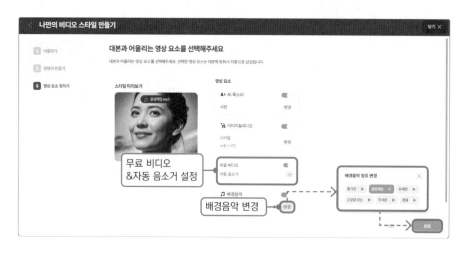

12 '3 영상 만들기'에서는 본격적으로 쇼츠 영상의 대본을 작성합니다. AI가 제공하는 주제 추천 기능을 활용하면 쉽게 작성할 수 있습니다. 주제를 어떻게 써야 할지 막막하다면 입력창 하단에 있는 추천 주제 목록에서 적절한 주제를 선택할 수 있습니다. 마음에 드는 주제가 나올 때까지 오른쪽에 있는 [새로고침] 버튼을 눌러 AI가 제안하는 다양한 주제를 확인해보세요. 여기서는 AI가 추천한 주제 중 [작고 소중한 나만의 카페, '달빛 카페' 소개]를 선택한 후 입력창에 표시된 '달빛 카페'를 '띵북스 서점'으로 변경합니다. 이렇게 하면 주제명은 그대로 활용하면서도 우리의 서점 컨셉에 맞게 조정할 수 있습니다. 주제를 정하면 검색창 오른쪽에 있는 [AI 글쓰기] 버튼을 클릭합니다.

AI가 선택한 주제를 바탕으로 대본을 자동으로 작성하기 시작합니다. 몇 초 후 완성된 대본이 화면에 나타납니다.

생성된 대본을 살펴보니 띵북스의 감성적인 분위기를 반영하여 서점의 특징을 강조한 홍보 문구가 아주 잘 작성되었습니다. AI가 컨셉을 그대로 반영했다는 점이 인상적입니다. 대본이 만족스럽다면 [완료] 버튼을 클릭하여 다음 단계로 진행합니다.

이제 영상이 완성될 때까지 잠시 기다리면 됩니다! AI가 작성한 대본을 기반으로 비디오 클립과 자막을 조합하여 쇼츠 영상을 자동으로 생성합니다.

13 이제 영상 제작의 마지막 단계인 자막 편집과 비디오 편집을 진행할 차례입니다. 브루는 직관적인 인터페이스 덕분에 초보자도 쉽게 편집할 수 있도록 설계되어 있습니다. 편집 화면은 크게 세 가지 영역으로 구성되어 있습니다. 왼쪽에는 미리 보기 화면, 상단 메뉴바에는 폰트, 글자 크기, 색상 등 자막 스타일을 설정할 수 있는 도구, 중앙에는 편집 화면이 있어 비디오 클립과 자막을 조정할 수 있습니다.

왼쪽의 미리 보기 화면을 통해 영상을 한 번 재생하면서 전체적인 흐름을 확인합니다. 자막의 스타일을 조정하려면 화면 상단에 위치한 폰트, 글자 크기, 색상 등을 설정할 수 있는 메뉴를 활용합니다. 여기서는 자막의 가독성을 높이기 위해 폰트를 [나눔스퀘어 라운드 Bold]로 설정하겠습니다.

더 세부적으로 자막을 조정하고 싶다면 [서식] 메뉴로 이동하여 자막의 줄바꿈, 정렬, 크기 등을 조정합니다.

브루는 초보자도 쉽게 편집할 수 있도록 직관적인 기능을 제공하는데, 미리 보기 화면의 텍스트 창을 클릭하면 현 상태에서 자막을 바로 수정할 수도 있습니다. 여기서는 영상 자막의 가독성을 높이기 위해 줄바꿈을 조정하겠습니다. 미리 보기 화면을 보면서 적절한 위치에서 줄바꿈을 추가하면 더욱 자연스럽고 읽기 편한 자막을 만들 수 있습니다.

미리 보기 화면에서 수정한 자막의 정렬이 중앙의 편집 화면에도 즉시 반영되는지 확인합니다. 영상의 흐름을 방해하지 않도록 적절한 위치에 자막이 배치되었는지 체크하고, 필요하다면 추가적으로 조정합니다.

14 이제 모든 편집 작업이 완료되었습니다. 완성된 영상을 저장하고 SNS에 업로드할 수 있도록 내보냅시다. 영상 파일을 다운로드하려면 오른쪽 상단에 있는 [내보내기] 버튼을 클릭합니다. 다운로드 가능한 다양한 형식이 표시되는데, 여기서는 일반적으로 활용하기 좋은 [영상 파일(mp4)]을 선택하겠습니다.

15 영상을 내보낼 때에는 몇 가지 설정을 확인해야 합니다. 대상 클립은 [모든 씬, 모든 클립]을, [해상도]는 기본적으로 제공되는 해상도를 선택합니다. 쇼츠 영상은 1080×1920 해상도가 가장 적절합니다. 개선된 내보내기 사용을 체크하여 모든 설정을 완료하면 [내보내기] 버튼을 눌러 영상을 PC에 다운로드합니다.

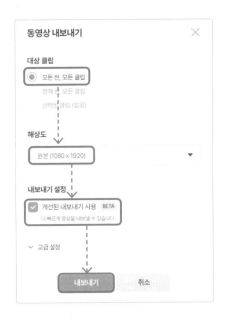

다운로드가 완료되면 파일을 열어 영상이 정상적으로 저장되었는지 확인합니다.

이번 실습에서는 브루를 활용해 쇼츠 영상 제작 과정을 단계별로 진행해보았습니다. AI가 자동으로 대본을 작성하고, 스타일 설정과 자막, 음성까지 조합해 손쉽게 완성된 영상을 만들 수 있었습니다. 브루는 텍스트 입력만으로도 쉽고 빠르게 영상을 제작할 수 있어 영상 편집 초보자도 부담 없이 활용할 수 있는 도구입니다. 특히 자동 콘텐츠 생성과 직관적인 UI 덕분에 다른 어떤 도구보다 간단하게 사용할 수 있다는 점이 인상적입니다. 짧고 강렬한 영상 콘텐츠는 독자의 관심을 끌고 브랜드 이미지를 강화하는 데 도움이 됩니다.

목커로 SNS용 굿즈 홍보 콘텐츠 제작하기

이번에는 목커Mokker를 활용해 SNS에서 활용할 고퀄리티 굿즈 홍보 이미지를 간편하게 제작하는 방법을 배워보겠습니다. 목커는 AI를 기반으로 다양한 제품에 맞춘 가상 홍보 이미지를 자동으로 생성해주는 무료 도구로, 전문적인 디자인 경험이 없어도 누구나 손쉽게 활용할 수 있습니다. 이제 '띵북스'의 굿즈를 홍보할 매력적인 콘텐츠를 직접 만들어보겠습니다.

01 먼저 챗GPT에게 독립서점 '띵북스'에서 출시할 만한 굿즈 아이디어를 물어보겠습니다. 다음과 같이 프롬프트를 입력합니다.

> 독립서점 '띵북스'에서 출시하면 좋을 굿즈 아이디어를 추천해줘. 트렌디하고 감성적인 제품이었으면 좋겠어. 5가지 정도 제안해줘.

독립서점 '띵북스'의 감성과 브랜드 아이덴티티를 반영한 트렌디하고 감성적인 굿즈 아이디어를 제안한다. 서점에서만 경험할 수 있는 특별한 감성을 담아, 독자들이 소장하고 싶고 일상에서 자주 사용할 수 있는 아이템들로 선정했다.

1. 북퍼퓸(Book Perfume) – '띵북스' 감성을 담은 향수

책을 읽을 때마다 떠오르는 따뜻한 감성을 향으로 담은 북퍼퓸. 서점과 독서 공간에 어울리는 잔잔한 우디향, 부드러운 머스크, 종이 냄새를 닮은 바닐라 계열의 향을 조합해 특별한 독서 경험을 선사하는 제품.

- 미니멀한 유리병 디자인과 '띵북스' 로고 각인
- 책갈피에 뿌리거나 공간 디퓨저로 활용 가능
- 특정 책과 매칭된 향 추천 (예: 클래식 문학에는 시더우드, 여행 에세이에는 프레시 시트러스)

2. 무드노트(Mood Note) – 하루의 감성을 기록하는 독서 노트

단순한 독서 노트가 아닌, 책을 읽고 느낀 감정을 기록할 수 있는 '무드노트'. 페이지마다 책을 읽을 때의 기분을 한 단어로 남길 수 있는 공간과 책의 한 줄을 직접 필사하는 섹션이 있어 감성적인 독서 습관을 만드는 데 도움을 주는 아이템.

- 감성적인 서점 전용 노트 커버 디자인 (예: 무채색 + 금박)
- '오늘의 무드' 선택 (아이콘 스티커 제공)
- 책 속 문장 필사 공간과 '띵북스' 큐레이션 북리스트 포함

3. 북타이머(Book Timer) – 집중력을 높여주는 독서 전용 미니 타이머

포모도로 기법을 활용한 독서 집중 타이머. 15분, 30분, 60분 설정이 가능하여 짧게 몰입해서 책을 읽을 수 있도

록 돕는 아이템. 은은한 타이머 알림음과 '띵북스' 서체로 새겨진 감성적인 문구가 특징.

- 심플한 디자인과 서점 로고 새김
- LED 디스플레이로 시간 확인 가능
- "오늘도 한 페이지" 등 서점만의 슬로건 각인

...생략...

02 추천된 굿즈 중에서 '향수'를 선택하겠습니다. 단순한 서점 굿즈를 넘어 책과 함께하는 특별한 감성을 더해줄 제품이기 때문입니다. 이제 챗GPT에게 '띵북스'만의 향수 콘셉트를 구체화해달라고 요청해봅시다.

👤💬

독립서점 '띵북스'의 브랜드 아이덴티티를 담은 향수를 기획하려고 해. 이 향수의 콘셉트와 스토리를 만들어줘.

🤖💬

독립서점 '띵북스'의 브랜드 아이덴티티를 담은 향수 기획

콘셉트: "한 페이지의 향"

책을 펼칠 때 느껴지는 묵직한 종이 향, 오래된 서적이 품은 나무와 가죽의 잔향, 그리고 잔잔한 커피 한 모금의 따뜻함. '띵북스'의 향수는 책과 공간이 주는 감성을 향으로 담아, 단 한 번의 분사만으로도 서점 한편에 앉아 조용히 책을 읽는 듯한 느낌을 선사하는 향수입니다.

이 향은 단순한 향수가 아닙니다. **책을 사랑하는 사람들의 기억과 감각을 깨우는 오브제이며, 어느 공간에서도 서점의 따뜻한 분위기를 재현하는 감성적인 아이템입니다. 독립서점의 고유한 분위기를 담아, 마치 책 한 권을 읽는 듯한 감각적 경험**을 제공합니다.

스토리: "향기로 남은 문장"

어느 조용한 오후, '띵북스'의 문을 열고 들어서면 부드러운 종이 향과 함께 은은한 커피 향이 코끝을 스칩니다. 나무 선반 위에는 손때 묻은 책들이 가득하고, 창가 자리에는 오래도록 한 문장을 곱씹는 사람이 앉아 있습니다.

...생략...

책을 사랑하는 당신에게, '띵북스'의 향을 선물합니다.

향조(Fragrance Note)

서점의 감성과 조화로운 독서의 순간을 향으로 표현하기 위해, 세 가지 주요 노트를 조합했습니다.

- **Top Note (첫인상, 책을 펼치는 순간)**
  - 베르가못, 그린티, 페티그레인
  - 갓 인쇄된 신간의 싱그러운 향과 조용한 숲속에서 책을 읽는 듯한 청량한 분위기

- Heart Note (책을 읽으며 몰입하는 순간)
  - 아이리스, 시더우드, 머스크
  - 오래된 책장 속 은은한 종이 향과 따뜻한 나무 향이 감성을 자극하는 깊이 있는 향
- Base Note (책을 덮은 후의 여운)
  - 샌달우드, 바닐라, 커피
  - 책과 함께한 시간을 마무리하는 듯한 잔잔하고 부드러운 여운, 따뜻한 커피 한 모금과 같은 포근한 향

패키지 디자인 & 제품 아이덴티티

...생략...

활용 방식 & 메시지

1. "책과 함께하는 향" – 독서할 때 뿌리는 향수

책을 읽을 때 이 향을 뿌리면 독서 공간이 더욱 감성적으로 변하는 효과를 줄 수 있습니...생략...

2. "내 공간을 작은 서점처럼" – 룸 프래그런스 활용

향수를 공기 중에 가볍게 뿌리면, 마치 작은 독립서점 안에 들어온 듯한 포근한 분위기를 연출할 ...생략...

슬로건 & 마케팅 메시지

- "한 페이지의 향, 마음을 채우는 시간"
- "책을 사랑하는 당신을 위한 작은 서점의 향"
- "문장과 향기로 기억되는 공간, 띵북스"

아주 좋아. 이제 '한 페이지의 향' 콘셉트의 향수를 그려줘.

생성된 향수 이미지는 따뜻한 베이지와 브라운 톤의 유리병과 우드 캡이 조화를 이루며, 서점의 감성을 그대로 담아낸 디자인이 돋보입니다. 미니멀하면서도 고급스러운 분위기를 연출해 책을 사랑하는 사람들의 감성을 자극하네요. 이 향수 이미지의 배경을 넣어 SNS 게시용 콘텐츠를 제작하면 될 것 같습니다.

03 이제 본격적으로 목업 작업을 시작해보겠습니다. 목업 작업이란 특정 제품 이미지를 실제 환경에 합성하여 더욱 실감 나게 표현하는 과정을 의미합니다. 우리가 작업할 내용은 '한 페이지의 향(A Scent of Pages)' 향수를 서점 감성에 어울리는 배경과 함께 조화롭게 합성하는 것입니다. 목커 홈페이지 mokker.ai에 접속한 다음 구글 계정 등으로 로그인합니다. 그리고 오른쪽 상단의 [Create with Mokker] 버튼을 클릭합니다.

> **NOTE** 목커는 현재 영어와 중국어만 지원하지만 인터페이스가 직관적이기 때문에 기본적인 기능만 익히면 누구나 쉽게 활용할 수 있습니다.

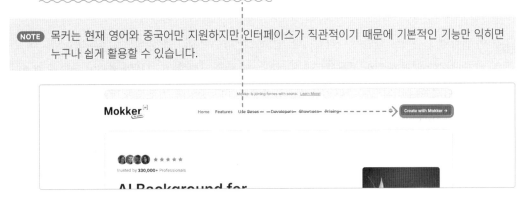

04 목커의 대시보드 화면이 나타나면 중앙에 위치한 [Upload a Photo] 영역에 앞에서 만든 향수 이미지를 드래그 앤 드롭하여 업로드합니다. 또는 [Upload your product] 버튼을 눌러 파일을 직접 선택하여 업로드할 수도 있습니다.

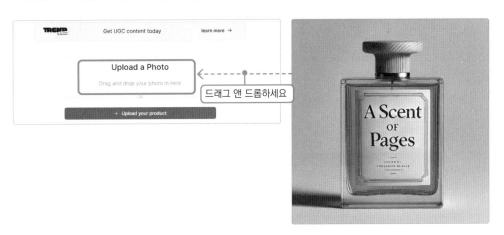

05 이미지가 업로드되면 목커에서 자동으로 제공하는 다양한 배경 템플릿이 하단에 나타납니다. 우리는 띵북스의 감성을 반영한 배경을 직접 생성할 계획이므로, 기본 템플릿을 사용하지 않고 오른쪽 상단의 [Skip] 버튼을 눌러 다음 단계로 이동하겠습니다.

06 이제 작업 스튜디오 화면이 나타납니다. 업로드한 향수 이미지를 중심으로 스타일을 추가하고, AI가 생성할 배경을 위한 프롬프트를 입력하는 과정을 진행합니다. 우선 제품이 조명과 배경에 자연스럽게 어우러지도록 스타일을 설정해보겠습니다. 중앙에 업로드한 향수 이미지가 보입니다. [Add Style] 버튼을 클릭합니다.

그러면 조명, 장소, 스타일, 주제 등에 따라 다양한 목업 스타일을 선택할 수 있습니다. 여기서는 띵북스의 따뜻한 감성을 표현하기 위해 조명 스타일을 선택하겠습니다. 서점 창가로 햇빛이 은은하게 비치는 느낌을 주기 위해 [God rays]를, 실제 햇살이 들어오는 듯한 따뜻한 분위기 연출을 위해 [Sunlight through Window]를, 따뜻하고 아늑한 공간의 느낌을 위해 [Cozy]를 선택하겠습니다. 선택을 완료한 후 오른쪽 상단의 ☒ 버튼을 눌러 창을 닫습니다.

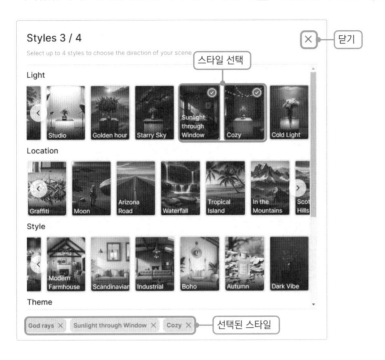

07 이제 AI가 자동으로 배경을 생성할 수 있도록 프롬프트를 입력해야 합니다. 목커는 한국어 인식 기능이 제한적이므로 영어로 프롬프트를 입력해야 가장 정확한 결과를 얻을 수 있습니다. 챗GPT에게 다음과 같이 요청하여 프롬프트를 받습니다.

SNS에서 감성을 자극하는 비주얼로 연출하기 위한 최상의 프롬프트를 작성해줘.

A beautifully arranged product photography of 'A Scent of Pages' perfume bottle. The scene is set in a cozy vintage bookstore with warm lighting, surrounded by antique books, wooden shelves, and delicate dried flowers. The perfume bottle is elegantly placed on an open book, capturing the essence of literature and nostalgia. The background has a soft, dreamy bokeh effect, evoking a sense of warmth and timeless storytelling. The atmosphere is intimate, sophisticated, and poetic, perfect for book lovers.

이를 복사하여 하단의 프롬프트 입력창에 입력합니다. 스타일과 프롬프트 입력이 끝났다면 생성할 AI 모델을 선택해야 합니다. [Generate Photos] 버튼 오른쪽의 ☑ 아이콘을 클릭합니다.

선택할 수 있는 AI 모델은 두 가지가 있습니다. 기본 모델이자 크레딧 소모 없이 무제한으로 사용이 가능한 [Baseline]과 고품질 이미지를 생성하는 [Iris Beta]입니다. 그런데 Iris Beta 모델은 시각적으로 더 매력적인 결과물을 생성하지만, 예상과 다르게 작동할 가능성이 있다고 설명되어 있네요. 여기서는 안정적인 작업을 위해 기본 모델인 [Baseline]을 선택하겠습니다.

08 설정을 완료했다면 [Generate Photos] 버튼을 클릭하여 이미지 생성 과정을 시작합니다. AI가 이미지를 생성하면 오른쪽 결과 창에 완성된 이미지가 표시됩니다.

생성된 이미지를 클릭하면 사용한 스타일과 프롬프트 정보를 확인할 수 있습니다. 마음에 든다면 하단의 [Download Image] 버튼을 눌러 최종 결과물을 다운로드하면 됩니다.

지금까지 목커를 활용하여 핑북스의 문학적인 감성과 자연스럽게 어우러지는 향수의 고퀄리티 목업 이미지를 완성했습니다. 이제 목업 작업은 더 이상 전문가만의 영역이 아닙니다. AI 도구를 활용하면 누구나 손쉽게 브랜드 아이덴티티를 담은 콘텐츠를 제작할 수 있습니다. 여러분도 직접 시도해보세요. 디자인 경험이 없어도 감각적인 제품 이미지를 만들어낼 수 있습니다.

(Chapter 11)

외국인 대상 지역 특산물 홍보를
위한 AI 활용

외국인에게 한국 특산물을 효과적으로 알리려면 단순한 설명보다는 감성적인 스토리텔링이 담겨 있고 시각적으로 매력적인 콘텐츠가 중요합니다. 특히 SNS에서 확산되기 쉬운 영상과 이미지 중심의 홍보 전략이 효과적입니다. 이번 챕터에서는 챗GPT로 스토리보드와 광고 문구를 만들고, 스테이블 디퓨전으로 홍보 이미지를 생성하며, 보이스모드의 Text-to-Song 기능으로 캠페인 송을 제작하고, 캡컷으로 바이럴 영상을 만드는 실습을 진행합니다. AI 도구를 활용하면 누구나 외국인 소비자와 공감할 수 있는 콘텐츠를 손쉽게 제작할 수 있습니다.

- 챗GPT : 스토리보드 기획, 콘텐츠 구성, 프롬프트 작성, 캠페인 송 기획 및 가사 작성, 영상 스토리보드, 자막, 나레이션 기획 도구

- 스테이블 디퓨전 : AI 기반 이미지 생성 도구

- 보이스모드 : 가사를 분석하여 멜로디를 생성해주는 음악 제작 도구

- 클립챔프 : AI 영상 편집 및 SNS 최적화 쇼츠 영상 제작 도구

챗GPT로 스토리보드 만들기

스토리보드는 홍보 영상이나 마케팅 콘텐츠의 뼈대입니다. 제품을 효과적으로 알리기 위해 어떤 장면을 먼저 보여주고 어떤 메시지를 전달할지를 미리 기획하는 것이죠. 하지만 처음부터 직접 스토리보드를 작성하려면 막막할 것입니다. 챗GPT를 활용하면 쉽고 빠르게 스토리보드를 만들 수 있습니다. 이번 실습에서는 외국인을 대상으로 한 남양주 딸기 홍보 영상의 스토리보드를 기획하겠습니다.

01 먼저 챗GPT에게 홍보 영상의 기본 스토리라인을 요청해보겠습니다. 챗GPT 창을 열고 다음 프롬프트를 입력하세요.

> 👤 💬
>
> 남양주 지역 특산물 딸기를 홍보하는 영상을 기획하려고 해. 외국인 소비자들이 딸기의 신선함과 달콤함을 느낄 수 있도록 감성적인 분위기의 영상으로 만들고 싶어. 효과적인 스토리라인을 구성해줘.

> 🤖 💬
>
> 남양주 딸기 홍보 영상 스토리라인
>
> **컨셉 : "한입 베어 문 순간, 딸기 달콤함이 퍼진다"**
>
> 신선한 딸기의 매력을 극대화할 수 있도록 감성적이고 따뜻한 영상미를 활용하여 소비자들의 시각과 미각을 자극하는 홍보 영상을 기획한다.
>
> **1. 오프닝: 아침 햇살과 싱그러운 풍경**
>
> - **장면** : 따뜻한 햇살이 비치는 자연 풍경
> - **설명** : 영상은 맑은 하늘과 푸른 들판을 보여주며 시작된다. 촉촉한 새벽 이슬을 머금은 딸기 농장, 햇살을 받아 반짝이는 싱그러운 잎사귀들이 등장한다.
> - **배경음악** : 자연 속에서 들려오는 새소리, 은은한 피아노 선율
> - **자막** : 깨끗한 자연이 키운, 딸기 이야기
>
> **2. 딸기의 신선함을 강조하는 장면**
>
> - **장면** : 농부의 손길이 담긴 수확 과정
> - **설명** : 정성스럽게 딸기를 가꾸는 농부의 모습이 등장한다. 손으로 한 알 한 알 직접 따는 장면이 슬로모션으로 표현되며, 딸기의 선명한 붉은빛과 촉촉한 과즙이 강조된다.
> - **배경음악** : 따뜻한 감성을 담은 어쿠스틱 기타 연주
> - **자막** : 자연이 키우고, 정성이 더해진 딸기
>
> …생략…

5. 클로징: 딸기와 함께하는 행복한 순간

- **장면** : 가족과 친구들이 함께 딸기를 나누며 즐기는 장면
- **설명** : 한적한 농장에서 가족과 친구들이 함께 웃으며 딸기를 나누어 먹는 모습으로 마무리된다. 따뜻한 감성과 함께 "딸기" 로고가 등장하며 브랜드를 강조한다.
- **배경음악** : 잔잔한 감성적인 음악과 함께 마무리
- **자막** : 자연이 키운 달콤한 선물, 딸기

지금 만나보세요.

...생략...

스토리라인 자체는 훌륭하지만 다소 평범한 느낌이 강합니다. 딸기를 단순한 농작물이나 과일 그 이상의 가치를 지닌 특별한 존재로 부각하고 싶네요. 브랜드 아이덴티티를 강화하고 소비자들에게 감성적으로 와닿을 수 있도록 일부 장면을 재구성해보겠습니다.

02 챗GPT가 작성한 스토리보드를 기반으로 주요 장면을 다시 점검해봅시다. 메시지가 자연스럽게 전달되는지 살피면서 보다 강렬하고 차별화된 연출이 필요한 부분을 수정하겠습니다. 또한 SNS에서 자연스럽게 공유될 수 있도록 짧고 강렬한 키워드와 감각적인 메시지를 추가하겠습니다. 소비자들에게 강한 인상을 남길 수 있도록 유니크한 스토리텔링을 적용해달라고 챗GPT에게 요청해봅시다.

👤💬

위의 스토리보드를 기반으로 브랜드 아이덴티티를 강화하고, 딸기를 단순한 과일이 아닌 감성적인 가치를 지닌 존재로 부각할 수 있도록 수정해줘. 기존보다 더 독창적이고 기억에 남는 장면으로 재구성하고, SNS에서 바이럴될 수 있도록 짧고 강렬한 키워드를 추가해줘. 감각적인 스토리텔링을 적용해서 소비자들이 공감하고 공유하고 싶어지는 메시지를 담아줘.

🤖💬

남양주 딸기 홍보 영상 – 유니크한 감성 스토리보드 (SNS 바이럴 최적화)

컨셉 : "딸기, 단순한 과일이 아니다. 그것은 기억이고, 감성이고, 순간이다."

이 영상은 단순히 딸기의 신선함을 홍보하는 것이 아니라, 딸기가 우리 삶 속에서 특별한 순간과 감정을 만들어 주는 존재라는 점을 강조한다. 감성적인 스토리텔링을 적용하여, 소비자들이 공감하고 공유하고 싶어지는 영상이 되도록 연출을 구체화했다.

최적화된 4컷 스토리보드 (SNS 바이럴 요소 적용)

장면 번호	핵심 메시지	장면 설명	SNS 바이럴 키워드
1	한 알의 딸기, 기억을 깨우다	푸른 들판 위로 떠오르는 따뜻한 아침 햇살. 이슬에 젖어 반짝이는 딸기. 카메라는 천천히 딸기에 초점을 맞춘다. 햇살이 부드럽게 스며들며, 딸기의 신선함이 강조된다.	#한입의감성 #자연이주는선물
2	시간을 담은 한입	어린 시절, 할머니가 손수 따서 건네주던 딸기. 부모님과 함께 먹던 주말 아침의 딸기 요거트. 사랑하는 사람과 함께 나누던 딸기 디저트. 과거와 현재의 장면이 교차되며, 딸기가 단순한 과일이 아닌 '기억의 조각'임을 보여준다.	#맛보다추억 #딸기는기억이다 #감성한입
3	달콤한 순간, 퍼지는 미소	젊은 연인이 공원에서 딸기를 나누어 먹으며 웃는다. 친구들이 함께 만들어 먹는 딸기 케이크. 아이가 한입 베어 물고 미소 짓는 장면이 클로즈업된다. 과즙이 터지는 생생한 순간이 강조되며, 행복한 감정이 시각적으로 전달된다.	#한입의행복 #딸기는사랑 #함께하는맛
4	딸기, 특별한 순간을 만들다	촛불이 켜진 케이크 위에 얹어진 딸기. 딸기가 든 샴페인 잔을 부딪히며 건배하는 장면. 딸기 주스를 나누어 마시는 친구들의 모습. 마지막에는 "딸기, 당신의 순간을 더욱 특별하게"라는 메시지와 함께 브랜드 로고가 등장한다.	#특별한순간 #기억을남기다

주요 연출 기법 및 차별화된 포인트

1. 감성적인 스토리텔링

  ◦ 단순한 제품 홍보가 아닌, 딸기가 사람들의 기억과 감정을 담고 있는 매개체임을 강조.

  ◦ 어린 시절, 가족과 함께한 순간, 연인과의 데이트 등 소비자의 경험과 감정을 자극하는 장면 연출.

2. SNS에서 쉽게 공유될 수 있는 강렬한 메시지

  ◦ 기존의 "신선한 딸기"라는 단순한 메시지를 벗어나 감성적이고 공감할 수 있는 키워드 추가.

  ◦ ...생략...

기대 효과

1. 기존 스토리보다 차별화된 연출로 브랜드 아이덴티티 강화

2. SNS에서 쉽게 공유될 수 있는 짧고 강렬한 메시지 적용

3. 감성적인 광고 연출을 통해 소비자의 몰입도 및 공감대 형성

요청한 대로 SNS 바이럴에 최적화된 유니크하고 감성적인 스토리보드가 완성되었네요. 딸기를 단순한 과일이 아닌 특별한 순간을 만들어주는 감성적인 존재로 연출한 것이 인상적입니다. 이제 이 컨셉을 바탕으로 생성형 AI를 활용해 감각적인 딸기 이미지를 제작해보겠습니다. 각 장면별로 적절한 프롬프트를 설정하고, 브랜드의 아이덴티티를 반영한 이미지를 생성하여 완성도 높은 비주얼 콘텐츠를 제작해봅시다.

미친 활용 41 · 스테이블 디퓨전으로 특산물 이미지 만들기

외국인 소비자들에게 남양주 딸기의 매력을 제대로 전달할 홍보 이미지를 만들어봅시다. 단순한 제품 사진을 넘어서 외국인들의 시선을 사로잡을 감각적인 비주얼을 AI로 생성해보겠습니다. 스테이블 디퓨전^{Stable Diffusion}은 텍스트로 설명을 입력하면 AI가 자동으로 이미지를 생성해주는 도구입니다. 덕분에 직접 촬영하지 않아도 감성적인 이미지를 쉽게 만들 수 있습니다. 특히 이번 실습에서는 외국인 소비자들이 남양주 딸기에 대한 호기심을 가질 수 있도록 딸기의 신선함과 감성을 담은 4장의 이미지를 만들어보겠습니다. 먼저 챗GPT를 활용해 외국인 타겟에 맞춘 이미지 생성 프롬프트를 작성하는 것부터 시작해보겠습니다.

01 챗GPT에게 딸기의 특성을 살린 홍보 이미지 프롬프트를 요청해보겠습니다. **미친 활용 40** 챗GPT로 스토리보드 만들기에서 답변받은 '최적화된 4컷 스토리보드(SNS 바이럴 요소 적용)' 내용을 바탕으로 프롬프트를 만들어달라고 요청하겠습니다.

👤 💬

외국인들을 대상으로 딸기를 홍보하기 위해 '최적화된 4컷 스토리보드(SNS 바이럴 요소 적용)'에 맞춰 홍보 이미지 4개를 만들려고 해. 각 장면별로 개별적인 이미지 프롬프트를 작성해줘. 이미지 스타일은 고퀄리티 광고 촬영 느낌이 나야 하고, 따뜻하고 감성적인 분위기가 강조되었으면 좋겠어.

🤖 💬

장면 1: 한 알의 딸기, 기억을 깨우다

"A breathtaking sunrise over a lush green strawberry farm. The first light of the day gently touches the dewdrops on the fresh, ripe strawberries, creating a sparkling effect. A close-up shot of a single juicy strawberry, softly illuminated by the golden morning glow. The atmosphere is serene, emphasizing freshness and purity. Professional photography style, ultra-detailed, cinematic lighting."

장면 2: 시간을 담은 한입

"A nostalgic scene featuring a grandmother picking fresh strawberries by hand, just as she did in the past. Beside her, a young child watches in awe, symbolizing the passing of tradition. The setting is a rustic strawberry farm bathed in soft afternoon light, evoking a warm, sentimental mood. A mix of past and present—vintage-style faded edges blending into modern clarity. Documentary-style photography, soft focus, natural lighting."

장면 3: 달콤한 순간, 퍼지는 미소

"A joyful picnic in the park where a group of friends share a delightful strawberry cake. Their laughter fills the air as one friend feeds another a spoonful of fresh strawberries. The camera focuses on the moment of laughter, highlighting the sparkle in their eyes and the happiness they share. The background is slightly blurred with soft green grass and warm sunlight filtering through the trees. Lifestyle photography style, high-quality, warm and inviting tones."

장면 4: 딸기, 특별한 순간을 만들다

"A beautifully decorated birthday cake with fresh strawberries on top, lit by the soft glow of candlelight. A group of friends clinks their glasses together in celebration, their faces filled with joy. In the final shot, a close-up of a message written in chocolate: 'Savor the moment with strawberries.' A subtle yet elegant brand logo is featured in the corner. High-end commercial photography, luxurious and heartwarming atmosphere, cinematic depth of field."

챗GPT가 만들어준 이 4개의 프롬프트를 스테이블 디퓨전에 입력하여 홍보용 이미지를 생성해 보겠습니다.

02 스테이블 디퓨전 온라인 stablediffusionweb.com/ko에 접속합니다. 이 사이트는 웹 기반으로 작동하며, 별도의 프로그램을 설치하지 않아도 온라인에서 AI 이미지를 생성할 수 있습니다. 오른쪽 상단의 [로그인] 버튼을 클릭하여 로그인하세요. 구글 계정으로 간편하게 로그인할 수 있습니다.

로그인을 하면 대시보드 화면이 나타납니다. 대시보드의 왼쪽 상단에는 주요 기능이 표시됩니다. [텍스트를 이미지로]는 사용자가 프롬프트를 입력하면 AI가 이미지를 생성하는 기능이고, [이미지에서 이미지로]는 기존 이미지를 업로드해 스타일을 변형하는 기능입니다. 우리는 프롬프트를 활용해 이미지를 새롭게 생성할 것이므로 [텍스트를 이미지로]를 선택합니다. 오른쪽 상단에는 크레딧의 잔여량이 표시됩니다. 스테이블 디퓨전에서는 이미지 1장을 생성할 때마다 1크레딧이 차감되며, 하루 최대 10장의 이미지를 생성할 수 있습니다.

03 그럼 첫 번째 장면부터 생성해보겠습니다. **01**단계에서 작성한 첫 번째 장면의 프롬프트 '장면 1: 한 알의 딸기, 기억을 깨우다'에 해당하는 프롬프트를 입력합니다. 스타일 옵션에서 [사실적인]을 선택합니다. 이미지 개수는 2장으로 설정하여 두 결과물을 비교할 것입니다. 모든 설정을 마쳤다면 [생성] 버튼을 클릭합니다.

요청한 이미지가 생성되었습니다. 완성된 이미지는 화면 오른쪽에 표시되며, 다운로드는 7일간 가능합니다. 실제 촬영한 것처럼 딸기의 질감과 색감이 뛰어나게 표현되었네요?

장면 1 이미지

이미지를 클릭하면 사용한 프롬프트와 스타일, 해상도, 비율 등의 이미지 설정 정보가 함께 제공됩니다.

04 두 번째, 세 번째, 네 번째 장면도 마찬가지로 **01**단계에서 작성한 프롬프트를 각각 입력하고, 스타일 옵션에서 [사실적인]을 선택한 후 [생성] 버튼을 클릭하여 이미지 생성을 진행합니다.

장면 2 이미지

05 요청한 장면이 대체로 잘 표현되었지만 장면 4 이미지의 케이크 위에 생일 축하 메시지가 적혀 있네요. 스테이블 디퓨전은 텍스트 입력이 정확하게 반영되지 않는 경우가 많으므로 해당 부분을 아예 제거하거나 프롬프트를 수정하는 편이 낫습니다. 챗GPT에게 다음과 같이 요청하겠습니다.

> 스테이블 디퓨전에서는 이미지를 생성할 때 텍스트 입력이 제대로 반영되지 않는 것 같아. 생성형 이미지를 만들 때는 텍스트 삽입을 제외하고 프롬프트를 작성해줘.

🤖 💬

A beautifully decorated birthday cake adorned with fresh strawberries, illuminated by the warm glow of candlelight. A group of friends gathers around, clinking their glasses in celebration, their faces radiating joy and warmth. The atmosphere is luxurious and heartwarming, with a cinematic depth of field that enhances the intimate and elegant setting. The scene is captured in high-end commercial photography style, emphasizing the rich textures of the cake, the vibrant red of the strawberries, and the soft ambient lighting that creates a sophisticated and inviting mood.

텍스트 삽입을 제외한 프롬프트를 다시 입력한 후 장면 4 이미지를 다시 생성하겠습니다. 딸기 디저트를 즐기는 특별한 순간이 텍스트 없이도 감성적으로 잘 표현되었네요.

06 이제 영상 제작에 활용할 이미지를 다운로드하겠습니다. 내려받고 싶은 이미지를 클릭하고 [다운로드] 버튼을 클릭합니다.

이미지는 JPEG 파일 형식으로 저장됩니다. 적절한 파일명을 입력한 후 [저장] 버튼을 눌러 다운로드합니다.

모든 장면이 외국인 소비자를 타겟으로 한 유니크한 감성 스토리보드에 맞춰 제작되었습니다. 단순히 남양주 딸기의 신선함을 강조하는 것만이 아니라, 외국인들이 한국에서 경험할 수 있는 특별한 순간과 감정을 만들어주는 존재로 연출된 것이 특징입니다.

이번 실습에서는 딸기를 단순한 과일이 아닌 외국인들에게 한국의 맛과 문화를 경험하게 하는 감성적인 요소로 표현하는 스토리텔링 방식을 적용했습니다. 일반적인 제품 사진이 아니라 외국인들이 공감하고 공유하고 싶어지는 감각적인 비주얼을 제작하는 것이 핵심이었습니다. 이제 외국인 소비자들에게 남양주 딸기의 매력을 더욱 효과적으로 전달할 수 있도록 캠페인 송을 제작해보겠습니다.

보이스모드로 특산물 캠페인송 만들기

이번 실습에서는 보이스모드^{Voicemod}의 Text-to-Song 기능을 활용해 AI가 자동으로 캠페인 송을 제작하도록 해보겠습니다. 보이스모드는 사용자가 직접 작곡하지 않아도 가사만 입력하면 AI가 알아서 멜로디를 붙이고 노래를 만들어주는 도구입니다.

01 먼저 보이스모드 공식 홈페이지 www.voicemod.net/ko에 접속합니다. 보이스모드는 웹 기반으로 실행되며, 별도의 프로그램 설치 없이도 로그인 후 바로 사용할 수 있습니다. 오른쪽 상단의 [로그인] 버튼을 눌러 로그인 화면으로 이동합니다. 구글 계정으로 간편하게 로그인할 수 있습니다.

로그인하면 내 계정 화면이 나타납니다. 여기서 자신의 프로필이나 기타 정보를 수정할 수 있습니다. 정보 수정을 마치면 화면 왼쪽 상단의 [VOICEMOD]를 클릭하여 메인 화면으로 이동합니다.

02 이제 AI가 자동으로 멜로디를 생성하는 Text-to-Song 기능을 활용해 캠페인 송을 제작을 시작하겠습니다. 보이스모드의 메인 화면 상단에서 [Creator Tools → Text to Song]을 클릭하면 AI 음악 생성 페이지로 이동합니다.

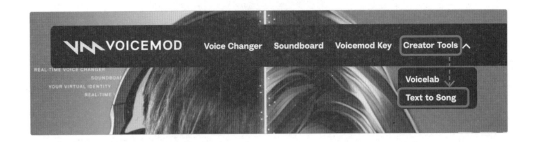

그런 다음 화면 오른쪽 중앙의 [Generate a Song] 버튼 또는 [Generate Song Free] 버튼을 눌러 캠페인 송 제작을 시작합니다.

03 AI는 매우 다양한 장르의 샘플 노래를 제공하므로, 남양주 딸기의 감성과 홍보 영상의 분위기에

맞는 음악을 선택하는 것이 중요합니다.
여러 가지 샘플 노래 목록 아래에는
'Urban', 'Pop', 'EDM' 등의 음악 장르
가 표시되어 있습니다. 각 샘플의 [▶]
버튼을 눌러 미리 듣기 기능을 활용하며
남양주 딸기의 감성을 살릴 수 있는 곡을
선택합니다. 여기서는 감성적이고 따뜻
한 분위기에 어울리는 'Levitate'를 선택
하겠습니다. 선택이 완료되면 [Next] 버
튼을 클릭합니다.

04 다음으로 AI 가수를 선택합니다. 각 가수의 보이스를 미리 들어보면서 홍보 영상의 분위기에 맞는 음색을 가진 AI 가수를 선택합니다. 선택이 완료되면 [Next] 버튼을 클릭해 가사 입력 단계로 이동합니다.

05 이제 AI 캠페인 송의 핵심인 가사를 작성하는 단계로 넘어가겠습니다. 챗GPT를 활용해 외국인 소비자들에게 어필할 수 있는 감각적인 가사를 만들어봅시다. 챗GPT에게 다음과 같이 프롬프트를 입력합니다.

남양주 딸기 캠페인 송 가사를 짧고 감성적으로 만들어줘.

남양주 딸기 캠페인 송 가사 (짧고 감성적으로)

Verse

Sweet and fresh, so bright,

Namyangju's joy, one bite.

Chorus

Strawberry love, take a bite,

Taste the magic, pure delight.

이 가사를 복사해 가사 입력창에 입력합니다. AI의 글자 수 제한이 있기 때문에 챗GPT가 제안한 가사 중 'Verse'와 'Chorus'를 제외한 짧은 문구만 입력합니다. 가사를 다 입력했다면 [Create Song]을 클릭합니다.

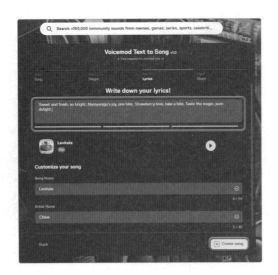

AI가 자동으로 가사에 멜로디를 붙이고 완
성한 노래가 화면에 나타납니다. [Voice
& Music] 버튼을 눌러 전체 노래를 감상
하거나, [Only Voice]를 눌러 AI 가수의
음성만 들을 수 있습니다. 화면에는 입력
한 가사가 음악에 맞춰 자동으로 표시됩니
다. 노래 중앙에 커서를 가져가면 음악을
재생하고 멈출 수 있는 아이콘이 활성화됩
니다.

06 노래를 다 확인했다면 [Download] 버튼을 클릭해 파일을 저장합니다. 이때 다운로드 옵션이
나타나는데, 음악만 다운로드할 수도 있고 뮤직비디오 형태로 받을 수도 있습니다. 우리는 이어
서 실습할 '남양주 딸기 홍보 영상'의 배경 음악으로만 활용할 것이므로 [Song]을 선택하여 음
악만 다운로드합니다.

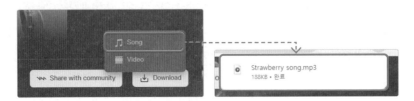

이번 실습에서는 AI를 활용해 짧은 시간 안에 감성적인 캠페인 송을 제작하는 방법을 배웠습니다. 직접 작곡하지 않아도 AI가 가사에 맞는 멜로디를 생성해주고, 다양한 보이스 옵션을 활용해 브랜드에 맞는 분위기를 조성해주기도 합니다. 이제 남양주 딸기를 홍보하는 SNS 바이럴 영상을 제작할 차례입니다. 완성된 캠페인 송을 활용해 특산물의 감성을 더욱 극대화할 수 있는 영상 콘텐츠를 만들어볼까요?

미친 활용 43 클립챔프로 바이럴 영상 만들기

클립챔프Clipchamp는 웹 기반의 무료 영상 편집 도구로, 전문적인 기술 없이도 쉽게 영상을 제작할 수 있습니다. 이번 실습에서는 AI로 제작한 홍보 이미지와 캠페인 송을 활용해 감성적인 쇼츠 영상을 만들고, 외국인 소비자를 타겟으로 한 영어 자막을 추가하는 과정을 진행하겠습니다.

01 클립챔프 홈페이지 clipchamp.com/ko에 접속합니다. 클립챔프는 웹 기반의 AI 영상 편집 도구로, 별도의 프로그램 설치 없이도 온라인에서 바로 사용할 수 있습니다. 먼저 계정을 만들고 새 프로젝트를 생성하는 과정부터 시작하겠습니다. 오른쪽 상단의 [로그인] 버튼을 클릭합니다.

로그인 후에는 계정 생성에 필요한 개인정보 입력 화면 및 여러 가지 질문이 나타납니다. 자신에게 적절한 답변을 골라 진행하세요.

02 이제 클립챔프의 AI 비디오 생성 기능을 활용해 영상을 제작해보겠습니다. 대시보드 화면에서 [AI를 사용하여 비디오 만들기] 버튼을 클릭합니다.

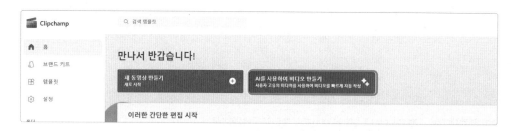

비디오 제목을 입력하는 창이 나타납니다. 제목을 '남양주 딸기 바이럴 영상'으로 입력합니다. 그리고 [나만의 미디어 추가] 영역에서 사용할 이미지 파일을 업로드합니다. 이미지 파일을 클릭하여 드래그하거나 [파일 선택] 버튼을 눌러 추가해도 됩니다.

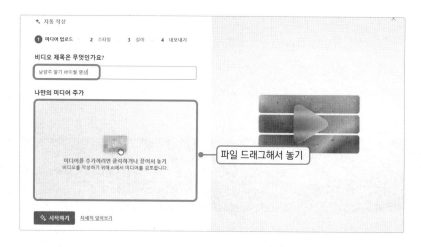

모든 이미지 업로드가 완료되면 하단의 [시작하기] 버튼을 눌러 다음 단계로 이동합니다.

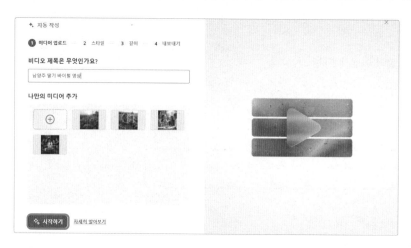

03 영상의 스타일을 설정하는 단계입니다. 먼저 AI가 자동으로 추천하는 폰트와 스타일을 확인할 수 있습니다. 마음에 들면 [THUMB UP] 버튼을 눌러 선택하고, 다른 스타일을 보고 싶다면 [THUMB DOWN] 버튼을 눌러 추천 이미지를 변경합니다. 스타일을 결정한 후 [다음] 버튼을 눌러 화면 비율 설정 단계로 이동합니다.

04 동영상 화면 비율 선택 화면이 나타납니다. SNS 쇼츠 영상으로 제작할 것이므로 [세로(9:16)] 비율을 선택합니다. 오른쪽 미리 보기 화면에서 선택한 비율을 확인한 후, [다음]을 눌러 진행합니다.

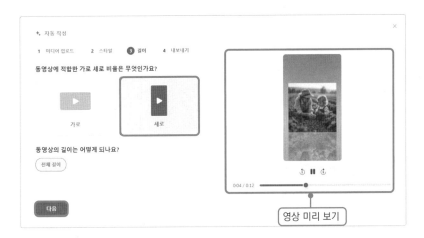

05 이제 본격적으로 영상 편집 단계로 넘어가겠습니다. 앞서 자동 생성된 영상을 직접 편집하여 남양주 딸기의 감성과 브랜드 메시지를 더욱 효과적으로 전달하겠습니다. 클립챔프는 기본적으로 제공되는 음악과 글꼴을 활용하도록 설정되어 있지만, 우리는 앞서 제작한 캠페인 송을 배경 음악으로 삽입할 예정입니다. 이를 위해 [타임라인에서 편집]을 클릭해 세부 조정을 해보겠습니다.

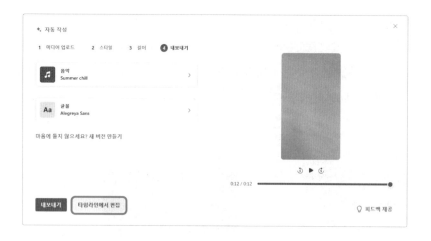

영상 편집 화면 왼쪽에는 [사용자 미디어], [템플릿], [텍스트], [전환 효과] 등 다양한 편집 기능을 사용할 수 있는 메뉴바가 있습니다. [사용자 미디어] 영역에는 앞서 업로드한 사진과 AI가 추천한 기본 음악이 표시됩니다. 화면 중앙에는 업로드된 이미지와 스타일이 자동으로 레이어드되어 미리 보기로 보여집니다. 하단의 타임라인에서 [▶] 버튼을 눌러 미리 보기 기능을 활용하면 영상의 흐름을 확인할 수 있습니다.

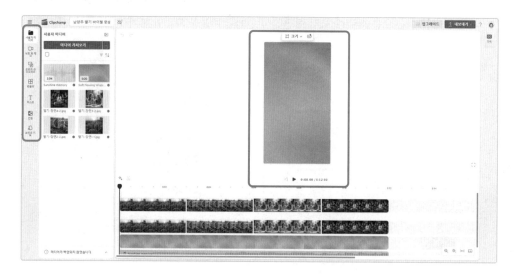

[사용자 미디어]에서 [미디어 가져오기]를 클릭한 후, **미진 활용 42** 보이스모드로 특산물 캠페인송 **만들기**에서 만든 캠페인 송(mp3 파일)을 불러옵니다.

업로드가 완료되면 파일을 드래그하여 하단의 타임라인 오디오 트랙 영역에 놓습니다.

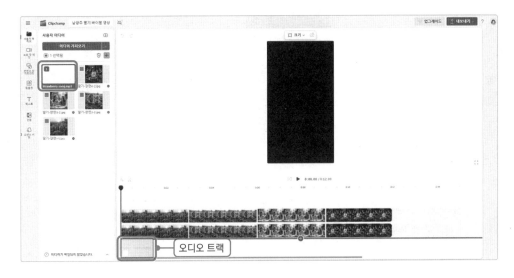

영상 길이에 맞춰 음악이 자동으로 정렬되며, 필요한 경우 길이를 조정할 수 있습니다.

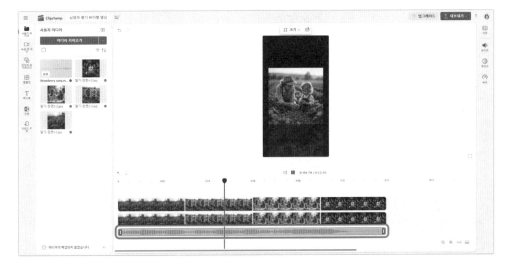

06 AI가 자동 생성한 이미지 스타일을 수정하여 영상의 완성도를 높여보겠습니다. 현재 적용된 일부 효과가 영상의 분위기와 맞지 않을 수 있으므로 불필요한 효과를 제거하고 필요한 부분을 재배치하는 작업을 진행합니다. 미리 보기 화면을 보면 장면 1에 삽입된 딸기 사진이 반사 효과(Reflection Effect)가 적용된 상태로 표시됩니다. 하단의 타임라인에서 해당 이미지를 클릭하면 선택한 장면이 중앙의 미리 보기 화면에 나타납니다. 반사 효과가 굳이 필요 없다고 판단되면 해당 이미지를 선택한 후 키보드의 Delete 키를 눌러 삭제합니다. 동일한 방법으로 장면 2, 3, 4에서도 반사 효과가 적용된 이미지를 확인하고, 필요에 따라 삭제합니다.

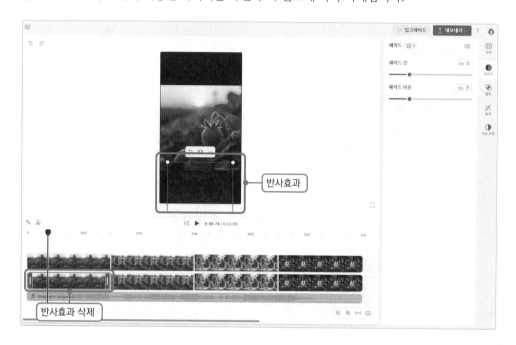

이어서 원하는 이미지가 화면 전체를 채우도록 조정하겠습니다. 타임라인에서 이미지를 선택한 후 상단 옵션 바의 ⬚ 버튼을 누르면 이미지가 자동으로 화면 전체를 채우는 크기로 조정됩니다. 이 과정에서 이미지가 너무 확대되거나 잘리면 직접 드래그하여 적절한 위치로 조정할 수 있습니다.

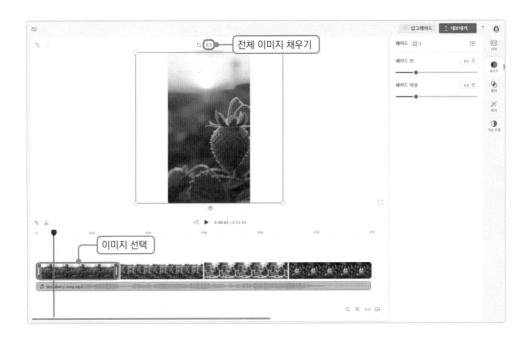

전체 이미지 채우기

이미지 선택

07 이제 각 장면의 메시지를 전달할 자막을 추가해보겠습니다. 자막은 영상의 감성을 극대화하고 외국인들이 쉽게 이해할 수 있도록 도와주는 중요한 요소입니다. 먼저 챗GPT를 활용해 영상에 들어갈 자막을 생성한 후, 클립챔프에서 감성적인 텍스트 스타일을 적용하는 과정을 진행하겠습니다. 챗GPT에게 다음과 같이 요청합니다.

남양주 딸기 바이럴 영상은 총 4컷이야. 4컷에 각각 들어갈 바이럴 키워드를 작성해줘.

다음은 남양주 딸기 바이럴 영상 4컷에 최적화된 SNS 바이럴 키워드입니다. 짧고 강렬한 메시지로 구성하여, 외국인 소비자들이 쉽게 이해하고 공유하고 싶어지도록 만들었습니다.

1 첫 번째 컷: "Taste Korea in One Bite!"

(한 입에 담긴 한국의 맛!)

➡ 첫 장면에서는 한국 특산물이라는 느낌을 강조

2 두 번째 컷: "Fresh from Namyangju Farms!"

(남양주 농장에서 갓 수확한 신선함!)

➡ 남양주에서 직접 재배된 프리미엄 딸기임을 강조

3 세 번째 컷: "Sweet, Juicy, Unforgettable!"

(달콤하고 촉촉한, 잊을 수 없는 맛!)

➡ 외국인들이 딸기를 맛보는 감성적인 순간을 강조

4 네 번째 컷: "Namyangju Strawberries, Moments Made Special!"

(남양주 딸기와 함께, 특별한 순간을!)

➡ 마지막 장면에서 브랜드 아이덴티티를 확실히 남기기

이를 클립챔프 편집 화면에서 자막으로 추가해 보겠습니다. 다양한 텍스트 스타일 중 남양주 딸기 홍보 영상의 감성적인 분위기와 잘 어울리는 스타일을 선택해야 합니다. 여기서는 [CREATOR] 스타일을 선택하겠습니다. 이 스타일은 감성적인 분위기와 자연스럽게 어울리며 가독성이 좋습니다. 마우스 커서를 이미지에 가져다 대면 오른쪽 하단에 초록색 [+] 버튼이 활성화됩니다. 선택한 텍스트 스타일을 클릭하면 작업 화면에 자동으로 추가됩니다.

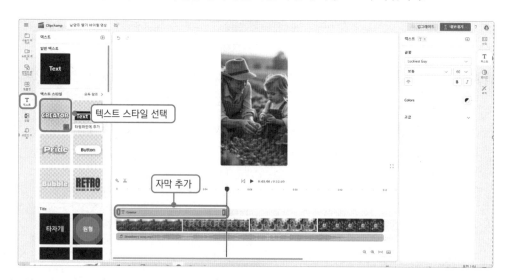

자막이 삽입되면 각 장면의 길이에 맞게 자막 길이를 조정합니다. 미리 보기 화면에서 텍스트를 클릭하면 편집 메뉴가 활성화됩니다.

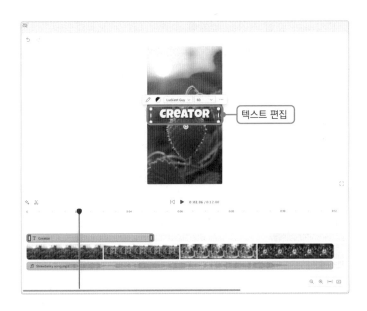

텍스트 편집

오른쪽에 있는 ⋯을 클릭하여 나타나는 고급 옵션에서 [줄 높이]를 조정하면 자막이 더욱 명확하게 보이도록 행간을 조절할 수 있습니다. 컬러, 그림자 효과, 애니메이션 설정 등을 추가하면 더욱 감각적인 연출이 가능합니다. 각 장면마다 챗GPT로 준비한 자막을 추가해줍니다.

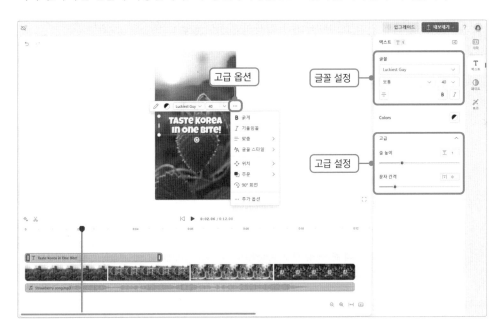

고급 옵션

글꼴 설정

고급 설정

자막을 추가하는 가장 효율적인 방법은 기존에 스타일을 수정한 자막을 복사하여 붙여넣는 것입니다. 왼쪽 텍스트 메뉴에서 매번 새로운 스타일을 추가할 수도 있지만, 이미 스타일과 줄 높이 등을 수정한 자막을 복사하면 작업 시간을 절약할 수 있습니다. 하단 타임라인에서 기존 자막을 선택한 후 Ctrl + C 로 복사하고 Ctrl + V 로 새로운 장면에 붙여넣습니다. 그리고 모든 장면에 동일한 스타일을 유지하면서 자연스럽게 자막이 이어지도록 배치합니다.

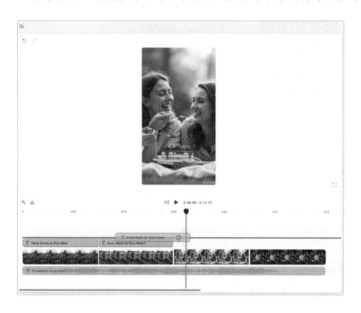

08 마지막으로 화면 전환 효과를 추가해 영상의 완성도를 높여보겠습니다. 전환 효과는 필수 요소는 아니지만, 사진만으로 구성된 영상이라면 부드러운 화면 전환을 통해 더 자연스럽고 세련된 영상미를 연출할 수 있습니다. 왼쪽 메뉴바에서 [전환]을 클릭하면 [전환 추가] 섹션에 다양한 전환 효과가 표시됩니다. 효과 위에 마우스를 올리면 미리 보기가 자동으로 재생되므로 원하는 효과를 직접 확인할 수 있습니다. 여기서는 '크로스 페이드(Cross Fade)' 효과를 선택하겠습니다. 이 효과는 부드럽게 화면이 전환되기 때문에 감성적인 홍보 영상에 적합합니다.

선택한 전환 효과를 클릭한 후 드래그하여 타임라인의 전환 지점으로 이동합니다. 타임라인의 장면과 장면이 이어지는 부분에 보라색 [+] 아이콘이 표시되면 그 위에 전환 효과를 놓아야 자동으로 적용됩니다.

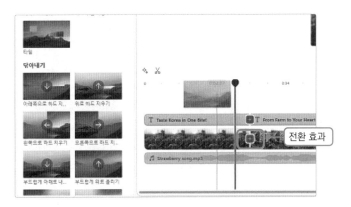

모든 장면의 전환 효과를 적용한 후 최종적으로 영상을 점검합니다. 미리 보기 화면 우측의 ⟨⟩ 버튼을 눌러 전체 화면으로 보면서 영상이 자연스럽게 연결되는지 확인합니다. 만족스러운 결과물이 나왔다면 영상 내보내기 단계로 넘어갑니다.

09 오른쪽 상단의 [내보내기] 버튼을 클릭합니다. 동영상 품질을 선택하는 화면이 나타나면 SNS 업로드 및 온라인 공유를 고려해 [720p] 해상도를 선택합니다. 클립챔프는 MP4 형식으로 영상을 다운로드하므로 다양한 플랫폼에서 쉽게 활용할 수 있습니다.

영상이 다운로드되는 동안에는 미리 보기 화면에서 영상이 자동으로 재생됩니다. 다운로드 완료된 파일은 SNS 채널로 바로 공유하거나 저장할 수 있습니다.

드디어 남양주 딸기 홍보 바이럴 영상이 완성되었습니다. 이제 SNS에 업로드하여 외국인 소비자들에게 남양주 딸기의 매력을 알려볼까요?

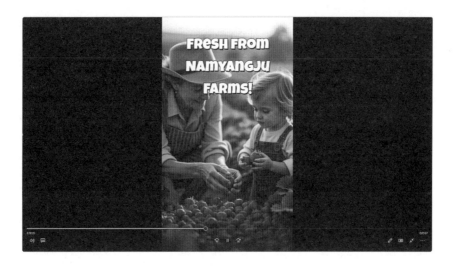

이번 실습에서는 AI 기술을 활용해 기획부터 영상 제작까지 빠르고 효율적으로 진행하는 방법을 익혔습니다. 챗GPT로 스토리보드를 작성하고, 스테이블 디퓨전으로 감성적인 이미지를 제작했으며, 보이스모드로 캠페인 송을 완성한 후 클립챔프에서 최종 영상 편집까지 진행했습니다. 기존에는 영상 제작이 전문가의 영역이라고만 생각되었지만, 이제는 AI 도구를 활용하면 누구나 손쉽게 완성도 높은 콘텐츠를 제작할 수 있습니다. 여러분도 AI를 활용해 자신의 브랜드를 홍보하고 감성적인 영상 콘텐츠를 제작해보세요. 남양주 딸기처럼 여러분의 특산물과 제품도 AI 기술을 활용해 더욱 효과적으로 알릴 수 있습니다.

Chapter 12

지역 문화유산 스토리텔링을 위한 AI 활용

지역 문화유산을 효과적으로 알리려면 사람들이 쉽게 이해하고 공감할 수 있는 이야기가 필요합니다. 단순한 정보 나열이 아니라, 역사적 의미와 가치를 감성적으로 전달하는 스토리텔링이 중요하죠. 스토리텔링은 관람객과의 유대감을 높이고 브랜드 메시지를 자연스럽게 전달할 수 있습니다. 그러나 이를 기획하고 시각화하며 확산하는 데는 많은 자원과 시간이 듭니다. AI는 이러한 과정에서 스토리 기획, 콘텐츠 제작, 가상 전시 운영 등 다양한 역할을 하며 효율성과 창의성을 높여줍니다. 이번 챕터에서는 AI 기반 스토리텔링을 활용해 지역 홍보 콘텐츠를 만들고, 온라인 전시회를 통해 문화유산을 알리는 방법을 실습하겠습니다.

- 챗GPT : 브랜드 콘셉트 기획 및 스토리텔링 구성 도구

- 달리 : AI 기반 이미지 생성 및 웹툰 제작 도구

- 스페이셜 : 가상 전시회 공간 제작 및 브랜드 경험 강화 도구

미친 활용 44 ▸ 챗GPT로 스토리텔링하기

스토리텔링은 단순히 정보를 나열하는 것이 아니라 타겟층이 그 안에서 자신과 연결고리를 찾을 수 있도록 하는 것이 중요합니다. 챗GPT를 활용하면 문화유산의 역사적 맥락을 분석하고 이를 현대적인 감각으로 풀어내어 MZ세대가 공감할 수 있는 서사를 만들어낼 수 있습니다. 이번에는 챗GPT를 이용해 문화유산을 효과적으로 브랜딩할 수 있는 스토리텔링을 기획하고, 이를 홍보 콘텐츠로 발전시

키는 과정을 실습해보겠습니다.

01 먼저 챗GPT에게 지역 문화유산을 효과적으로 스토리텔링하는 방법을 요청하겠습니다. 이번 실습에서는 '단양 지질공원'을 브랜딩할 스토리를 만들 예정이므로 챗GPT에게 다음과 같이 질문합니다.

지역 문화유산을 효과적으로 브랜딩하고 홍보하려면 어떤 스토리텔링 전략이 필요할까? 특히 단양 지질공원을 대상으로 MZ세대가 흥미를 느낄 만한 요소를 강조해줘.

지역 문화유산을 효과적으로 브랜딩하는 스토리텔링 전략

특히 **단양 지질공원**을 대상으로 **MZ세대가 흥미를 느낄 만한 요소**를 강조하는 방법을 중심으로 정리해보겠습니다.

1. 경험 중심 스토리텔링: '시간 여행' 컨셉 활용

MZ세대는 단순한 정보 제공보다 **경험과 몰입감을 주는 콘텐츠**에 반응합니다. 단양 지질공원의 특징을 살려 '**시간 여행**' 컨셉을 적용하면 흥미로운 스토리텔링이 가능합니다.

● **스토리텔링 아이디어:**

　◦ "돌이 말을 한다면?" → 수억 년을 살아온 암석들이 직접 자신이 겪은 이야기를 들려주는 설정

　◦ "지층을 타고 떠나는 시간 여행" → 스마트폰을 통해 과거로 이동해 단양 지질공원의 변화 과정을 체험하는 내러티브

✔ **MZ세대가 익숙한 '메타버스', 'AR/VR 콘텐츠'와 결합하면 더욱 몰입감 있는 브랜드 스토리 형성 가능**

2. 감성적이고 공감할 수 있는 스토리 적용

MZ세대는 단순한 역사적 정보보다는 **공감할 수 있는 감성적인 요소**가 포함된 이야기에 반응합니다.

● **스토리텔링 아이디어:**

　◦ "기억을 품은 땅" → 지질공원에서 추억을 만든 사람들이 남긴 이야기 소개 (예: 데이트 코스, 가족 나들이, 힐링 여행)

　◦ "자연과 인간의 공존" → 단양의 지질과 강이 인간과 함께 살아온 이야기를 감성적으로 풀어내기

✔ **사회적 메시지(환경 보호, 지속 가능성)를 포함하면 MZ세대의 관심도를 높일 수 있음**

…생략…

챗GPT가 MZ세대를 위한 지역 문화유산 스토리텔링 전략을 여러 가지로 제안했습니다. 이를 기반으로 브랜드 네이밍과 스토리라인을 구체적으로 기획해볼까요?

02 이제 우리가 기획할 브랜드의 정체성을 명확하게 정의할 차례입니다. 챗GPT에게 브랜드 네이밍과 핵심 메시지를 요청하여 컨셉을 정해볼까요?

👤 💬

단양 지질공원의 가치를 감성적인 스토리텔링으로 전달할 브랜드 네이밍을 제안해줘. 브랜드의 목표는 '지질공원을 시간 여행의 공간'으로 인식하게 만드는 것이야. MZ세대가 흥미를 느낄 수 있도록 감각적인 네이밍을 만들어줘. 브랜드의 핵심 메시지도 함께 정리해줘.

🤖 💬

단양 지질공원의 가치를 감성적으로 전달할 브랜드 네이밍 및 핵심 메시지

브랜드 네이밍 제안 :

  1 Rewind Earth (되감기 버튼을 누르면 지구의 과거로 여행하는 느낌)

  2 GeoTime Capsule (지질공원이 시간의 캡슐처럼 과거를 보존하고 있다는 의미)

  3 Eon Odyssey (수억 년의 시간(Eon)을 여행(Odyssey)한다는 개념)

  4 Terra Memoir ('지구(Terra)'가 간직한 기억(Memoir)이라는 뜻)

  5 Chrono Rocks (시간(Chrono)과 암석(Rock)을 결합해 '시간을 품은 돌'을 의미)

가장 적합한 네이밍 : Rewind Earth

✔ 단양의 암석과 지층을 타임머신처럼 '시간을 되감으며' 여행하는 느낌을 강조

✔ MZ세대가 직관적으로 이해할 수 있는 감각적인 브랜드명

✔ 메타버스, 웹툰, 전시 등 다양한 콘텐츠로 확장하기 쉬운 개념

브랜드 핵심 메시지 :

슬로건 : "시간을 되감아, 지구의 이야기를 듣다"

핵심 가치 :

  • 단양 지질공원을 단순한 관광지가 아닌 **시간 여행의 공간**으로 인식

  • MZ세대가 과거의 흔적을 통해 **자연과 지구의 역사를 체험하는** 브랜드

  • 감각적인 스토리텔링을 통해 재미있고 신비로운 지질공원의 이야기 전달

스토리텔링 방향 :

  • **"시간을 초월한 여행"** → 단양의 암석들이 간직한 이야기를 듣는 경험

  • **"자연이 기록한 역사"** → 지층과 지형이 수억 년의 변화를 어떻게 간직했는지 전달

  • **"미래를 위한 기억"** → 환경 보호와 자연 보존의 메시지 포함

챗GPT가 제안한 내용 중에서 'REWIND EARTH'를 선택하겠습니다. 브랜드 컨셉을 다음과 같이

정리한 후 브랜드의 핵심 메시지를 바탕으로 스토리라인을 구성해보겠습니다.

- 브랜드명 : REWIND EARTH

- 브랜드 슬로건 : 시간을 되감아, 지구의 이야기를 듣다.

- 핵심 메시지 : 단양의 암석과 지층이 간직한 수억 년의 시간 속으로 여행하는 경험을 제공

03 앞에서 정한 브랜드 컨셉을 바탕으로 스토리라인을 구성합니다. 스토리텔링은 기승전결 구조를 갖추는 것이 중요합니다. 챗GPT에게 다음과 같이 요청하겠습니다.

브랜드 'REWIND EARTH'의 스토리라인을 기획해줘. 이 브랜드는 단양 지질공원의 역사를 시간 여행이라는 컨셉으로 풀어내며, MZ세대가 쉽게 이해할 수 있도록 감성적인 이야기로 전달하는 것이 목표야. 스토리는 기승전결 구조를 따르고, 한 명의 주인공이 시간 여행을 하며 단양의 암석과 대화하고, 과거의 흔적을 발견하는 내용으로 만들어줘.

브랜드 'REWIND EARTH' 스토리라인
- **컨셉:** 단양 지질공원의 역사를 시간 여행이라는 컨셉으로 풀어내어 MZ세대가 쉽게 공감할 수 있도록 감성적인 이야기로 전달
- **핵심 메시지:** "시간을 되감아, 지구의 이야기를 듣다"
- **스토리 구조:** 기승전결

1. 기(序) - 평범한 하루, 특별한 발견

배경 : 주인공 '지우(24)'는 SNS에 올라온 한 게시물을 보게 된다.

"단양 지질공원, 여긴 그냥 돌이 아니야. 직접 가서 들어봐!"

평소 여행을 좋아하는 지우는 우연히 단양으로 떠나기로 한다.

- **스토리 전개 :**
  - 단양 지질공원에 도착한 지우는 스마트폰을 꺼내어 사진을 찍다가, 한 바위에 새겨진 오래된 문양을 발견한다.
  - 문양을 손으로 스치자, 갑자기 스마트폰 화면이 깜빡이더니 이상한 메시지가 뜬다.

"시간을 되감고 싶다면, 여기를 눌러보세요."
  - 지우가 버튼을 누르는 순간, 세상이 일렁이면서 눈앞의 바위가 빛나기 시작한다.

...생략...

4. 결(結) - 현실에서 시작하는 변화

배경: 지우는 원래 있던 자리에서 정신을 차린다. 모든 것이 원래대로 돌아간 듯 보이지만, 스마트폰에는 이상한 영상이 남아 있다.

- **스토리 전개 :**
  - 스마트폰을 확인해 보니, 방금 다녀온 시간 여행이 촬영된 영상처럼 저장되어 있다.
  - SNS에 영상을 업로드하자, 많은 사람들이 댓글을 남긴다.
    "이게 진짜야? 나도 가보고 싶어!"
    "단양 지질공원이 이런 곳이었어? 처음 알았어!"
  - ...생략...

챗GPT를 활용해 문화유산의 핵심 메시지를 스토리로 정리해보았습니다. 이제 이 이야기를 더 많은 사람들에게 효과적으로 전달하기 위해 시각적인 콘텐츠로 제작하는 단계로 넘어가보겠습니다.

미친 활용 45 챗GPT와 달리, 미리캔버스로 홍보 웹툰 만들기

이번에는 챗GPT를 활용해 'REWIND EARTH' 웹툰의 스토리와 컷 구성을 기획한 후, 달리를 사용해 AI 기반 웹툰 이미지를 제작하겠습니다. 단순한 설명 대신 시각적으로 문화유산의 의미를 전달하면 훨씬 강렬한 이미지를 줄 수 있습니다. 'REWIND EARTH'라는 콘셉트를 웹툰으로 어떻게 표현할 수 있을지, AI와 함께 직접 해볼까요?

01 웹툰을 제작하기 전에 먼저 어떤 메시지를 전달할지 명확한 스토리라인을 기획하는 것이 중요합니다. 스토리텔링에서 가장 많이 활용되는 기승전결(4컷 구성) 구조를 활용하면 이야기를 더욱 직관적으로 전달할 수 있습니다. 이번 실습에서는 챗GPT를 활용하여 'REWIND EARTH'라는 브랜드 콘셉트에 맞춰 웹툰 컷별 스토리를 구성해보겠습니다.

> **NOTE** **미친 활용 44** 챗GPT로 스토리텔링하기의 스토리라인을 참고하여 프롬프트를 작성합니다.

나는 'REWIND EARTH'라는 콘셉트의 웹툰을 기획하고 있어. 이 웹툰은 단양 지질공원을 배경으로 시간을 되돌려 과거를 경험하는 스토리야. MZ세대를 타겟으로 하며, 지역 문화유산의 가치를 흥미롭게 전달하는 것이 목적이야. 웹툰은 총 4컷으로 구성될 예정이야. 다음 기준에 맞춰 컷별 스토리를 기획해줘.

1컷 (기 – 시작) 주인공이 단양 지질공원을 방문해 거대한 바위를 발견하는 장면. 바위에는 신비로운 문양이 새겨져 있고, 주인공이 스마트폰을 들고 촬영하려는 순간, 화면에 이상한 메시지가 나타남.

2컷 (승 – 사건 전개) 주인공이 문양을 만지는 순간, 갑자기 주변이 변하며 선사시대로 시간 이동. 거대한 공룡과 원시인이 등장하고, 주변 환경이 현재와 완전히 달라짐.

3컷 (전 – 클라이맥스) 주인공이 지질공원의 변화 과정을 지켜보며, 환경이 어떻게 변해왔는지를 깨닫는 장면. 바위가 말을 걸어 인간과 자연의 조화를 이야기하며, 시간이 흐르면서 자연이 어떻게 변화했는지 보여줌.

4컷 (결 – 현재로 귀환) 주인공이 다시 현대의 단양으로 돌아오고, 스마트폰에는 시간 여행의 기록이 남아 있음. 주인공이 웹툰을 통해 문화유산의 중요성을 알게 되고, 감탄하는 모습으로 마무리.

이런 흐름을 기반으로, 웹툰의 컷별 스토리를 좀 더 디테일하게 구성해줘. 각 컷의 분위기, 주인공의 감정, 주변 배경의 변화를 설명하고, 웹툰에서 활용할 대사도 함께 작성해줘.

'REWIND EARTH' 웹툰 컷별 상세 스토리

1컷 (기 – 시작)

장면 :

주인공(지우, 24세)이 단양 지질공원을 방문해 웅장한 자연 경관을 감상하고 있다. 푸른 하늘과 따뜻한 햇살 아래, 신비로운 바위가 눈에 들어온다. 바위에는 낯선 문양이 새겨져 있고, 그것을 스마트폰 카메라로 촬영하려는 순간, 화면에 이상한 메시지가 나타난다.

스마트폰 화면:

"시간을 되돌리고 싶다면, 터치하세요."

지우 (혼잣말)

"이게 뭐지? 장난인가?"

(지우가 호기심에 문양을 가볍게 터치한다.)

...생략...

4컷 (결 – 현재로 귀환)

장면:

눈앞이 다시 밝아지며 지우는 원래의 단양 지질공원으로 돌아온다. 손에는 여전히 스마트폰이 들려 있고, 화면에는 방금까지 경험한 시간 여행의 기록이 영상처럼 재생되고 있다.

스마트폰 화면:

(고대의 풍경, 공룡, 원시인, 그리고 시간이 흘러 변해가는 단양의 모습이 빠르게 지나간다.)

지우 (생각하며 독백)

"단순한 유적이 아니라, 우리가 지켜야 할 시간의 흔적이구나."

(지우가 주변을 돌아보며 미소를 짓는다. 문화유산의 가치를 깨달은 듯한 표정.)

'REWIND EARTH' 웹툰의 컷별 스토리를 기획하고, 주제와 메시지를 명확히 정리해줬네요. 이제 이 스토리 구성을 바탕으로 AI를 활용한 웹툰 이미지를 생성해야 합니다.

02 스토리라인이 완성되었으니 이제 달리에서 웹툰을 구현할 수 있도록 프롬프트를 작성하겠습니다. AI에게 원하는 이미지를 정확하게 생성하도록 요청하려면 프롬프트에 필요한 요소(장면 설명, 분위기, 색감, 감정 표현 등)가 명확하게 포함되어야 합니다. 먼저 달리에서 각 컷별 장면의 최적화된 결과를 얻을 수 있도록 챗GPT에게 프롬프트를 요청하겠습니다.

🤖💬

이제 'REWIND EARTH'의 웹툰을 제작할 거야. 웹툰은 4컷 구성이며, 달리를 활용해 그림을 만들 거야. 각 컷별 장면을 설명해줄 테니, 달리에서 최적의 결과를 얻을 수 있도록 프롬프트를 작성해줘.

1컷 (기 – 시작) 주인공(지우, 24세)이 단양 지질공원을 방문해 거대한 바위를 발견하는 장면. 바위에는 신비로운 문양이 새겨져 있고, 주인공이 스마트폰을 들고 촬영하려는 순간, 화면에 이상한 메시지가 나타남. 스타일: 시네마틱한 분위기, 따뜻한 황금빛 조명, 신비로운 느낌 강조, 주인공 감정: 호기심과 경이로움

2컷 (승 – 사건 전개) 주인공이 문양을 만지는 순간, 갑자기 주변이 변하며 선사시대로 시간 이동. 거대한 공룡과 원시인이 등장하고, 주변 환경이 현재와 완전히 달라짐. 스타일: 초현실적이고 신비로운 분위기, 과거와 현재의 대비, 주인공 감정: 충격과 놀라움

3컷 (전 – 클라이맥스) 주인공이 지질공원의 변화 과정을 지켜보며, 환경이 어떻게 변해왔는지를 깨닫는 장면. 바위가 말을 걸어 인간과 자연의 조화를 이야기하며, 시간이 흐르면서 자연이 어떻게 변화했는지 보여줌. 스타일: 몽환적이고 철학적인 분위기, 따뜻한 황혼빛과 신비로운 빛 효과, 주인공 감정: 깨달음과 경이로움

4컷 (결 – 현재로 귀환) 주인공이 다시 현대의 단양으로 돌아오고, 스마트폰에는 시간 여행의 기록이 남아 있음. 주인공이 웹툰을 통해 문화유산의 중요성을 알게 되고, 감탄하는 모습으로 마무리. 스타일: 따뜻한 감성적 조명, 현실적인 표현, 주인공 감정: 감동과 여운

이제 위 내용을 바탕으로 달리에서 정확한 스타일의 웹툰 컷을 생성할 수 있도록 컷별 프롬프트를 최적화해서 작성해줘.

🤖💬

'REWIND EARTH' 웹툰 4컷 – 달리(DALL·E) 프롬프트 최적화 버전

1컷 (기 – 시작) 프롬프트

"A highly detailed and cinematic digital painting of a young traveler named Jiwoo (24 years old) standing in awe at the Danyang Geopark. Jiwoo is holding a smartphone, capturing the scenic rock formations, when they ...생략...

2컷 (승 - 사건 전개) 프롬프트

"A surreal and immersive digital painting of Jiwoo being transported through time after touching the ancient symbol. The background transitions dramatically from modern-day Danyang to a prehistoric landscape. Towering cliffs ...생략...

3컷 (전 - 클라이맥스) 프롬프트

"A dramatic and dreamlike digital painting depicting Jiwoo standing in a mystical, ancient canyon surrounded by glowing rock formations. The inscriptions on the rocks pulse with an otherworldly light, visually narrating the ...생략...

4컷 (결 - 현재로 귀환) 프롬프트

"A highly detailed cinematic digital painting of Jiwoo standing in modern-day Geopark, looking down at their smartphone in awe. The screen glows softly, displaying fragments of their time-traveling journey—...생략...

프롬프트는 달리가 이해하기 쉽게 영어로 작성해주었네요. 이제 컷별로 최적화된 프롬프트가 완성되었으니 원하는 장면을 구현해보겠습니다.

03 완성된 프롬프트를 달리에 입력하여 웹툰 컷을 생성하겠습니다. 02단계에서 작성한 컷별 프롬프트를 차례대로 입력합니다.

(챗GPT 입력창의 [… →이미지]를 클릭한 후 첫 번째 장면인 '1컷 (기 - 시작)' 프롬프트를 입력합니다.)

(두 번째, 세 번째, 네 번째 컷도 마찬가지로 각 컷의 프롬프트를 입력하여 컷을 생성합니다.)

총 4개의 웹툰 이미지가 완성되었습니다. 웹툰 제작이 가능할 만큼 스토리의 흐름이 살아 있죠? 원하는 이미지가 나오지 않는다면 프롬프트를 수정하거나 챗GPT의 이미지 편집 기능을 활용 하여 추가 수정을 진행하면 됩니다.

NOTE 이미지 수정 방법은 미친활용16 챗GPT, 달리로 행사장 콘셉트 설정하기를 참고하세요.

04 AI로 제작한 웹툰 이미지를 단순히 감상하는 것에서 끝내지 않고, SNS에서 더 많은 사람들에게 확산시키려면 어떻게 해야 할까요? 바로 대사를 추가하는 것입니다. 미리캔버스를 활용하면 쉽 고 직관적으로 말풍선을 추가하고 대사를 삽입할 수 있습니다. 미리캔버스에서 [요소]를 클릭한 후 '웹툰'을 검색하면 다양한 웹툰 스타일의 일러스트, 도형, 아이콘이 나타납니다. 여기서 마음 에 드는 말풍선을 클릭하면 작업 화면에 해당 말풍선이 나타납니다. 말풍선의 크기와 위치를 조 정하여 적절한 곳에 배치하세요.

NOTE 미리캔버스 접속 및 회원 가입 방법은 미친활용37 미리캔버스 AI로 카드뉴스 제작하기를 참고하세요.

05 이제 주인공이 말하는 대사를 넣어볼까요? 왼쪽 메뉴바에서 [텍스트]를 선택한 후, [제목 텍스트 추가]를 클릭합니다. 화면에 텍스트 입력창이 생성되면 말풍선 안으로 이동시키고 크기를 조절하세요.

NOTE 글씨체와 크기를 조정하고 볼드 효과를 주면 더욱 깔끔한 대사가 완성됩니다.

06 주인공이 갑자기 선사시대로 이동했으니 주인공의 당황한 감정을 강조해야겠죠? 다시 [텍스트
→ 모든 스타일]을 클릭하고 감정 표현에 어울리는 강조 효과 텍스트를 선택합니다. 이미지 위
에 배치한 후 크기와 위치를 조정하면 더욱 생동감 있는 장면을 만들 수 있습니다.

미친 활용 46 퍼플렉시티, 스페이셜로 가상 전시회하기

이번에는 스페이셜^{Spatial}과 퍼플렉시티를 활용하여 단양 지질공원의 가상 전시회를 구성하겠습니다.
우선 퍼플렉시티를 활용하여 전시회에 적합한 단양 지질공원의 고품질 사진을 찾은 후, 이를 스페이
셜을 활용해 가상 전시 공간에 배치하는 실습을 진행할 것입니다. 또한 가상 전시회의 몰입감을 높이
기 위해 전시 공간 내 이미지 설명 및 링크, 각종 인터랙티브 요소를 추가하는 방법도 함께 다루겠습
니다.

이게 되네?

7000% 노하우 그냥 구글에서 이미지를 검색해도 되지 않나요? 왜 AI 도움을 받아야 하나요?

전시회에서 가장 중요한 요소 중 하나는 전시할 이미지의 퀄리티입니다. 그러나 인터넷에서 검색되는 수많
은 이미지 중에서 어떤 사진이 단양 국가지질공원의 대표적인 장소이고 전시회에 적합한 사진인지 선택하
기는 쉽지 않죠. 단순히 멋진 풍경 사진을 고르는 것이 아니라 문화유산으로서의 가치가 돋보이고 전시회에
서 교육적·홍보적으로 활용할 수 있는 이미지를 선정해야 합니다. AI 기반 검색 도구인 퍼플렉시티 AI를 활용
하면 전시회에 적합한 사진을 빠르게 찾을 수 있을 뿐만 아니라, 지질공원에 대한 핵심 정보도 함께 얻을 수
있습니다.

01 먼저 퍼플렉시티에 접속한 후 검색창에 다음과 같이 입력합니다.

> **NOTE** 퍼플렉시티 접속 및 회원 가입 방법은 Chapter 09 **반려동물 생일파티 준비를 위한 AI 활용**을 참고하세요.

단양 국가지질공원을 주제로 메타버스에서 가상 전시회를 하려고 해. 전시회에 전시하기에 적합한, 문화유산으로서의 우수성을 보여주는 단양 국가지질공원의 사진을 찾아줘.

퍼플렉시티가 단양 국가지질공원의 주요 지질 명소에 대한 설명과 함께 전시회에 적합한 사진의 출처를 정리해줬네요. 이 정보를 활용하면 단양 지질공원의 주요 특징을 빠르게 파악하고 가장 가치 있는 이미지를 선별하는 과정을 효율적으로 진행할 수 있습니다. 또한 검색 결과를 정리하여 오른쪽에 관련 이미지 리스트를 함께 제공하기 때문에 전시회에 적합한 사진을 한눈에 비교하고 선택하는 과정이 훨씬 쉬워집니다.

단양 국가지질공원을 주제로 메타버스에서 가상 전시회를 하[...]
에 적합한, 문화유산으로서의 우수성을 보여주는 단양 국가지[...]

단양 국가지질공원은 유네스코 세계지질공원 등재를 앞두고 있으며, 지구괴[...]
를 보유하고 있습니다. 메타버스 가상 전시회에서 단양 국가지질공원의 문화[...]
을 전시하기 위해 다음과 같은 명소들을 추천합니다:

02 전시회에서 단양 국가지질공원의 다양한 특성을 보여주기 위해 대표적인 사진 6개를 선정해달라고 요청하겠습니다.

국제적 수준의 지질 유산을 잘 보여줄 수 있는 대표적인 사진 6장을 골라줘.

퍼플렉시티가 지질학적 가치를 잘 보여주는 단양의 대표적인 사진 6개를 추천해줬습니다. 바로 도담상봉, 고수동굴, 다리안계곡, 만천하 스카이워크, 단양 석문, 탑 카르스트입니다. 퍼플렉시티가 제공하는 링크를 활용해 6개의 사진을 다운로드합니다.

03 앞에서 준비한 대표 사진 6장을 활용해 가상 전시회를 구성할 차례입니다. 먼저 스페이셜 홈페이지 www.spatial.io에 접속하고 로그인합니다. 구글 계정을 이용하면 간편하게 로그인할 수 있습니다.

로그인 후 오른쪽 상단의 [New Space] 버튼을 클릭합니다.

04 [Create New Space] 창이 나타나면 무료로 제공되는 노코드 템플릿 목록이 왼쪽에 표시됩니다. 다양한 템플릿 중 전시회에 적합한 [Gallery] 템플릿을 선택합니다. 그리고 갤러리 템플릿 목록 중에서 [Obsidian Gallery]를 클릭하여 선택합니다. 이제 전시회를 위한 기본 공간이 생성되었습니다.

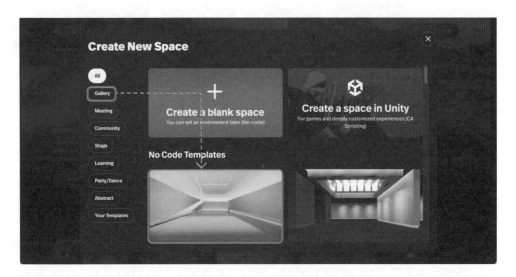

갤러리 공간으로 들어가면 스페이셜 안에서 이동을 컨트롤할 수 있는 조작 방법 설명이 나옵니다. 처음에는 다소 어렵게 느껴질 수도 있지만, 마우스 클릭만으로도 손쉽게 이동할 수 있습니다. 화면 이동은 마우스 왼쪽 버튼을 클릭한 상태에서 드래그하면 상하좌우로 조작이 가능합니다. 아바타를 이동하려면 마우스로 원하는 위치를 클릭하면 아바타가 해당 위치로 이동합니다. 만약 빠른 이동을 원한다면 마우스 왼쪽 버튼을 더블 클릭하면 아바타가 뛰어서 이동합니다.

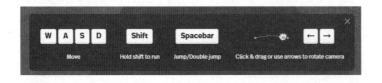

05 앞에서 준비한 단양 국가지질공원의 대표 사진 6장을 갤러리에 업로드합니다. 갤러리 공간 안에서 큰 액자 중앙의 [Upload File] 버튼을 클릭하세요. 그러면 [Assets] 화면이 나타납니다.

왼쪽 목록에서 [Upload]를 선택합니다. 그리고 중앙의 [Drag Files here] 부분에 원하는 사진을 드래그&드롭해서 업로드하거나 [Select From Your Device] 버튼을 클릭해 다운로드한 사진 업로드를 진행합니다.

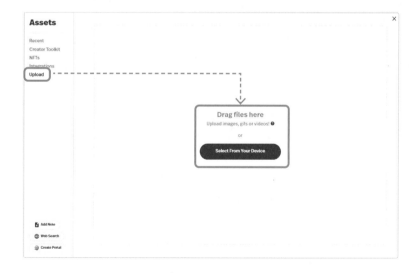

먼저 02단계에서 저장한 6개의 대표 사진 중 1장을 업로드하겠습니다. 업로드가 완료되면 이미지가 자동으로 액자 안에 배치되며, 실제 전시 공간처럼 보이게 됩니다. 같은 방식으로 준비한 6장의 사진을 각각의 액자에 업로드하여 전시 공간을 완성합니다.

단양 국가지질공원의 대표 사진이 가상 전시 공간 내에 모두 배치되어 관람객들이 직접 둘러볼 수 있는 형태가 되었습니다.

06 전시된 사진은 단순히 감상만 하는 것에서 끝나는 것이 아니라 관람객이 추가적인 정보를 얻거나 특정 링크로 이동할 수 있도록 설명 패널과 인터랙티브 요소를 추가할 수 있습니다. 이를 통해 전시회의 몰입감을 높이고 문화유산에 대한 정보를 효과적으로 전달할 수 있습니다. 먼저 특정 사진을 선택하면 해당 액자 프레임이 활성화되며 오른쪽에 사진을 편집할 수 있는 창이 나타납니다. 메뉴 창 상단의 [자물쇠 아이콘]을 클릭하여 잠금을 해제합니다.

사진 크기를 수정하려면 [Transform], 설명과 링크를 추가하려면 [Info], 사진을 변경하려면 [Asset] 메뉴를 사용하면 됩니다. [Info]에 **02**단계에서 퍼플렉시티를 활용해 정리한 정보를 입력합니다. [Show art frame]을 활성화하면 사진 액자를 설정할 수도 있습니다. 설정을 모두 완료한 후 오른쪽 상단의 [×] 아이콘을 눌러 창을 닫으면 설명 패널이 완성됩니다.

전시 공간으로 들어가 사진의 설명 패널을 클릭하면 삽입한 링크로 이동할 수 있는 창이 뜹니다.

이 기능을 활용하면 특정 홈페이지(예: 단양 국가지질공원 공식 사이트)로 관람객을 유도할 수 있습니다.

액자를 클릭한 후 나타나는 돋보기 아이콘을 클릭하면 앞서 입력한 설명 패널의 정보가 정확하게 반영되었는지 확인할 수 있습니다.

같은 방법으로 전시된 모든 사진 작품에 대한 설명 패널을 추가하여 완성해보세요.

07 이제 전시회의 주최 정보를 관람객들에게 명확하게 전달하기 위해 아티스트(전시 주최자) 정보와 갤러리 정보를 수정해야 합니다. 오른쪽 상단의 마이페이지 메뉴(사용자 아이콘)를 클릭하고 [View Profile]을 선택하여 프로필 설정 화면으로 이동합니다.

단양 국가지질공원을 홍보하는 전시회이므로 [Edit] 메뉴에 들어가 전시 주최 정보를 이에 맞게 수정합니다. SNS 계정이 있다면 계정 정보도 함께 추가합니다. 입력을 완료하면 [Done]을 눌러 프로필 내용을 저장합니다.

사용자 대시보드 화면으로 다시 이동해 프로필 정보가 정상적으로 업데이트되었는지 확인한 후
마이페이지 메뉴에서 [Spaces]를 클릭하여 작업 중인 갤러리 페이지로 돌아갑니다.

08 이번에는 전시회가 어떤 주제와 메시지를 담고 있는지 관람객들에게 명확하게 전달하기 위해
전시회 정보를 수정하겠습니다. 화면 오른쪽 하단의 [Settings]을 클릭하고 [Edit Space Info 〉]
을 선택하여 전시회 정보를 수정할 수 있는 화면으로 이동합니다.

전시회 정보를 입력합니다. 전시회 이름(Name), 전시회 설명(Description), 관련 태그(Tags)를 입력합니다. 태그는 영어로만 입력이 가능합니다. 모든 정보를 입력한 후 [Save]를 눌러 저장합니다.

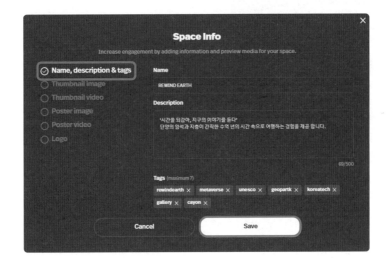

이어서 전시회의 대표 이미지를 설정해야 합니다. [Preview] 오른쪽의 [Custom]을 클릭한 후 단양 국가지질공원을 대표하는 이미지를 업로드합니다. 사진이 정상적으로 업로드되면 [Save]를 눌러 저장합니다.

이제 전시회 정보까지 완벽하게 업데이트되었습니다.

09 전시회를 다 완성했다면 이제 사람들을 초대해야겠죠? 지금까지 완성한 전시회 링크를 공유하면 누구나 온라인에서 이 가상 전시를 체험할 수 있습니다. 먼저 갤러리 하단에 입력한 전시회 정보가 정상적으로 표시되는지 확인한 후, 사람들을 초대하기 위한 링크 정보를 확인하겠습니다. 오른쪽 상단의 [Share] 버튼을 클릭합니다.

전시회를 외부에 공유하려면 [Anyone with the link]을 선택합니다. [Copy Link]를 눌러 전시회 URL을 복사합니다. [Publicly List]를 활성화하면 스페이셜 홈페이지에 전시회가 노출되어 다른 스페이셜 사용자들도 자유롭게 참여할 수 있습니다. 모든 설정을 완료한 후 [Done]을 눌러 공유 설정을 마무리합니다. 이제 링크를 통해 누구나 가상 전시회를 관람할 수 있습니다.

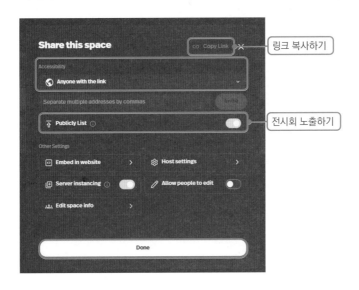

이번 실습을 통해 퍼플렉시티를 활용한 전시회용 이미지 검색부터 스페이셜을 활용한 가상 전시 공간 구축, 인터랙티브 요소 추가, 전시회 공유까지의 전체 과정을 경험해보았습니다. 스페이셜을 활용한 가상 전시회는 시간과 공간의 제약 없이 누구나 참여할 수 있다는 점에서 매우 강력한 홍보 수단이 될 수 있습니다. 특히 문화유산을 디지털 콘텐츠로 전환하여 더욱 효과적으로 홍보하고 관람객들에게 몰입감 있는 경험을 제공할 수 있다는 점에서 활용 가치가 큽니다. 이제 여러분도 직접 AI와 메타버스를 활용한 가상 전시회를 기획하고 운영해보세요. AI 기술을 적극적으로 활용하면 더욱 혁신적이고 효과적인 방식으로 문화유산을 홍보할 수 있을 것입니다.

AI로 운영하기

여기서 공부할 내용

프로젝트를 효율적으로 운영하는 것은 성공적인 비즈니스의 핵심입니다. 고객과의 소통, 내부 프로세스 최적화, 이벤트 및 매장 환경 조성까지 다양한 요소들이 유기적으로 맞물려야 원활한 운영이 가능합니다. 하지만 수작업으로 모든 업무를 관리하는 것은 시간이 많이 걸리고 실수할 가능성도 높습니다. AI를 활용하면 반복적인 업무를 자동화하고 데이터를 효율적으로 분석하며 보다 스마트한 의사 결정을 내릴 수 있습니다. 이번 챕터에서는 AI를 통해 운영을 최적화하는 다양한 방법을 실습해보겠습니다.

💬 이 그림은 챗GPT에게 "**토끼가 AI 기술을 활용해 업무 스케줄을 최적화하는 장면을 그려줘**"라고 요청하여 생성되었습니다.

(Chapter 13)

장소별 맞춤 음악 제작을 위한 AI 활용

음악은 공간의 분위기를 결정하는 중요한 요소로, 같은 공간도 어떤 음악이 흐르느냐에 따라 전혀 다른 감성이 연출됩니다. 전시회에서는 클래식, 파티에서는 경쾌한 리듬, 카페에서는 재즈나 로파이(Lo-Fi) 음악이 분위기를 조성하죠. 하지만 직접 제작하려면 시간과 비용이 많이 들 수 있습니다. 이제는 AI 음악 생성 도구를 활용해 누구나 쉽고 빠르게 원하는 스타일의 음악을 만들 수 있습니다. 이번 장에서는 AI 를 통해 공간에 맞는 음악을 제작하고, 브랜드 아이덴티티를 강화하는 방법을 실습해보겠습니다.

- 챗GPT : 음악 제작 아이디어 기획, 가사 작성, 테마 기획

- 수노 : AI 기반 음악 생성 및 편집, 장르별 음악 제작

- 아이바 : 클래식·게임·영화 음악 작곡, 스타일별 음악 생성 및 편곡

- 멜로디오 : 실시간 AI 음악 생성, 무제한 스트리밍 기능

미친활용47 챗GPT, 수노로 전시회 음악 만들기

음악 제작은 더 이상 전문가만의 영역이 아닙니다. AI 기술을 활용하면 누구나 원하는 스타일의 음악을 손쉽게 만들 수 있죠. 수노Suno는 AI 기반 음악 생성 도구로, 사용자가 입력한 키워드나 스타일을 바탕으로 자동으로 작사·작곡을 해줍니다. 다양한 장르와 감성을 반영할 수 있어 공간의 분위기에

어울리는 음악을 빠르게 제작할 수 있다는 점이 큰 장점입니다. 이번에는 살바도르 달리의 전시회를 위한 맞춤형 배경 음악을 제작하는 과정을 함께 진행해보겠습니다. 먼저 챗GPT를 활용해 전시회의 분위기와 예술적 감성을 반영한 프롬프트를 작성한 뒤, 이를 기반으로 수노를 사용해 몽환적이고 초현실적인 느낌의 음악을 만들어볼 것입니다. 이 과정을 통해 AI 음악 제작이 얼마나 쉽고 효과적인지 직접 체험해보겠습니다. 자, 이제 함께 시작해볼까요?

01 먼저 제작할 음악의 방향을 정해야 합니다. 음악은 전시회의 분위기를 더욱 극대화하는 중요한 요소이므로 어떤 감정을 전달할지 고민하는 것이 중요합니다. 살바도르 달리의 작품 전시전을 기획한다고 가정해 보겠습니다. 챗GPT를 활용해 AI 음악 생성에 적합한 프롬프트를 만들어봅시다.

👤 💬

살바도르 달리에 대해 알아?

🤖 💬

네! 살바도르 달리(Salvador Dalí, 1904~1989)는 스페인의 초현실주의 화가로, 독창적이고 환상적인 그림 스타일로 유명합니다. 대표작으로는 기억의 지속(The Persistence of Memory, 1931)이 있으며, 녹아내리는 시계가 등장하는 이 작품은 초현실주의의 아이콘이 되었습니다. 달리는 회화뿐만 아니라 영화, 조각, 패션, 광고 등 다양한 분야에서도 활동했으며, 기괴하고 독특한 성격과 외모도 유명했습니다. 긴 콧수염과 과장된 행동은 그의 예술 세계를 더욱 극적으로 보이게 했죠. 또한, 프로이트의 정신분석 이론과 꿈, 무의식에 깊은 영향을 받아, 현실과 환상의 경계를 허무는 작품을 많이 남겼습니다.

혹시 달리에 대해 더 알고 싶은 부분이 있나요?

👤 💬

달리의 대표적인 그림 설명과 분위기, 그의 작품들이 어떤 이미지인지 단어로 자세하게 표현해줘.

🤖 💬

대표적인 작품과 설명

1. 기억의 지속 (The Persistence of Memory, 1931)

설명: 녹아내리는 시계들이 등장하는 초현실주의 대표작. 시간의 유동성과 무의식의 세계를 상징함.

분위기: 몽환적, 정적, 고요한, 불안한, 신비로운

...생략...

2. 코끼리 (The Elephants, 1948)

설명: 길고 가느다란 다리를 가진 거대한 코끼리들이 등장하는 작품. 중력을 초월한 듯한 모습으로, 현실과 상상

의 경계를 넘나듦.

분위기: 신비로운, 위태로운, 불안정한, 비현실적

...생략...

달리 작품의 전반적인 특징과 이미지

비현실적 (Unrealistic): 꿈과 무의식의 세계를 그린 듯한 느낌

기괴한 (Grotesque): 왜곡된 형체, 과장된 신체 비율

...생략...

달리의 작품은 꿈과 환상 속의 세계를 시각적으로 구현한 것 같아서, 현실적이지 않으면서도 감정적으로 강렬한 인상을 남겨.

혹시 더 궁금한 작품이나 특정한 스타일에 대해 알고 싶어?

좋아. 여기에서 핵심 단어 10개를 뽑고, 이걸 바탕으로 수노(Suno AI) 음악 생성을 위한 프롬프트를 한국어로 간략하게 작성해줘.

핵심 단어 10개

1. 몽환적인 (Dreamlike)

2. 기괴한 (Grotesque)

3. 신비로운 (Mysterious)

4. 비현실적인 (Unrealistic)

5. 불안한 (Unsettling)

6. 초현실적인 (Surrealistic)

7. 극적인 (Dramatic)

8. 왜곡된 (Distorted)

9. 환상적인 (Fantastical)

10. 심리적인 (Psychological)

Suno AI 음악 생성 프롬프트 (한국어)

"살바도르 달리의 초현실적인 그림에서 영감을 받은 음악. 몽환적이고 신비로운 분위기 속에서 기괴한 요소가 섞여 있으며, 왜곡된 멜로디와 불안한 화성이 어우러진다. 서서히 고조되는 극적인 전개와 함께 심리적인 깊이를 강조하는 사운드. 현실과 환상이 충돌하는 듯한 초자연적이고 환상적인 감각을 담은 음악."

02 먼저 수노 홈페이지 suno.com에 접속합니다. 구글 계정을 이용하면 간편하게 로그인할 수 있습니다. 화면을 보면 심플한 디자인의 인터페이스가 보입니다. 수노는 직관적인 UI 덕분에 누구나 쉽게 음악을 제작할 수 있는 것이 장점입니다. 화면을 참고하여 로그인하세요.

로그인 후 왼쪽 메뉴바에서 [Create] 버튼을 클릭하세요. 그러면 음악 장르를 선택하는 단계가 나옵니다. 원하는 장르를 선택하고 [Next]를 누르세요.

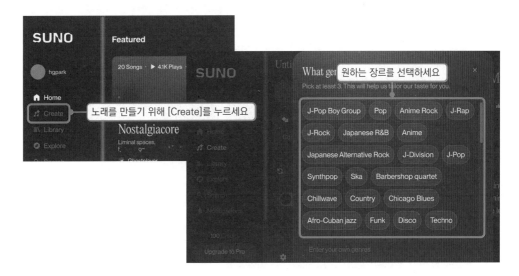

03 음악을 생성할 준비가 모두 끝났으니 본격적으로 곡을 만들어보겠습니다. 모든 설정을 완료하면 음악 작업을 할 수 있는 공간인 워크스페이스가 생성됩니다. 기본 크레딧과 화면 구성을 확인하세요. 이때 [Instrumental] 버튼을 누르면 가사가 없는 배경음을 만들 수 있습니다.

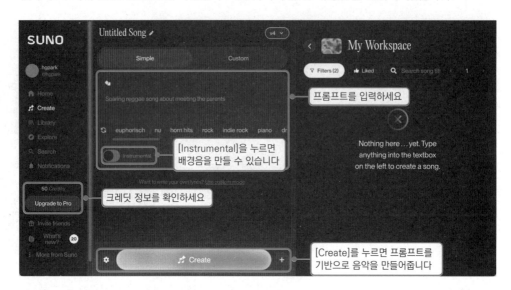

[Instrumental] 버튼을 활성화하고 챗GPT에게 받은 프롬프트를 입력한 후 [Create]를 눌러 노래를 만드세요. 만약 모델을 바꿔 진행하고 싶다면 설정 아이콘(⚙)을 누른 후 모델을 조정해보세요.

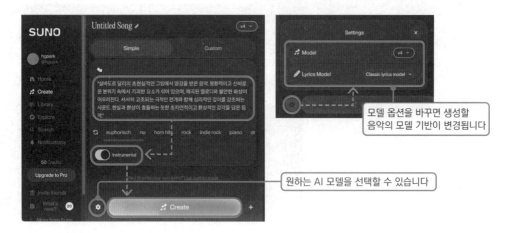

04 그럼 수노가 프롬프트를 기반으로 2개의 곡을 만들어줍니다. 생성한 곡에 마우스를 오버하면 나오는 [▶] 버튼을 누르면 노래를 재생할 수 있습니다. [⋮ → Song Editor]를 누르면 노래를 타임라인에서 편집할 수도 있습니다.

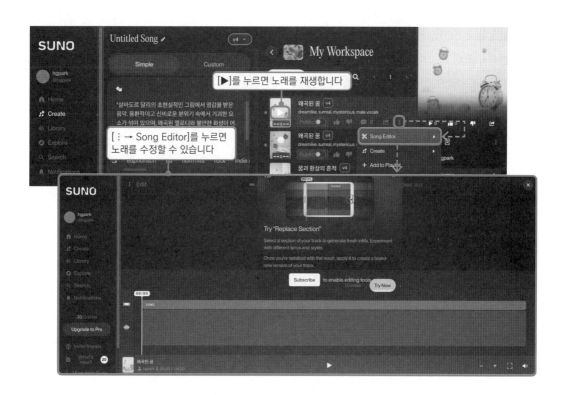

05 원하는 곡이 완성되었다면 이제 다운로드할 차례입니다. 곡 제목 옆에 있는 [⋮ → Download → MP3 Audio]를 선택하면 곡을 다운로드할 수 있습니다.

이번 실습을 통해 챗GPT와 수노를 활용하여 살바도르 달리 전시회에 어울리는 맞춤형 음악을 제작해봤습니다. 프롬프트를 입력하는 것만으로도 AI가 원하는 분위기의 음악을 만들어 준다는 점이 흥미롭지 않나요? 앞으로도 AI 음악 생성 기술을 활용하면 다양한 공간과 콘텐츠에 어울리는 음악을 쉽게 제작할 수 있을 것입니다. 다양한 프롬프트를 직접 실험해보면서 나만의 개성 있는 음악을 만들어보세요!

미친 활용 48 아이바로 카페 플레이리스트 쉽게 만들기

음악을 직접 작곡하려면 시간과 전문 지식이 필요하지만, AI를 활용하면 누구나 고퀄리티의 배경음악을 쉽게 제작할 수 있습니다. 아이바AIVA는 클래식, 영화, 게임 음악 등 다양한 장르의 배경음악을 빠르게 생성할 수 있는 AI 작곡 도구입니다. 이번 실습에서는 아이바를 활용해 카페 플레이리스트를 제작하는 과정을 다룹니다. 카페는 조용하고 편안한 분위기가 중요한 공간이므로 잔잔한 피아노곡이나 부드러운 재즈 음악이 적합합니다. 이제 아이바로 카페에 어울리는 음악을 만들고 원하는 스타일로 조정해보겠습니다.

01 아이바 홈페이지 www.aiva.ai에 접속한 후 오른쪽 상단의 [Log in] 버튼을 눌러 로그인 화면으로 이동하여 회원 가입 후 로그인하세요. 구글 계정이 있다면 간편하게 로그인할 수 있습니다.

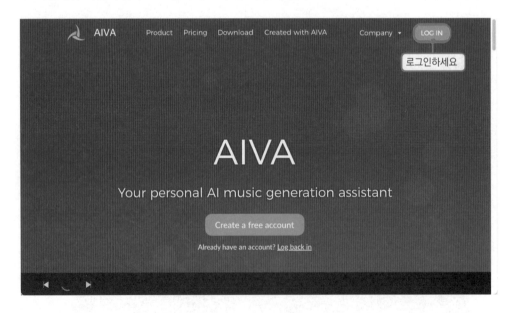

02 계정 생성이 완료되면 작업 화면이 나타납니다. [Create a track → From a Style]을 누르면 Styles Library로 이동합니다. 여기서 원하는 장르의 음악 스타일을 선택하세요. [▶] 버튼을 눌러 음악을 미리 들어볼 수 있습니다.

03 카페에서 흘러나오는 조용하고 분위기 있는 음악을 만들고 싶다면 검색창에 'jazz'를 입력하여 재즈풍의 음악을 고르면 됩니다. 음악 스타일이 마음에 들면 [Create] 버튼을 누르세요. 그러면 [Create from a style] 화면이 나타납니다. 옵션은 다음 정보를 참고하여 설정하세요.

- Key Signature(키) : 곡의 키를 정합니다.

- Duration(길이) : 곡의 길이입니다.

- Number of Compositions(곡 수) : 곡의 개수입니다.

이게 되네?

1000% 노하우 Key Signature가 뭐예요?

Key Signature란 음악에서 어떤 음(Key)을 중심으로 연주되는지를 결정하는 음악의 기본 요소입니다. 조표에 따라 곡의 분위기가 상당히 달라질 수 있습니다.

- C Major(다장조): 밝고 경쾌한 느낌

- A Minor(가단조): 감성적이고 서정적인 느낌

- G Major(사장조): 샤프(#) 하나가 추가되어 약간의 긴장감과 개성이 더해진 느낌

- F Major(바장조): 플랫(♭) 하나가 추가되어 부드럽고 따뜻한 분위기를 만들어 냄

04 생성된 곡이 나타났습니다. [▶] 버튼을 눌러 AI가 만들어준 곡을 감상해보고, 곡이 마음에 들면 다운로드 버튼을 눌러 다운로드하세요!

> **NOTE** 아이바의 무료 플랜에서는 한 달에 총 3개의 곡만 다운로드할 수 있습니다.

> **NOTE** 동일한 곡을 여러 번 다운로드해도 1회 다운로드로 계산됩니다.

1000%노하우 생성된 곡을 수정하고 싶다면?

아이바는 누구나 쉽고 빠르게 원하는 장르의 배경음악을 만들 수 있는 도구이지만, 조금 더 세부적으로 조정하고 싶다면 직접 편집하는 기능도 활용할 수 있습니다. AI가 생성한 음악을 그대로 사용해도 좋지만 원하는 분위기에 맞게 살짝 다듬어 보면 더욱 만족스러운 결과를 얻을 수 있겠죠. 수정하고 싶은 음악을 선택한 후 [… → Open in Editor]를 누릅니다.

특정 악기나 트랙의 소리를 조절하고 싶다면 왼쪽 패널에서 원하는 트랙(멜로디, 코드, 베이스 등)을 선택한 다음 볼륨을 조정하면 됩니다. 베이스가 너무 강하게 들린다면 크기를 조금 줄이거나 멜로디를 더 또렷하게 강조할 수도 있죠. 또한 개별 음을 수정하는 것도 가능합니다. 화면에 보이는 파란색 블록(음표)을 클릭해서 위치를 옮기거나 삭제하면 멜로디를 변경할 수 있습니다. 여기에 새로운 음표를 추가하면 곡의 분위기를 조금씩 바꿀 수도 있습니다.

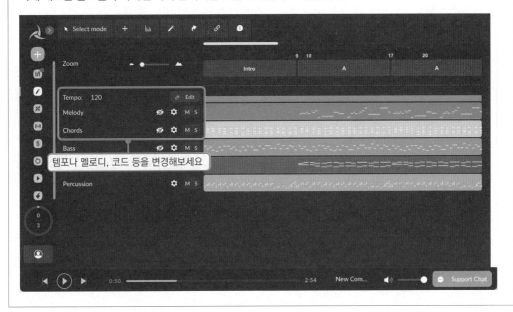

이번 실습에서는 아이바를 활용해 카페 분위기에 어울리는 배경음악을 손쉽게 제작하는 방법을 배웠습니다. AI가 자동으로 곡을 생성해주기 때문에 비전문가도 쉽고 빠르게 원하는 스타일의 음악을 만들 수 있다는 점이 인상적이죠. 필요에 따라 곡을 추가 생성하거나 편집 기능을 활용하면 음악을 더욱 세밀하게 조정할 수도 있습니다. 다운로드한 음악을 실제 카페 플레이리스트로 활용하거나 영상 및 프로젝트에 적용하면서 AI 음악의 가능성을 직접 체험해보세요.

미친활용 49 챗GPT, 멜로디오로 실시간 음악 큐레이터 만들기

멜로디오^{Melodio}는 AI 기반의 음악 스트리밍 플랫폼으로, 사용자의 환경과 필요에 맞춰 즉시 음악을 만들어주는 기능을 제공합니다. 특정한 감성이나 분위기를 설정하면 멜로디오가 자동으로 맞춤형 음악을 생성하고 큐레이션해주는 것이죠. 이번 실습에서는 멜로디오를 활용해 실시간 음악 큐레이터를 만들어보겠습니다. '긴 드라이브를 위한 에너지 넘치는 음악', '모닝 커피를 위한 부드러운 음악', '운동할 때 듣는 리듬감 있는 음악' 등 사용자의 취향과 환경에 맞는 음악을 즉석에서 생성하고 활용하는 방법을 알아보겠습니다.

01 멜로디오 홈페이지 www.melodio.ai에 접속한 후 오른쪽 상단의 [Log in] 버튼을 클릭하여 회원 가입하고 로그인하세요. 구글 계정이 있다면 간편하게 로그인할 수 있습니다. 로그인을 하면 화면에 프롬프트 입력창이 보입니다. 프롬프트를 다음과 같이 입력 후 [Let's vibe] 버튼을 클릭합니다.

긴 드라이브를 위한 에너지 넘치는 음악

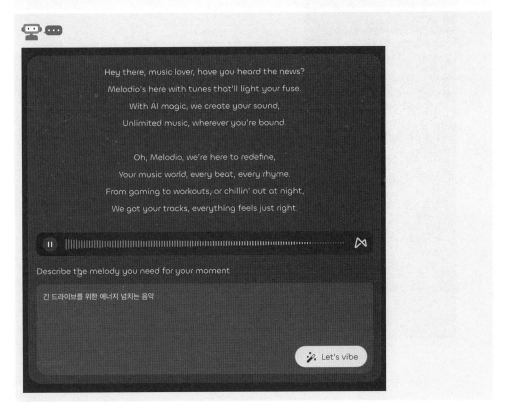

그러면 몇 초도 지나지 않아 AI가 즉석에서 작곡과 작사를 완료하여 음악을 생성합니다. 멜로디오의 가장 큰 특징은 사용자가 요청한 분위기에 맞춰 템포와 장르를 자동으로 조정해준다는 점입니다. 기존의 음악 추천 서비스와 달리 이미 있는 곡을 추천하는 것이 아니라, AI가 새 음악을 만들어준다는 것이 매우 흥미롭습니다.

02 이번에는 전혀 다른 분위기의 음악을 요청해보겠습니다. 다음과 같이 프롬프트를 입력하고 [Let's vibe] 버튼을 클릭합니다.

오전 수업, 학생들의 잠을 깨워줄 수 있는 신나고 활기찬 음악

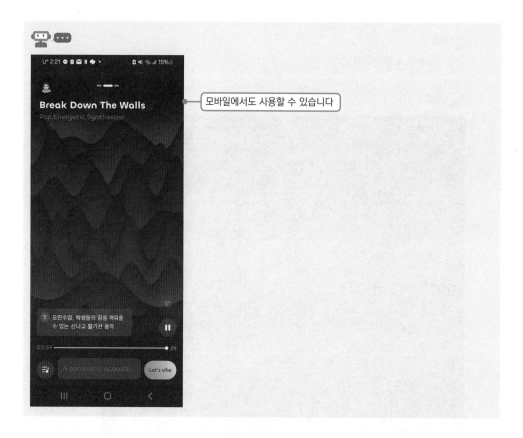

모바일에서도 사용할 수 있습니다

생성된 곡을 들어보니 신나는 비트와 에너지가 넘치는 멜로디가 나오네요. 하지만 한 가지 특징이 보입니다. 프롬프트를 한국어로 입력하면 가사는 한국어로 생성되지만 멜로디오는 한국어음성을 제대로 지원하지 않습니다. 노래를 부르는 보컬 음성이 한국어 발음을 정확하게 구현하지 못하는 것이죠.

멜로디오를 사용하면 단순한 음악 플레이리스트를 넘어서 마치 나만의 AI DJ가 음악을 큐레이션해주는 느낌을 받을 수 있습니다. 파일로는 다운로드할 수 없지만 무제한 스트리밍이 가능하며, 실시간으로 음악을 생성해준다는 것이 큰 장점입니다. 원하는 음악 분위기를 멜로디오에 직접 요청해서 나만의 AI 음악을 만들어보세요.

Chapter 14

레크리에이션 운영을 위한 AI 활용

레크리에이션과 게임은 단순한 놀이를 넘어 팀워크, 학습, 몰입감을 높이는 강력한 도구입니다. 하지만 레크리에이션을 효과적으로 운영하려면 콘텐츠 기획, 진행 방식, 참여자와의 상호작용 등 여러 요소를 고려해야 합니다. AI 기술이 발전하면서 레크리에이션 운영 방식도 변화하고 있습니다. 이제 AI를 활용하면 맞춤형 게임 콘텐츠를 빠르게 제작하고, 참여자와의 실시간 인터랙션을 강화하며, 몰입도 높은 체험형 활동을 기획하는 것이 훨씬 쉬워졌습니다. 이번 챕터에서는 AI를 활용해 레크리에이션을 더욱 창의적이고 효과적으로 운영하는 방법을 실습해보겠습니다. 다양한 AI 도구를 활용해 인터랙티브 콘텐츠를 제작하고, 실시간 참여형 활동을 만들어볼까요?

- 챗GPT : 퀴즈 및 게임 아이디어 생성, 진행 방식 기획, 인터랙티브 콘텐츠 구성
- 디아이디 : AI 아바타 영상 생성 및 활용, 가상 진행자 제작
- 퀴지즈 : AI 기반 퀴즈 자동 생성, 실시간 퀴즈 대결 및 맞춤형 문제 출제

미친 활용 50 챗GPT, 디아이디로 행사 진행자 아바타 영상 만들기

AI 기술이 발전하면서 영상 콘텐츠 제작 방식도 빠르게 변화하고 있습니다. 이제는 카메라나 배우 없이 텍스트를 입력하는 것만으로도 가상의 인물이 등장하는 영상을 만들 수 있죠. 디아이디$^{D-ID}$는 입력한 텍스트를 바탕으로 AI가 자동으로 아바타를 생성하고 자연스럽게 말하는 영상을 만들어주는

도구입니다. 이를 활용하면 레크리에이션 진행자 역할을 대신할 AI 아바타를 제작할 수 있으며, 참가자들에게 미션을 전달하거나 퀴즈를 내는 등의 안내자 역할도 맡길 수 있습니다. AI 아바타가 게임 방법을 잘 설명해주면 운영자는 진행 부담을 줄일 수 있겠죠? 이번 실습에서는 디아이디를 활용해 맞춤형 아바타 영상을 제작해보겠습니다. AI 아바타가 실제 사람처럼 움직이며 말하는 영상을 생성하고, 이를 레크리에이션 운영과 게임 방법 안내에 활용하는 방법을 알아봅시다.

01 디아이디 홈페이지 www.d-id.com에 접속한 후 회원 가입하고 로그인하세요. 구글 계정이 있다면 간편하게 로그인할 수 있습니다. 디아이디를 처음 사용한다면 몇 가지 기본 설정 및 사용자 정보 입력 과정이 진행됩니다. 자신의 사용 용도에 맞는 버튼을 눌러 진행하세요. 디아이디는 기본적으로 맞춤형 서비스를 제공하므로 너무 깊이 생각할 것은 없지만 적당히 사용 용도에 맞게 선택하면 좋습니다. 저는 이렇게 선택하여 진행했습니다.

- What department are you in? : 소속 부서를 묻는 질문에는 마케팅을 선택했습니다.

- How do you plan to use D-ID? : 도구 사용 용도를 묻는 질문에는 인터랙티브 아바타를 만들기 위함을 선택했습니다.

- What's your role? : 사용자의 역할을 묻는 질문에는 프리랜서/1인 기업가를 선택했습니다.

- How many people are in your company? : 회사의 규모는 2-10인을 선택했습니다.

02 긴 설정 과정을 거치면 디아이디의 홈 화면이 나타납니다. 이제 AI 아바타를 활용한 게임 규칙 안내 영상을 제작해보겠습니다. 화면 상단 메뉴에서 [Avatar Video]를 클릭하여 영상 제작 작업 화면으로 이동합니다.

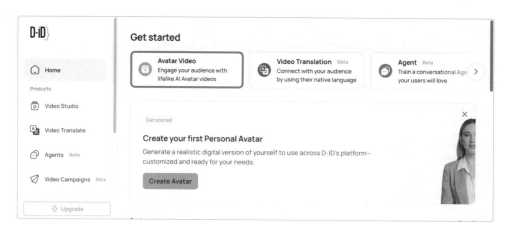

이 화면에서 작업할 영상의 기본 설정을 진행하겠습니다.

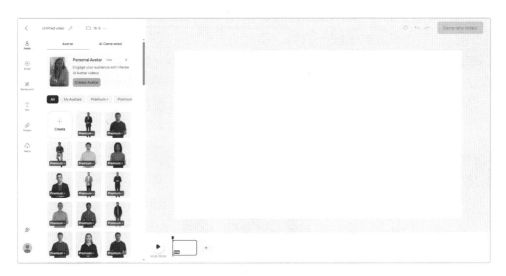

먼저 왼쪽 상단의 영상 제목을 수정하기 위해 연필 모양 아이콘을 클릭하고 제목을 '게임규칙 안내 영상'으로 변경한 후 저장합니다. 이어서 영상 화면의 비율을 설정하는데, 이번 영상은 세로형(9:16) 포맷으로 제작할 예정이므로 [Portrait (9:16)] 옵션을 선택합니다.

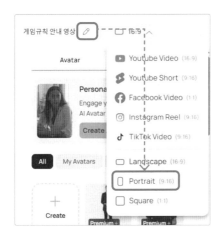

이제 아바타를 설정할 차례입니다. 디아이디에서 기본적으로 제공하는 다양한 AI 아바타를 선택할 수도 있지만 우리는 사용자의 사진을 활용하여 맞춤형 아바타를 제작해보겠습니다. [Create Avatar] 버튼을 클릭하여 아바타 생성 화면으로 이동합니다.

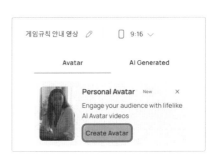

여기서는 아바타로 사용할 사진 또는 비디오를 업로드할 수 있습니다. 이번 실습에서는 사진을 활용할 예정이므로 정면이 잘 나온 이미지를 선택하여 업로드하겠습니다.

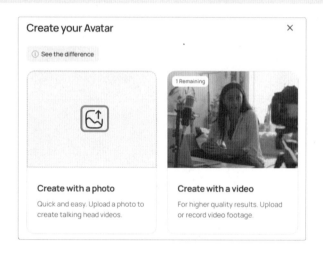

03 이어서 아바타를 설정하겠습니다. AI 아바타는 게임 규칙을 설명하는 진행자 역할을 맡게 됩니다. 그럼 진행자는 참가자들에게 밝고 활기찬 분위기를 전달하는 것이 중요하겠죠? 먼저 아바타의 감정을 설정하겠습니다. [Emotions](감정) 메뉴에서 두 번째 옵션인 [Happy](활기찬 표정)를 선택합니다. 그럼 아바타가 더욱 친근하고 생동감 있게 말하는 느낌을 줄 수 있습니다. 아이콘 위에 마우스 커서를 올리면 해당 감정에 대한 설명이 나옵니다.

이어서 아바타의 움직임을 설정하겠습니다. [Movements](동작) 메뉴에서 [Lively](생동감 있게)를 선택합니다. 그럼 아바타가 자연스럽게 몸짓을 활용하며 말하는 듯한 효과를 낼 수 있습니다.

04 이제 아바타가 말할 내용을 입력할 차례입니다. 먼저 게임 규칙 안내 영상 스크립트를 작성해봅시다. 왼쪽 메뉴바에서 [Script](스크립트) 버튼을 클릭하여 대본 입력 화면으로 이동합니다. 스크립트 제작은 챗GPT를 활용하겠습니다. 다음과 같이 프롬프트 작성을 요청합니다. 필요에 따라 추가 정보(게임 유형, 제한 시간, 점수 시스템 등)를 포함해달라고 요청하면 더욱 완성도 높은 스크립트를 받을 수 있습니다.

디아이디(D-ID)를 활용해 레크리에이션 게임 규칙을 설명하는 AI 아바타 영상을 만들려고 해. 팀별 퀴즈 배틀의 진행 방식과 규칙을 참가자들에게 안내하는 1~2분 분량의 스크립트를 작성해줘.

게임 규칙 안내 영상 스크립트

[인트로]

안녕하세요, 여러분!

오늘 레크리에이션 게임 진행을 도와드릴 AI 진행자입니다.

지금부터 게임 규칙을 안내해 드릴 테니 집중해서 들어 주세요.

...생략...

[게임 진행 방식]

이제 게임이 어떻게 진행되는지 알려드리겠습니다.

1단계: 첫 번째 문제를 AI 진행자가 화면에 띄웁니다.

2단계: 각 팀은 제한 시간 10초 안에 정답을 제출해야 합니다.

3단계: 정답이 발표되며, 점수가 실시간으로 업데이트됩니다.

4단계: 총 10문제가 출제되며, 최종 점수가 가장 높은 팀이 우승합니다.

[마무리]

지금까지 게임 방법을 안내해 드렸습니다.

팀원들과 협력하며 즐겁게 참여해 주세요.

그럼 지금부터 퀴즈 챌린지 팀 배틀을 시작하겠습니다.

행운을 빕니다.

---

05 완성된 스크립트를 스크립트 입력란에 복사하여 붙여넣기합니다. 텍스트 입력 시 줄바꿈나 쉼표 등의 기입 방식에 따라 AI 아바타가 문장을 읽는 동안 자연스럽게 pause(멈춤)을 두게 되므로, 문맥에 맞게 띄어쓰기나 줄바꿈을 조정하여 스크립트를 수정해줍니다. **챗GPT 답변 중에서 [인트로], [게임 소개] 등의 단락 제목은 읽어줄 필요가 없으므로 삭제합니다.**

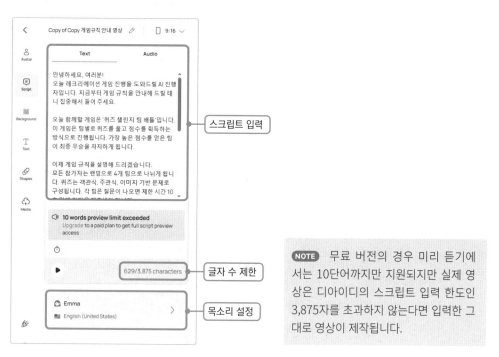

NOTE 무료 버전의 경우 미리 듣기에서는 10단어까지만 지원되지만 실제 영상은 디아이디의 스크립트 입력 한도인 3,875자를 초과하지 않는다면 입력한 그대로 영상이 제작됩니다.

---

06 스크립트 입력이 완료되면 아바타의 목소리를 설정합니다. [Emma-English]로 설정된 창을 클릭하면 목소리 설정 창이 뜹니다. 먼저 [All]을 선택한 후 검색창에 'KOREA'를 입력하고

[Korean](한국어)을 선택합니다.

다음으로 성별(Gender)에서 [Female](여성)을 선택합니다.

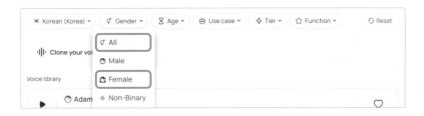

다양한 한국어 AI 음성 목록이 나타납니다. ✦ 표시가 있는 음성은 유료 가입자만 사용할 수 있으므로 여기에서는 무료로 제공되는 [JiMin] 목소리를 선택하겠습니다. 왼쪽의 [▶] 버튼을 눌러 미리 듣기를 한 후 [Apply voice]를 클릭하여 목소리를 적용합니다.

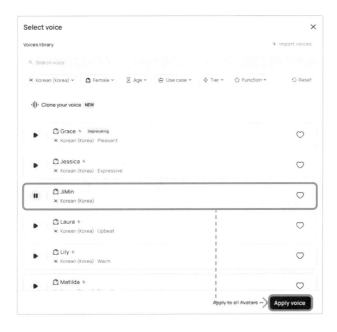

이제 아바타 음성 속도를 조절하겠습니다. 음성 속도 설정 옵션에서 [Speed](빠르기)를 조절할 수 있습니다. 스크립트 옆의 [▶] 버튼을 눌러 음성을 들어보고 적절한 속도를 설정합니다. 저는 기본 속도가 다소 느리게 느껴져서 1.2배속으로 설정하겠습니다. 이렇게 목소리 설정이 완료되었습니다.

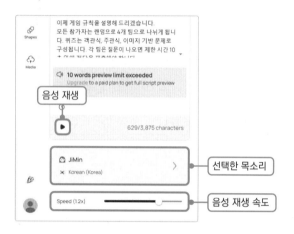

07 다음으로 텍스트 입력을 진행하겠습니다. 영상에 자막이나 강조할 문구를 추가하면 시청자가 내용을 더욱 직관적으로 이해할 수 있습니다. 작업 화면 왼쪽 메뉴에서 [Text] 버튼을 클릭하여 텍스트 기능으로 이동합니다. [Add a headline]을 클릭하면 영상 미리 보기 화면에 자동으로 텍스트 입력창이 생성됩니다.

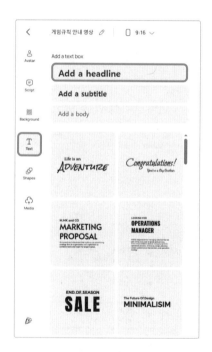

텍스트 박스를 영상 하단으로 이동시킨 후 글씨 크기, 색깔 등을 조정하여 가독성을 높입니다. 강조할 부분은 굵게(Bold) 처리하거나 컬러를 변경하여 시각적인 효과를 더할 수도 있습니다. 단순하고 직관적인 텍스트를 화면에 추가하면 내용 전달에 더욱 효과적입니다.

08 이제 모든 설정이 완료되었으므로 완성된 영상을 생성하겠습니다. 영상 제목과 길이를 확인한 후 영상 작업 화면의 오른쪽 상단에 있는 [Generate video] 버튼을 클릭하면 생성될 영상의 길이에 따라 크레딧이 차감됩니다. 무료 계정은 가입 후 20 크레딧이 제공됩니다. 영상의 제목과 길이를 확인한 후 [Generate] 버튼을 누릅니다. 생성된 영상은 [Video Studio]에 자동 저장되며, 저장된 영상 위로 마우스를 가져가면 재생 버튼이 활성화됩니다. 영상을 클릭하여 미리 보기 창에서 내용을 확인합니다.

만족스러운 결과가 나왔다면, [Download] 버튼을 눌러 영상 파일을 다운로드합니다. 완성된 영상은 MP4 형식으로 저장되므로 레크리에이션 행사에서 직접 활용하거나 행사 전 참가자들에게 공유할 수도 있습니다.

이번 실습에서는 디아이디를 활용하여 AI 아바타가 등장하는 게임 규칙 안내 영상을 제작했습니다. 직접 설명하지 않아도 AI 진행자가 자연스럽게 게임 방법을 안내해주니 레크리에이션 운영이 훨씬 수월해지겠죠? 이처럼 AI를 활용하면 누구나 간편하게 아바타 영상을 제작할 수 있습니다. 게임 규칙뿐만 아니라 행사 오프닝, 미션 설명, 팀별 활동 안내 등 다양한 용도로 활용할 수 있으므로 여러분도 아바타 영상을 직접 만들면서 레크리에이션 진행을 새롭게 변화시켜 보세요.

미친활용51 챗GPT 음성모드로 1:1 퀴즈 배틀 이벤트 운영하기

퀴즈 게임은 팀워크를 강화하고 새로운 지식을 재미있게 습득할 수 있는 최고의 레크리에이션 활동 중 하나입니다. 하지만 기존의 퀴즈 진행 방식은 진행자가 직접 문제를 내고 정답을 확인하며 점수를 관리해야 하는 번거로움이 있었죠. 챗GPT의 음성 모드를 활용하면 AI가 실시간 퀴즈 진행자가 되어 참가자와 1:1로 대결을 펼칠 수 있습니다. AI가 문제를 출제하고 참가자가 음성으로 답변하면 즉시 정답을 판별하고 점수를 부여하는 방식으로 진행할 수 있죠. 챗GPT의 음성 기능을 활용해 AI와 참가자가 실시간으로 대화하며 1:1 퀴즈 배틀을 진행하는 과정을 만들어볼까요?

01 챗GPT의 프롬프트 입력창을 엽니다. 이번 실습에서는 챗GPT의 음성 모드를 활용하여 AI와 1:1 퀴즈 배틀을 진행할 것이므로 먼저 음성 모드를 활성화해야 합니다. 프롬프트 입력창 오른쪽에 있는 음성 모드 사용 버튼을 클릭합니다. 그럼 화면 중앙에 동그란 모양의 물결이 움직이는 아이콘이 나타납니다. 이 아이콘이 활성화되어 있으면 현재 챗GPT의 음성 모드가 실행 중이라는 의미입니다.

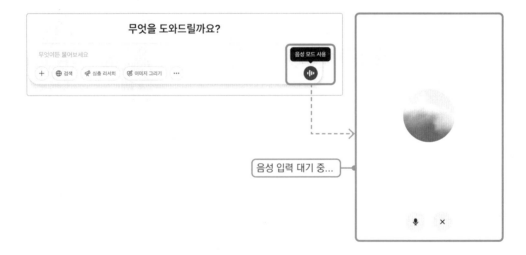

02 음성을 설정하려면 화면 오른쪽 위에 있는 [설정] 버튼을 클릭하면 됩니다. 다양한 음성 옵션이 나타납니다. 각 음성별 목소리와 분위기가 다르므로 [⟨], [⟩] 버튼을 눌러 다양한 음성을 들어본 후 원하는 목소리를 선택합니다. 선택이 완료되면 [새 채팅 시작] 버튼을 눌러 설정을 완료합니다.

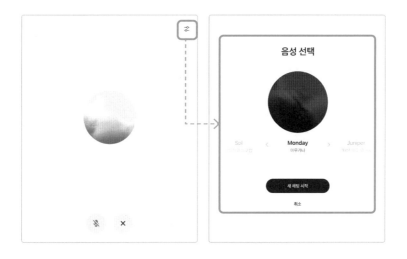

03 챗GPT에게 퀴즈 진행자 역할을 부여하고 진행 방식과 채점 기준을 설정한 후 1:1 실시간 퀴즈 배틀을 시작해보겠습니다. **챗GPT에게 음성으로 요청해보세요.**

너는 실시간 퀴즈 진행자야. 참가자와 대화하면서 퀴즈를 진행해줘. 먼저 참가자의 이름을 물어보고 이후 퀴즈를 진행해줘. 총 5개의 문제를 하나씩 출제하고, 참가자가 음성으로 답하면 정답 여부를 판단한 후 점수를 부여해줘. 정답이면 10점, 오답이면 0점, 보너스 문제는 20점이야. 점수를 계속 누적해서 기록하고, 퀴즈가 끝나면 참가자의 최종 점수를 발표해줘.

알겠습니다! 참가자와 대화하면서 진행할게요. 참가자에게 이름을 물어보고 퀴즈를 시작하겠습니다. 준비되면 알려주세요!

준비됐어.

좋아요! 그럼 참가자에게 이름을 먼저 물어볼게요. 참가자분 성함이 어떻게 되시나요?

저는 보나입니다.

보나님, 반갑습니다! 그럼 첫 번째 문제 나갑니다. 대한민국의 수도는 어디일까요?

서울.

정답입니다! 10점 획득하셨어요. 이제 두 번째 문제입니다. 에펠탑이 있는 도시는 어디일까요?

…생략…

챗GPT가 퀴즈 진행자로서 역할을 수행하면서 문제를 출제하고 참가자의 답변을 평가하는 방식으로 진행됩니다. 흥미롭지 않나요? 음성 채팅을 종료하고 나면 왼쪽 메뉴에서 챗GPT와 대화를 나눈 음성 채팅 기록을 텍스트로 확인할 수 있습니다.

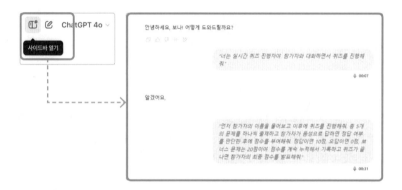

만약 음성 입력이 텍스트로 자동 변환되지 않는 경우에는 '텍스트 기록 사용할 수 없음'이라는 메시지가 나타날 수 있습니다. 하지만 챗GPT는 음성 입력을 정상적으로 인식하고 대화를 이어나가므로 음성 채팅을 진행하는 데는 문제가 없습니다.

이번 실습에서는 챗GPT 음성 모드를 활용한 1:1 실시간 퀴즈 배틀 진행 방법을 알아봤습니다. 이 기능은 개인 퀴즈뿐 아니라 친구들과의 대결, 기업 행사에서의 점수 기록 게임 등 다양한 상황에 활용할 수 있습니다. 또한 피드백을 받아 부족한 부분을 보완하거나 역사, 과학, 영화 등 특정 주제의 퀴즈로 학습할 수 있으며, 원하는 난이도로 맞춤형 문제도 요청할 수 있어 학습 코치로 활용하기에도 적합합니다. 챗GPT와 함께 퀴즈를 즐기며 다양한 방식으로 응용해보세요.

7000% 노하우 챗GPT 음성 모드를 모바일에서도 이용할 수 있나요?

챗GPT의 음성 기능을 모바일에서 활용하려면 안드로이드는 플레이 스토어, 아이폰은 앱 스토어에서 챗GPT 공식 앱을 다운로드해야 합니다. 각 스토어에 접속한 후 검색창에 '챗GPT'를 입력합니다. 앱을 찾으면 [설치] 버튼을 눌러 다운로드하고 실행합니다.

NOTE 챗GPT와 유사한 앱이 많으므로 OpenAI에서 제공하는 공식 앱인지 꼭 확인하세요.

챗GPT 앱을 처음 실행하면 사용 방법과 이용약관 및 개인정보 보호 정책에 대한 설명이 나타납니다. 내용을 확인한 후 [계속] 버튼을 눌러 진행합니다.

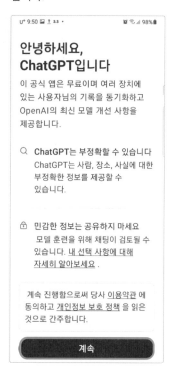

챗GPT를 사용할 수 있는 화면이 나타나면 오른쪽 상단의 [회원 가입] 버튼을 눌러 회원 가입 후 로그인합니다. 구글 계정을 사용하면 간편하게 로그인할 수 있습니다.

이제 사용할 준비가 완료되었습니다. 프롬프트 입력창 하단의 ◉ 버튼을 눌러 음성 모드를 활성화하세요.

PC 웹 브라우저에서와 같이 물결이 움직이는 동그란 아이콘이 활성화되면 음성 대화를 시작할 수 있습니다. 이렇게 하면 모바일에서도 언제 어디서나 챗GPT와 실시간 음성으로 대화가 가능합니다.

퀴지즈로 신입사원 온보딩 퀴즈 챌린지하기

신입사원 온보딩은 조직 문화에 빠르게 적응하고 동료들과 친밀감을 형성하는 중요한 과정입니다. 그러나 기존 온보딩은 설명 중심이라 지루할 수 있습니다. 퀴지즈^{Quizizz}를 활용하면 팀 대항 퀴즈 배틀을 통해 신입사원들이 협업하며 회사의 핵심 정보와 문화를 재미있게 익힐 수 있습니다. 또한 AI 기반 맞춤형 퀴즈로 교육 내용을 손쉽게 반영할 수 있어 더 효과적인 온보딩이 가능합니다.

01 퀴지즈 홈페이지 quizizz.com에 접속한 후 회원 가입하고 로그인하세요. 로그인하면 사용 용도를 묻는 화면이 나타납니다. 퀴지즈는 자동 번역 기능을 제공하지만 일부 한국어 번역이 어색할 수 있으므로 참고하세요.

02 대시보드 화면 왼쪽 메뉴바에서 [AI 스튜디오]를 클릭합니다. 그런 다음 퀴즈를 만들기 위해 [여기에 주제나 프롬프트를 추가하거나 발췌한 내용을 붙여넣으세요]를 선택합니다.

03 신입사원들이 조직 문화를 익히고 팀워크를 배울 수 있는 퀴즈를 만들 것이므로 다음과 같이 프롬프트를 입력하겠습니다. 질문 개수는 [10개의 질문]으로 설정합니다.

신입사원 온보딩 퀴즈 챌린지를 진행하려고 해. 팀워크와 협업 문화를 익힐 수 있도록 퀴즈를 만들어줘. 회사의 조직문화, 사내 커뮤니케이션 방법, 동료 간 협업 방식에 대한 객관식 퀴즈를 만들어줘.

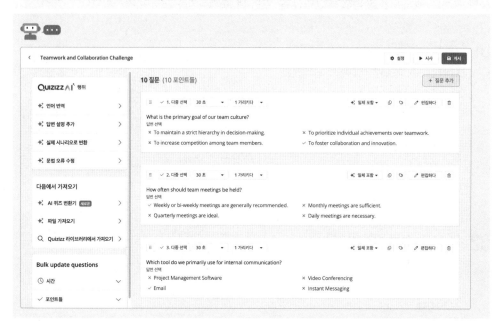

> **NOTE** 퀴즈의 난이도를 조정하고 싶다면 보다 구체적인 지시사항을 추가할 수도 있습니다. 예를 들어 "초급 난이도로 설정해줘", "일반적인 직장인들에게 적합한 수준으로 만들어줘" 등의 요청을 추가하면 AI가 적절한 질문을 생성합니다.

04 퀴지즈는 기본적으로 영어로 퀴즈를 생성합니다. 퀴즈를 한국어로 변환하기 위해 왼쪽 메뉴바에서 [언어 번역]을 클릭하고 [Korean]을 클릭합니다.

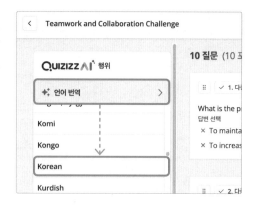

그럼 생성된 퀴즈를 한국어로 자동 번역해줍니다. 번역이 완료되면 [변경사항 저장] 버튼을 눌러 퀴즈를 저장합니다. 이렇게 하면 퀴즈가 한국어로 완벽하게 변환된 상태에서 진행할 수 있습니다.

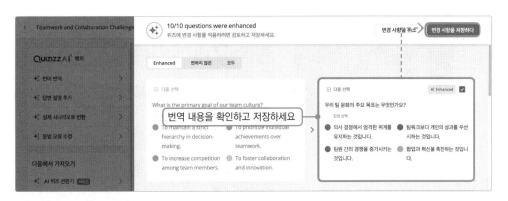

05 모든 과정을 다 마치면 화면 오른쪽 상단에 있는 [설정] 버튼을 클릭하여 퀴즈 이름, 언어 등을 설정하여 저장합니다.

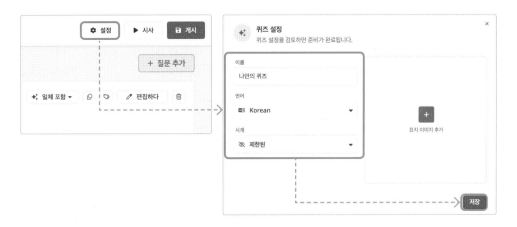

06 퀴즈를 대표하는 표지 이미지는 챗GPT를 활용하면 쉽게 만들 수 있습니다. 저는 다음과 같이 요청하여 퀴즈 표지 이미지를 생성하였습니다.

신입사원 온보딩 퀴즈 챌린지 표지 이미지에 추가할 사진을 지브리 스타일로 생성해줘.

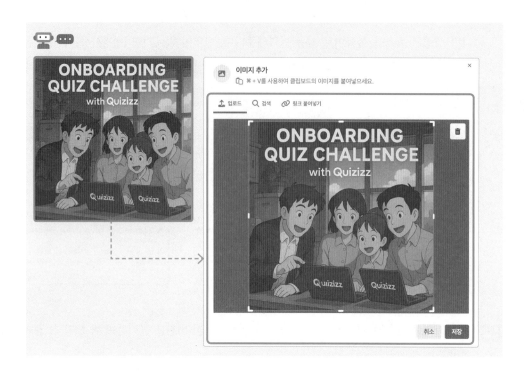

설정한 내용을 미리 확인하려면 화면 오른쪽 상단에 있는 [▶ 미리보기] 버튼을 클릭하여 퀴즈 미리 보기를 실행합니다.

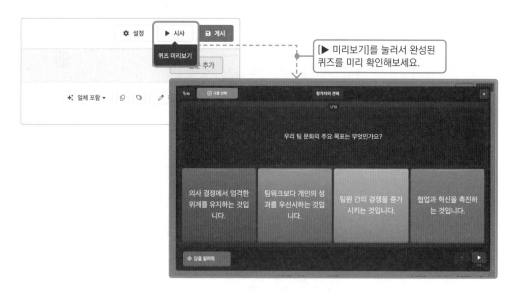

[▶ 미리보기]를 눌러서 완성된 퀴즈를 미리 확인해보세요.

07 이제 퀴즈 설정의 마지막 단계입니다. 화면 오른쪽 상단 메뉴에 있는 [게시] 버튼을 눌러 퀴즈를 저장합니다.

퀴즈가 게시되면 참가자들이 참여할 수 있도록 [라이브 세션 시작] 버튼을 클릭합니다. 라이브 세션을 시작하면 실시간 퀴즈 모드 선택 및 설정 확인 화면으로 이동합니다.

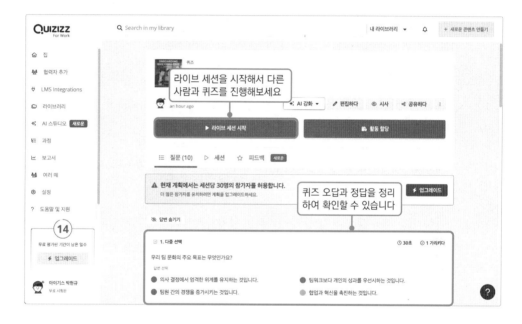

08 신입사원 온보딩 퀴즈 챌린지는 팀 대결 방식으로 진행할 예정이므로 [팀 대 팀] 모드를 선택합니다. 이 모드를 선택하면 참가자들이 자동으로 팀에 배정되며, 팀별 점수가 합산되어 경쟁이 진행됩니다. 기본 설정도 잘 되어있는지 확인합니다.

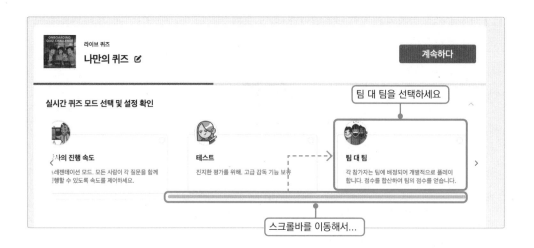

09 그리고 [게임화] 메뉴로 이동합니다. 이 단계에서는 퀴즈를 더욱 흥미롭게 만들 수 있는 여러 기능들을 추가할 수 있습니다. 퀴즈 진행 방식에 따라 사용하는 기능이 다를 수 있으므로 확인 후 적절히 설정해주세요.

- [파워 업] 기능을 활성화하면 퀴즈 참가자들이 추가 점수를 획득하거나 전략적으로 활용할 수 있는 보너스 기능이 추가됩니다.

- [배경 음악] 옵션을 활성화하면 퀴즈 진행 중 게임 요소를 더해 더욱 재미있고 몰입감 있는 환경을 조성할 수 있습니다.

- [가상 이름 자동 생성] 기능을 활성화하면 참가자들이 자동으로 생성된 닉네임을 사용할 수 있습니다. 그럼 참가자가 직접 닉네임을 입력하지 않아도 퀴즈용 닉네임이 랜덤으로 배정됩니다.

10 마지막으로 [평가] 단계로 이동하여 설정을 마무리합니다. 모든 설정이 완료되면 [계속] 버튼을 클릭합니다.

11 자, 드디어 모든 설정이 완료되었습니다. [지금 시작하세요] 버튼을 눌러 퀴즈 챌린지를 시작하면 됩니다. 게임 화면이 나타나고 참여자를 기다렸다가 참여자가 들어오면 [시작]을 눌러서 퀴즈를 시작하세요.

이번 실습에서는 퀴지즈의 AI 기능을 활용해 신입사원 온보딩 퀴즈 챌린지를 기획하고 운영하는 방법을 익혔습니다. 기존의 정보 전달 위주의 교육과 달리 팀 대결 방식의 퀴즈를 통해 재미와 효과를 높일 수 있으며, 퀴지즈의 팀 대항전 기능은 신입사원이 조직 문화를 익히고 동료들과 친밀감을 쌓는 데 도움이 됩니다. 특히 AI를 통해 자동으로 맞춤형 퀴즈를 생성할 수 있어 교육 콘텐츠 구성이 간편합니다. 이 챌린지는 온보딩 외에도 워크숍, 연례 행사 등 다양한 활동에 활용할 수 있습니다.

AI로 평가하고 개선하기

여기서 공부할 내용

모든 프로젝트의 마지막 단계는 평가와 개선입니다. 아무리 좋은 계획을 세우고 실행한다고 해도 결과를 제대로 분석하고 피드백을 반영하지 않으면 지속적인 성장을 이루기 어렵죠. AI를 활용하면 단순한 데이터 수집을 넘어 효율적으로 정보를 정리하고, 개선 방향을 도출하며, 맞춤형 피드백을 제공받을 수 있습니다. 이번 파트에서는 다이어트를 주제로 AI를 활용해 데이터를 분석하고 피드백을 정리하며 효과적인 개선 방법을 찾는 실습을 진행하겠습니다. AI를 통해 더 창의적이고 실용적인 방법으로 데이터를 정리하는 방식을 배우게 될 것입니다.

💬 이 그림은 챗GPT에게 "토끼가 AI 기술을 활용해 회의록을 정리하는 장면을 그려줘"라고 요청하여 생성되었습니다.

$\left(\text{ Chapter 15 }\right)$

성공적인 다이어트를 위한 AI 활용

다이어트는 단순히 식단을 조절하고 운동을 하는 것만으로는 성공하기 어렵습니다. 자신의 몸 상태를 지속적으로 평가하고, 데이터 기반으로 식단과 운동을 조정하며, 꾸준한 동기부여가 필수적이죠. 하지만 바쁜 일상 속에서 이런 과정을 체계적으로 관리하기란 쉽지 않습니다. AI를 활용하면 보다 효율적으로 다이어트 계획을 세워 실행하고 피드백도 받을 수 있습니다. 최신 다이어트 트렌드를 파악하고, 개인 맞춤형 식단을 설계하며, 식단 기록을 자동화하고, 전문가의 피드백을 정리하는 모든 과정을 AI로 더 간편하고 체계적으로 관리할 수 있다면 어떨까요? 이번 챕터에서는 AI를 활용하여 다이어트 과정을 보다 편리하게 운영하는 다양한 방법을 실습하겠습니다. AI와 함께하는 데이터 기반 다이어트, 이제부터 시작해볼까요?

- 챗GPT : 개인 맞춤형 식단과 상세한 전략 설계

- 펠로 AI : 최신 다이어트 트렌드 조사 및 시각적 분석 자료 정리

- 클로바노트 : 영양 상담 기록 자동 요약, 상담 내용 분석 및 피드백 제공

미친 활용 53 **펠로 AI로 다이어트 트렌드 정리하기**

다이어트는 꾸준한 실천이 중요하지만 최신 트렌드와 과학적인 정보를 기반으로 나에게 맞는 방법을 찾는 것도 필수적입니다. 하지만 인터넷에는 수많은 다이어트 정보가 넘쳐나 그중 어떤 것을 신뢰할지 판단하기 어렵죠. 펠로^{Felo} AI는 AI 기반 검색 도구로, 방대한 데이터를 분석하여 원하는 주제에 대한 정보를 빠르고 정확하게 찾아줍니다. 이를 활용하면 최신 다이어트 연구나 효과적인 식단 방법, 인기 있는 운동 루틴 등을 한눈에 정리할 수 있습니다. 이번 실습에서는 펠로 AI를 활용하여 다이어트 관련 최신 트렌드를 조사하고 이를 분석하여 나에게 맞는 다이어트 전략을 수립해보겠습니다.

01 펠로 AI felo.ai/search에 접속한 후 왼쪽 아래에 있는 [로그인/등록]을 누르면 쉽게 회원 가입 및 로그인을 할 수 있습니다. 구글 계정을 이용하면 간편하게 로그인할 수 있습니다.

02 로그인 후 프롬프트 입력창에 원하는 주제인 '2025 다이어트 트렌드'를 입력하면 입력창 아래에 연관 키워드가 함께 나타나는 걸 볼 수 있습니다. 이는 사용자가 입력한 내용을 바탕으로 AI가 연관된 키워드를 추천해주는 기능으로, 보다 구체적이고 세부적인 정보를 빠르게 탐색할 수 있도록 도와줍니다. 프롬프트 입력 후 Enter 를 누르면 펠로 AI가 해당 키워드에 관한 자료들을 빠르게 검색해 출처와 함께 깔끔하게 정리해서 보여줍니다.

화면 오른쪽에는 자료의 출처인 기사나 블로그를 비롯해 관련 이미지와 동영상 등 웹상에서 제공하는 다양한 추가 정보들이 함께 제공됩니다.

03 **펠로 AI의 가장 큰 장점 중 하나는 검색된 결과를 바로 마인드맵으로 시각화해주는 것입니다.**
마인드맵을 생성하려면 검색 결과 하단의 [마인드맵]을 클릭하세요. AI가 요약해준 정보를 글로만 보는 것보다 마인드맵을 통해 시각화하니 훨씬 직관적으로 내용을 파악할 수 있습니다.

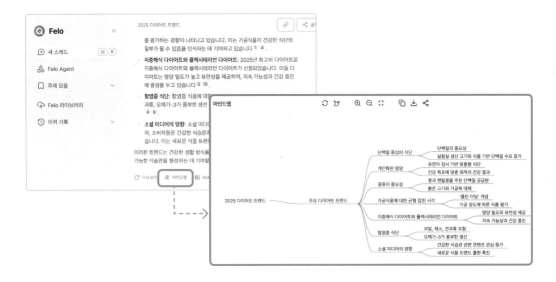

04 마인드맵의 모양을 변경하고 싶다면 [붓] 버튼을 누르고 아래에 나오는 메뉴를 활용해보세요. 붓 메뉴를 활용하면 구조나 색상 등을 변경할 수 있습니다.

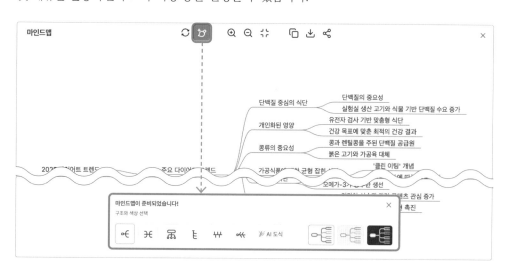

05 펠로 AI가 정리한 여러 가지 다이어트 플랜 중에서 '간헐적 단식'에 대한 추가 정보를 요청하기 위해 다음과 같이 프롬프트를 요청하겠습니다.

간헐적 단식 체크리스트를 만들어줘.

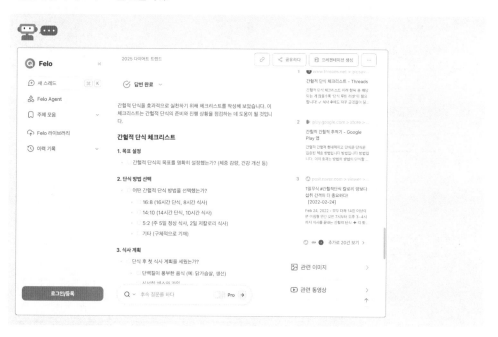

정말 깔끔하게 리스트를 정리해 줬죠? 체크리스트를 통해 간헐적 단식을 수행할 때 실천해야 할 것들을 한눈에 정리할 수 있습니다.

06 이제 펠로 AI가 답변한 내용을 바탕으로 나만의 맞춤형 다이어트 전략을 프레젠테이션 형태로 정리하여 마무리하겠습니다. 화면의 오른쪽 상단의 [프레젠테이션 생성] 버튼을 클릭하면 그동안 조사한 내용을 깔끔한 프레젠테이션으로 자동 처리해줍니다.

❶ 먼저 프레젠테이션 목차와 각 슬라이드에 들어갈 내용을 보여줍니다. 마음에 들지 않는다면 [새로 고침]을 눌러 다시 작성하도록 요청할 수 있습니다. 내용을 확인 후 변경할 사항이 없다면 [다음] 버튼을 눌러 다음 단계로 이동합니다. ❷ 펠로가 제공하는 다양한 PPT 템플릿을 선택하는 화면이 나타납니다. 마음에 드는 템플릿을 선택하고 [PPT 생성] 버튼을 누릅니다. ❸ 최종 파일을 확인하고 [다운로드]를 눌러 다운로드하거나 [편집하러 가기]를 눌러 편집하면 됩니다.

07 다운로드 옵션으로는 파일 형식과 텍스트 편집 가능 여부를 선택할 수 있습니다. 저는 나중에도 내용을 수정할 수 있도록 파일 형식은 [PPT]를, 텍스트 편집 가능 여부는 [텍스트 편집 가능] 옵션을 선택한 후 [다운로드] 버튼을 눌러 자료를 내려받겠습니다.

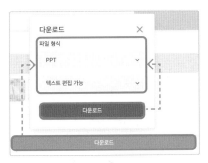

지금까지 펠로 AI를 활용해 다이어트 최신 트렌드를 조사하고 이를 마인드맵과 PPT로 시각화해 다이어트 전략을 수립했습니다. 펠로 AI는 방대한 자료를 빠르게 검색할 뿐만 아니라 복잡한 내용을 간단한 리서치로 정리하고 시각화하기에 좋은 도구입니다. 단, 개인 맞춤형의 심층적인 답변보다는 정보 위주의 자료 정리에 강점이 있으므로, 개인적인 다이어트 계획처럼 좀 더 섬세한 전략 설계가 필요하다면 챗GPT 같은 개인화에 강한 AI를 함께 활용하는 것이 더 효과적입니다.

7000%노하우 펠로 AI와 챗GPT 답변의 차이는 뭔가요?

펠로 AI는 개인 맞춤형 답변보다는 입력한 키워드에 맞는 정보를 찾아 보기 쉽게 정리하는 데 특화되어 있습니다. 반면 챗GPT는 대화형 AI이므로 동일한 질문을 받더라도 사용자에게 먼저 구체적인 질문을 던져 개인의 상황과 요구를 파악한 뒤, 이에 대한 맞춤형 답변을 제공합니다.

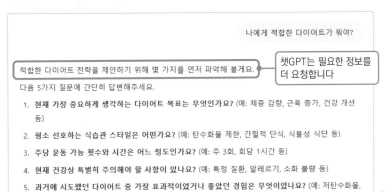

미친 활용 54 **챗GPT로 맞춤형 식단 설계하기**

식단 관리는 다이어트 성공의 핵심입니다. 아무리 최신 트렌드를 잘 알고 있어도 본인의 체질과 생활습관에 맞지 않으면 지속하기 어렵죠. 이런 상황에서 챗GPT는 각 개인의 생활 패턴이나 선호하는 음식, 건강 상태 등을 반영해 맞춤형 식단 설계를 도와주는 최적의 도구입니다. 챗GPT를 활용해 나만의 완벽한 맞춤형 다이어트 식단을 함께 설계하는 것은 어떨까요?

01 챗GPT에게 개인 맞춤형 식단을 추천받으려고 합니다. 이때 질문을 얼마나 구체적이고 정확하게 하느냐에 따라 결과가 크게 달라집니다. 챗GPT에게 다음과 같이 요청해보겠습니다.

> 나는 30대 여성이고 하루 종일 앉아서 일하는 직장인이야. 최근 3개월 안에 건강하게 5kg 정도 빼고 싶은데, 탄수화물을 너무 제한하는 건 힘들어. 나에게 맞는 식단을 추천해줘.

> 하루 종일 앉아 일하는 30대 여성에게 적합한 식단은 활동량이 적어도 포만감을 유지하면서도 균형 잡힌 영양을 제공하는 게 핵심입니다. 3개월 동안 무리 없이 건강하게 5kg 감량하려면 하루에 약 300~400kcal를 덜 섭취하는 게 이상적이에요. 탄수화물을 완전히 제한하기보다는 **좋은 탄수화물**을 적절히 섭취하는 게 중요합니다.
>
> 아래는 하루 기준으로 실천하기 좋은 식단 추천입니다:
>
> 🍚 **아침 (400 kcal 내외)**
>
> - 현미밥 또는 통밀빵 등 복합탄수화물 (소량)
> - 삶은 달걀 1개 또는 두부 반모
> - 아보카도 또는 견과류 한 줌
> - 방울토마토와 오이나 어린잎채소 등 야채류
> - 아메리카노 또는 녹차
>
> **추천 이유:**
>
> 복합탄수화물과 단백질, 좋은 지방을 아침에 섭취하면 하루 동안 에너지가 유지되고, 허기를 예방할 수 있습니다.
>
> …생략…
>
> 이 식단을 꾸준히 지키면서 탄수화물을 적당히 조절하면, 3개월 동안 스트레스 없이 5kg 감량 목표를 달성할 수 있습니다.

02 챗GPT가 맞춤형 식단을 제안해주었습니다. 결과가 꽤 잘 나왔지만 조금 더 현실적으로 적용하려면 추가 정보가 필요해보입니다. 내가 하루에 몇 끼를 먹는지, 선호하거나 피해야 할 음식이 있는지 등의 더 구체적인 정보를 제공해서 챗GPT가 더욱 현실적이고 맞춤화된 식단을 다시 제안하도록 요청하겠습니다.

내가 하루 세 끼를 다 먹기 어려워서 아침은 가볍게 먹고 점심을 든든하게 먹는 편이야. 저녁은 야식을 먹는 습관 때문에 간단하게 먹고 싶어. 이걸 반영해서 다시 식단을 추천해줄래?

하루 세 끼가 부담스럽고 아침 가볍게, 점심은 든든히, 저녁은 간단히 하는 스타일이라면 다음과 같이 조정된 식단이 더욱 적합합니다.

3개월 동안 건강하게 5kg 감량을 목표로 하는 직장인 여성에게 최적화된 맞춤 식단입니다:

🍚 아침 (가볍게 / 약 250~300 kcal)

- 바나나 1개 + 견과류 10알 내외
- 또는
- 무가당 요거트 1개 + 블루베리 한줌
- 또는
- 삶은 달걀 1개 + 방울토마토, 오이 등 가벼운 채소류

이유

소화 부담이 적고 간단히 먹을 수 있으면서도 오전 에너지를 유지할 수 있어요.

🍱 점심 (가장 든든히 / 약 600~700 kcal)

탄수화물(복합탄수화물)

- 현미밥, 잡곡밥 또는 귀리밥 1공기 (150~180g)

...생략...

이 식단을 3개월 꾸준히 유지하면 스트레스 없이 건강하게 5kg 감량에 성공할 수 있을 거예요. ☺

03 챗GPT가 저의 추가적인 정보를 바탕으로 처음보다 훨씬 구체적이고 실제 생활에 적용하기 좋은 식단을 다시 정리해주었습니다. 여기에 궁금한 사항을 다시 질문하면서 더 다듬어도 됩니다. 예를 들어 특정 식단을 유지하기 어렵다면 어떤 대체 식품이 있는지 물어보는 것도 좋습니다.

추천해준 식단에서 점심 메뉴에 나오는 닭가슴살을 다른 단백질 식품으로 바꾸고 싶은데 어떤 게 좋을까?

점심 메뉴에서 닭가슴살 대신 다음과 같은 **단백질 식품**으로 교체하면 좋습니다. 닭가슴살과 비슷한 열량과 포만감, 영양 균형을 갖춘 식품으로 추천해 드릴게요.

🐟 생선류

- 연어 스테이크 (단백질과 좋은 지방이 풍부해 포만감이 높고 건강한 다이어트에 좋아요.)
- 고등어구이 (오메가3 지방산 함유로 영양이 풍부하며 혈관 건강에도 좋습니다.)
- 대구살 찜 또는 조림 (지방이 적고 단백질이 풍부하며 부담 없이 먹기 좋아요.)

🥩 육류

- 돼지고기 안심구이 (저지방, 고단백으로 닭가슴살만큼 부담 없이 섭취 가능해요.)
- 소고기 홍두깨살 구이 또는 장조림 (철분과 단백질이 풍부해 여성에게 특히 좋아요.)

🫘 식물성 단백질

- 두부구이 또는 두부스테이크 (칼로리는 낮고 식물성 단백질이 풍부하여 속이 편하고 부담이 적습니다.)
- 병아리콩 샐러드 또는 렌틸콩 샐러드 (고단백, 고식이섬유로 채식 기반의 건강한 식단이 가능해요.)

✅ 가장 추천하는 조합은 다음과 같습니다:

- 연어구이 + 현미밥 + 채소
- 돼지고기 안심구이 + 잡곡밥 + 나물
- 두부스테이크 + 귀리밥 + 브로콜리 샐러드

이렇게 구성하면 닭가슴살 없이도 균형 잡힌 식사를 유지할 수 있어요!

04 자, 이제 어느 정도 나에게 딱 맞는 맞춤형 식단을 완성했으니, 이 식단을 실제로 매일 실천할 수 있도록 챗GPT에게 주간 식단표와 체크리스트를 작성해달라고 요청하겠습니다. 이렇게 하면 내가 매일 어떤 음식을 먹을지 고민하지 않고 편하게 식단을 따라갈 수 있겠죠?

추천한 식단을 기반으로 한 주간 식단표와 매일 체크할 수 있는 식단 체크리스트를 만들어줘.

주간 식단표 (월~일)

요일	아침 (250~300 kcal)	점심 (600~700 kcal)	저녁 (300~350 kcal)
월	바나나+견과류	연어구이+현미밥+야채	두부샐러드
화	삶은달걀+방울토마토	소고기장조림+잡곡밥+나물	고구마+무가당요거트
수	무가당요거트+블루베리	돼지안심구이+귀리밥+채소	닭가슴살샐러드
목	바나나+견과류	두부스테이크+현미밥+버섯볶음	달걀+아보카도
금	삶은달걀+채소	고등어구이+잡곡밥+채소볶음	두부샐러드
토	무가당요거트+견과류	병아리콩샐러드+현미밥	미니 닭가슴살 김밥
일	바나나+견과류	대구찜+귀리밥+채소볶음	고구마+달걀

☑ 매일 체크리스트

항목	월	화	수	목	금	토	일
아침 식사 간단히 먹었나요?							
점심 식사 균형있게 먹었나요?							
저녁 식사 가볍게 먹었나요?							
물 충분히 마셨나요? (1.5L↑)							
야식 욕구를 잘 조절했나요?							
채소와 단백질 잘 섭취했나요?							
가벼운 스트레칭을 했나요?							

05 앗, 그런데 이번주에 친구들과 모임이 있어서 다이어트 식단을 유지하기 어려울 것 같습니다. 이럴 땐 걱정하지 말고 챗GPT에게 솔직하게 이야기해보세요. 챗GPT는 이런 상황에서도 현명하게 대처할 수 있는 현실적인 방법이나 팁을 알려줄 것입니다.

👤 💬

다이어트 중인데 친구들과 외식을 하게 됐어. 칼로리 걱정 없이 먹을 수 있는 메뉴 좀 추천해줘.

🤖 💬

다이어트 중 친구들과의 외식에서 칼로리 부담을 덜어주는 추천 메뉴는 다음과 같아요:

🍚 한식

- 샤브샤브 (담백한 육수, 다양한 채소, 고기 양 조절 가능)
- 비빔밥 (밥은 절반으로, 나물과 채소 비중 높이기)
- 쌈밥정식 (야채로 포만감을 높이고, 쌈장은 소량으로)

🍣 일식

- 초밥 (밥 양을 줄이고 단백질 비중 높이기, 회 위주로)
- 생선구이 정식 (연어구이, 고등어구이 추천)
- 회덮밥 (밥 양 줄이고 야채 많이 넣기)

🍜 양식

- 샐러드볼 (닭가슴살, 아보카도, 병아리콩 들어간 메뉴 추천)
- 스테이크 샐러드 (드레싱은 오일 베이스로 소량만)
- 토마토 파스타 (크림보다는 토마토나 오일파스타로 선택)

🍽 기타 팁

- 가급적 튀김, 크림소스, 설탕 많은 메뉴 피하기
- 탄산음료 대신 탄산수, 허브티 선택
- 천천히 먹고, 친구들과 대화를 많이 하며 식사 속도 늦추기

이렇게 메뉴를 선택하면 칼로리 걱정 없이 친구들과의 외식을 즐길 수 있어요!

06 맞춤형 식단도 받고 주간 계획표도 마련했으니 이제 장기적으로 식단 관리를 성공적으로 유지하는 방법도 알아봐야겠죠? 챗GPT에게 다이어트 계획을 꾸준히 유지할 수 있는 조언을 받기 위해 다음과 같이 요청하겠습니다.

🧑‍💬

다이어트 식단을 꾸준히 유지하는 게 어려워. 지속 가능한 식습관을 위한 팁을 알려줘.

🤖💬

다이어트 식단을 꾸준히 유지하는 건 누구에게나 어려운 일이에요. 지속 가능한 식습관을 만들기 위한 현실적이고 효과적인 팁을 알려드릴게요.

1. 작고 쉬운 목표부터 설정하기

- 처음부터 완벽한 식단을 유지하려 하지 말고,
- 작은 변화(예: 물 마시기, 저녁엔 샐러드 추가하기) 부터 실천해 보세요.

2. '완벽함'보다 '균형'에 집중하기

- 가끔 과식하거나, 덜 건강한 메뉴를 먹더라도
- 죄책감 대신 다음 끼니에 건강하게 보완하면 됩니다.

3. 즐길 수 있는 건강식을 찾기

- 무조건 닭가슴살과 샐러드가 아니라, 입맛에 맞는 다양한 건강 메뉴를 개발해 보세요. (예: 연어 스테이크,

두부조림, 채소 카레 등)

...생략...

이렇게 하면 스트레스와 부담감을 덜 느끼고,

자연스럽고 건강한 식습관을 오랫동안 유지할 수 있을 거예요! 🦴😊

챗GPT를 활용하면 내 상황에 딱 맞춘 다이어트 식단을 손쉽게 설계할 수 있습니다. 프롬프트를 구체적으로 입력할수록 챗GPT가 제공하는 결과는 더욱 정확하고 만족스러워집니다. 또한 주간 식단표나 체크리스트 같은 실용적인 도구도 챗GPT가 빠르게 만들어주니 식단 관리가 훨씬 편리해지죠. 특히 예상치 못한 모임이나 이벤트 같은 돌발 상황에서도 챗GPT를 통해 효과적인 대안을 찾아볼 수 있답니다. 챗GPT와 꾸준히 소통하며 즐겁게 관리하면 다이어트 과정이 외롭지 않겠죠?

미친 활용 55 클로바노트, 챗GPT로 상담 기록 분석 후 계획 짜기

영양 관련 상담을 받을 때는 중요한 내용을 놓치지 않고 기록하는 것이 중요합니다. 하지만 모든 상담 내용을 꼼꼼하게 메모하는 건 쉽지 않죠. 이럴 때는 AI 음성기록 도구인 클로바노트^{ClovaNote}가 매우 유용합니다. 클로바노트는 음성으로 진행된 대화를 자동으로 텍스트로 변환해줄 뿐만 아니라 요약, 키워드 추출, 중요한 인사이트 정리 등 대화의 핵심을 빠르게 파악할 수 있도록 여러 방면으로 도와줍니다. 이번 실습에서는 영양 상담 내용이 녹음된 음성 파일을 클로바노트를 활용해 텍스트로 변환하겠습니다. 그리고 챗GPT를 활용하여 실제 상담 내용을 바탕으로 맞춤형 계획을 수립해보겠습니다.

01 클로바노트 홈페이지 clovanote.naver.com에 접속한 후 로그인하세요. 클로바노트는 네이버 도구이므로 네이버 계정이 있으면 누구나 활용할 수 있습니다.

02 왼쪽 사이드바에는 [마이크] 버튼과 [노트] 버튼이 있습니다. [마이크] 버튼은 실시간 음성 메모를 할 때, [노트] 버튼은 기존의 녹음 파일을 업로드하여 텍스트로 변환할 때 사용합니다. 실습 진행을 위해 [마이크] 버튼을 눌러서 음성 메모를 진행하세요. 저는 영양 상담 음성 메모를 진행하였습니다.

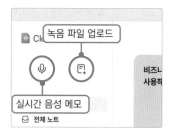

03 [새로운 노트]라고 표시된 부분에 '영양 상담 기록'이라고 입력하여 제목을 설정합니다. 음성 기록 입력창의 왼쪽 하단에서 언어 설정을 확인합니다. 기본값은 [한국어]로 설정되어 있지만 음성이 영어라면 [영어]로 변경해주세요. [파일 첨부] 버튼을 클릭하여 준비된 영양 상담 녹음 파일을 업로드합니다.

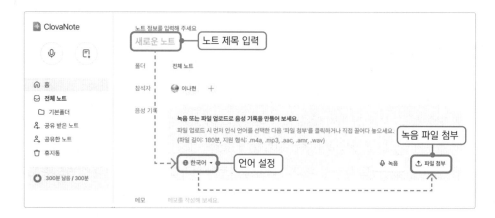

04 파일 업로드가 완료되면 클로바노트는 자동으로 해당 파일 음성을 분석하고 텍스트로 변환합니다. 이 과정에서 AI가 대화의 참석자가 몇 명인지 분석하고, 상담 내용을 문장 단위로 정리해서 보여줍니다. 또한 화면 하단에는 음성 듣기 바가 표시되어 필요할 경우 [재생] 버튼을 눌러 다시 들을 수도 있습니다.

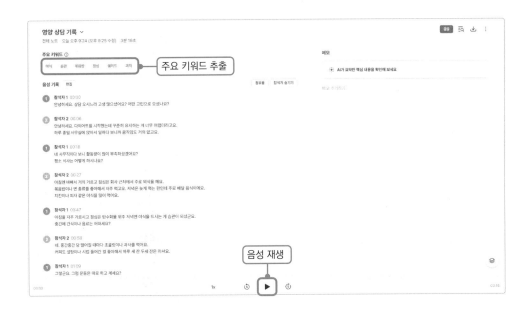

05 자동 변환된 텍스트가 원본 음성과 약간 다르게 변환될 수도 있습니다. 이럴 때는 아래 두 가지 방법으로 수정할 수 있습니다. 텍스트 오른쪽에 있는 [편집] 버튼을 눌러 직접 수정하거나, 특정 문장 위에 마우스를 올려 [: → 음성 기록 편집]을 눌러 내용을 수정하면 됩니다.

06 이제 AI 요약 기능을 활용하여 상담 내용을 빠르고 효율적으로 정리해보겠습니다. 메모 오른쪽에 있는 [AI가 요약한 핵심 내용을 확인해보세요]를 클릭합니다. AI 요약 기능은 한 달에 최대 15회를 제공하며, 요약 횟수는 매달 사용 시간과 함께 갱신됩니다. AI 요약 기능에 대한 안내 메시지를 확인 후 [요약하기] 버튼을 클릭합니다.

상담 내용에 대한 주요 주제 정리, 상담 후 실천해야 할 다음 할 일, 그리고 핵심 요약 내용이 단락별로 잘 정리되었습니다. 이렇게 AI 요약 기능을 활용하면 상담 내용을 하나하나 다시 들을 필요 없이 AI가 자동으로 정리해준 핵심 내용을 텍스트로 한눈에 확인할 수 있습니다.

07 AI 요약까지 완료되었다면 이제 상담 내용을 파일로 저장해보겠습니다. 화면 오른쪽 상단의 [다운로드] 버튼을 클릭하고 [음성 기록 다운로드]를 선택하여 저장할 파일 형식을 설정합니다. 원하는 형식과 포함할 정보를 선택한 후 [다운로드] 버튼을 누르면 저장이 완료됩니다. 우리는 챗GPT에 업로드하여 분석을 요청하는데 활용할 예정이므로 텍스트 문서(.txt)로 선택하여 다운로드하겠습니다.

08 이제 클로바노트에서 다운로드한 영양 상담 기록 파일을 챗GPT에 업로드해보겠습니다. 챗GPT는 텍스트 분석과 요약, 맞춤형 피드백 제공에 강력한 AI 도구이기 때문에 상담 내용을 더욱 효과적으로 활용하는 데 도움이 됩니다. 파일 업로드가 완료되면 챗GPT에게 다음과 같이 요청해보겠습니다.

> **TIP** 파일을 챗GPT에 업로드할 때는 대화창에 직접 업로드하거나 텍스트 파일을 열어 내용을 복사한 후 입력창에 붙여넣어도 됩니다. 두 방법 중 편한 방식으로 진행하세요.

🧑💬

내가 영양사와 상담한 음성 파일을 텍스트로 변환해서 첨부했어. 첨부한 텍스트 파일 내용을 분석해서 아래 내용을 정리해줘. 1. 나의 식습관 및 생활습관 특징, 2. 영양사가 제시한 맞춤 개선 방안, 3. 상담을 통해 얻을 수 있는 핵심 인사이트와 실천 가능한 팁. 지금 첨부한 텍스트 파일을 기준으로 위 항목을 중심으로 분석해줘.

🤖💬

첨부해 주신 텍스트를 분석한 내용을 바탕으로 정리해 드릴게요:

1. 나의 식습관 및 생활습관 특징

- **아침을 거의 먹지 않음** (바빠서 아침 식사를 자주 거름)

- 점심은 회사 근처에서 **볶음밥이나 면류** 같은 탄수화물 위주의 외식 선호

- **늦은 저녁 야식 습관이 있음** (치킨이나 피자 같은 고칼로리 배달 음식)

- 간식으로 **초콜릿, 과자** 등 당이 높은 간식을 자주 먹음
- **설탕이나 시럽이 들어간 커피를 하루 2~3잔 섭취**
- 운동량 부족 (평일 운동 거의 없고, 주말에 산책 정도)

2. 영양사가 추천한 맞춤 식단 및 건강관리 조언

- 아침을 거르면 혈당이 떨어져 오히려 식욕 증가를 유발하므로 간단하게라도 먹기 권장(예: 바나나 또는 삶은 달걀)
- 점심 메뉴를 **채소가 풍부한 현미밥, 정식, 비빔밥 등으로 변경** 권장
- 저녁 늦은 시간의 고칼로리 배달 음식 대신 **두부샐러드 또는 닭가슴살 샐러드 등 가벼운 식단**으로 대체 권장
- 간식으로는 초콜릿, 과자 대신 **견과류, 무가당 요거트** 권장
- 커피는 설탕이나 시럽 없이 마시는 것을 권장
- 운동은 무리하게 계획하지 말고, 매일 점심 후 10분씩 걷기와 **하루 5분 스트레칭**을 권장, 주말 산책 시간을 조금 더 길게 할 것을 추천
- 야식 욕구가 강할 때는 **허브티나 아몬드**를 소량 섭취하여 포만감 유지 및 수면 도움

3. 상담을 통해 얻을 수 있는 핵심 인사이트 및 실천 가능한 팁

- 아침을 거르는 습관이 오후의 식욕 증가로 이어져 체중 증가에 큰 영향을 미침을 깨달음
- 습관적으로 선택하는 점심 메뉴(볶음밥, 면)와 저녁의 배달 음식이 주요 문제였음을 인지하게 됨
- 설탕, 시럽이 든 커피와 초콜릿, 과자 같은 당 섭취 습관이 개선 필요
- 급격한 변화보다는 **지속 가능한 작은 변화와 습관**이 다이어트 성공의 핵심이라는 것을 깨달음

위 내용을 바탕으로 작은 습관부터 실천하면 건강하게 목표 달성에 가까워질 수 있습니다.

챗GPT가 정리해 준 상담 내용을 바탕으로 앞으로 개선해야 할 식습관 및 행동을 체계적으로 정리해보겠습니다. 챗GPT에게 습관 개선을 위한 맞춤형 가이드를 요청해봅시다.

상담 내용을 토대로 앞으로 실천해야 하는 습관을 표로 정리해줘.

상담 결과를 바탕으로 만든 앞으로 해야 할 **습관 개선 행동표**입니다:

구분	개선 전 습관	개선 후 실천할 습관
아침 식사	바빠서 자주 거름	바나나, 삶은 달걀 등 간단한 아침 챙겨 먹기
점심 식사	볶음밥, 면류 같은 탄수화물 위주 식사	현미밥 정식, 비빔밥 등 채소가 풍부한 메뉴 선택
저녁 식사	늦은 시간 치킨, 피자 등 고칼로리 배달음식	두부샐러드, 닭가슴살 샐러드로 변경

간식 습관	초콜릿, 과자 등 단 음식 위주 간식	견과류, 무가당 요거트 등 건강 간식으로 교체
음료 습관	설탕이나 시럽이 들어간 커피	설탕/시럽 없는 아메리카노 또는 허브티 마시기
운동 습관	주말에만 산책하는 정도	점심 식사 후 매일 10분 걷기, 하루 5분 스트레칭

이 표를 일상생활에서 눈에 잘 보이는 곳에 두고, 매일 체크하며 꾸준히 실천하면 목표한 건강한 다이어트와 좋은 습관 형성에 큰 도움이 될 거예요!

이처럼 챗GPT를 활용하면 영양 상담 내용을 단순히 기록으로만 끝내지 않고 실제 개선해야 할 내용을 한눈에 볼 수 있도록 체계적으로 정리할 수 있습니다.

이번 실습에서는 클로바노트와 챗GPT를 활용하여 영양 상담 기록을 더욱 효과적으로 활용하는 방법을 알아보았습니다. 클로바노트로 상담 기록을 빠르게 정리하고, 챗GPT를 활용하여 개선 전략까지 완성하면 상담 내용을 실생활에서도 적극 활용할 수 있습니다. 여러분도 AI의 도움을 받아 상담 내용을 바탕으로 나에게 맞는 실천 가능한 다이어트 전략을 만들어보세요.

이게 되네?

1000%노하우 음식 사진을 찍어서 올리면 칼로리를 알려주는 AI는 없나요?

건강한 식습관 관리를 돕는 다양한 앱들이 있지만 음식 사진은 대부분 기록용으로만 활용하며, AI가 자동으로 칼로리를 분석해주지는 않습니다. 에스크업^{Askup}은 음식 사진을 찍으면 해당 음식의 칼로리를 자동으로 분석해주는 '푸드렌즈' 기능을 보유하고 있는 AI 서비스입니다. 일반적인 식단 관리 앱처럼 상세한 기록 기능은 없지만, 카카오톡에서 친구 추가만 하면 간편하게 활용할 수 있다는 것이 장점입니다. 간단하고 편리한 칼로리 추적이 필요한 분들에게 도움이 될 것입니다.

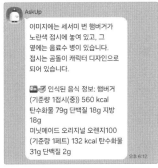

Chapter 16

온라인 강의 운영을 위한 AI 활용

온라인 강의를 운영하는 것은 단순히 강의를 촬영하고 업로드하는 것만으로는 끝나지 않습니다. 강의 자료 제작, 강의 콘텐츠 편집, 참고문헌 정리, 강의 영상 편집 등의 다양한 작업이 필요하죠. 하지만 이를 모두 수작업으로 진행하려면 시간과 에너지가 너무 많이 소모됩니다. 이럴 때 AI를 활용하면 전반적인 강의 운영 과정에 큰 도움이 됩니다. 강의 관련 유튜브 영상을 AI가 자동으로 요약해주거나 PDF 강의 자료를 빠르게 정리할 수 있으며, AI가 논문과 참고문헌을 추천하고 정리하여 강의의 신뢰도를 높일 수 있습니다. 그리고 강의 영상을 텍스트 기반으로 편집하여 시간과 노력을 절약할 수도 있죠. 이번 실습에서는 온라인 강의 운영에 필수적인 여러 작업을 AI를 활용해 진행해보겠습니다. AI와 함께 더욱 스마트한 강의 운영을 시작해볼까요?

- 릴리스 AI : 유튜브 영상의 핵심 내용을 자동 요약 및 정리

- 챗PDF : 강의 자료(PDF) 분석 및 요약, 주요 내용 도출

- 사이스페이스 : 논문 및 참고문헌 검색, 연구 자료 정리

- 디스크립트 : 텍스트 기반 영상 편집, 강의 영상의 불필요한 부분 자동 제거

릴리스 시로 유튜브 영상 요약하기

강의를 준비할 때 관련 유튜브 영상을 참고하는 일은 매우 흔합니다. 하지만 긴 영상에서 필요한 부분만 골라내려면 시간이 많이 들고 비효율적이죠. 예를 들어 '인공지능이 바꾸는 미래 일자리'라는 강의를 준비한다고 가정해봅시다. 이 주제에 대한 유튜브 강연이나 인터뷰 영상을 참고하려는데 영상이 너무 길어 핵심 내용만 빠르게 파악하고 싶다면 어떻게 해야 할까요? 이럴 때 릴리스^{Lilys} AI를 활용하면 유튜브 영상의 주요 내용을 AI가 자동으로 분석하고 요약해줘 매우 편리합니다.

01 강의 자료를 준비할 때 가장 먼저 해야 할 일은 관련 정보를 조사하는 것입니다. 이번 강의 주제와 관련된 정보를 얻기 위해 유튜브에서 관련 영상을 찾아보겠습니다. 먼저 유튜브에 접속합니다.

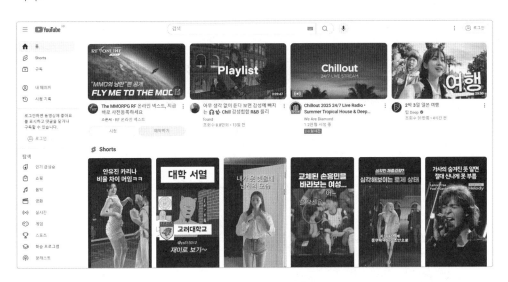

화면 상단 검색창에 '인공지능이 바꾸는 미래 일자리'를 입력합니다. 검색창 아래에는 입력한 검색어와 함께 유사한 키워드나 많이 검색된 연관 검색어가 나타납니다. 이는 유튜브 사용자들이 많이 찾는 키워드이므로 참고해서 더 효과적인 검색어를 입력하는 것도 좋은 방법입니다. 원하는 검색어를 입력한 후 돋보기 아이콘을 클릭해 검색을 실행합니다.

02 다양한 영상이 검색되었지만 가장 신뢰할 수 있는 자료를 찾기 위해 필터를 활용해보겠습니다. 오른쪽 상단의 [필터] 버튼을 누르면 검색 결과의 정렬 기준을 변경할 수 있습니다.

여기에서 [조회수]를 클릭하면 검색한 주제와 관련된 영상 중 조회수가 높은 순서대로 정렬됩니다. 조회수가 높을수록 많은 사람들이 시청한 영상이므로 신뢰도와 인기도를 고려하여 선택하는 데 도움이 됩니다.

03 조회수가 가장 높은, 즉 목록의 맨 위에 있는 영상을 클릭합니다.

영상 화면 하단에 있는 [공유] 버튼을 클릭합니다.

[게시물로 공유]창이 나타나며 해당 영상의 링크가 표시됩니다. [복사] 버튼을 클릭하면 영상 링크가 복사됩니다.

04 이제 릴리스 AI를 활용하여 복사한 유튜브 영상의 내용을 요약해보겠습니다. 릴리스 AI의 공식 홈페이지 https://lilys.ai에 접속한 후 로그인 화면 오른쪽 하단의 [구글로 시작하기] 버튼을 클릭하여 구글 계정으로 로그인합니다. 로그인 절차를 완료하면 릴리스 AI의 첫 화면으로 자동으로 이동됩니다.

화면 중앙의 입력박스에 아까 복사한 유튜브 영상의 링크를 붙여넣고 [요약하기] 버튼을 클릭합니다.

언어를 설정하는 창이 나타나면 [한국어]를 선택하고 [요약하기] 버튼을 눌러 AI가 영상을 분석하고 요약을 시작하도록 합니다.

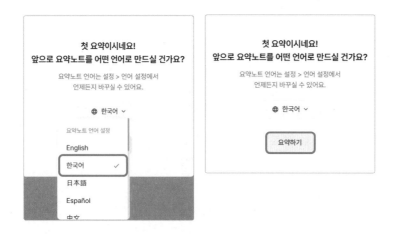

05 이제 요약본을 확인하며 강의 자료로 활용할 핵심 내용을 정리해보겠습니다. 왼쪽에는 AI가 정리한 요약본이 타임라인에 맞춰 정리된 텍스트로 표시되고, 오른쪽에는 실제 유튜브 영상이 함께 나타납니다. 따라서 요약된 내용을 보면서 필요한 부분은 영상으로도 직접 확인할 수 있습니다.

[핵심 용어] 섹션의 [더 보기] 버튼을 클릭하면 오른쪽의 유튜브 영상 화면이 [스크랩] 화면으로 변경되며, 영상의 주요 키워드와 개념이 정리된 형태로 나타나 핵심 내용을 파악하기에 편리합니다.

또한 정리된 텍스트에는 영상의 출처가 명확하게 표시되어 해당 부분의 원본 스크립트까지 제공되기 때문에 필요하면 언제든지 영상을 다시 보며 확인할 수 있다는 장점이 있습니다.

- **멀티모달** AI는 텍스트뿐만 아니라 이미지, 동영상 등을 처리할 수 있으며, 이는 앞으로 모든 거대 AI의 기본이 될 것이다. [2-1]
- AI가 서비스를 유지하려면 멀티모달이 필수적이며, 복합 데이터가 대부분이기 때문에 텍스트 데이터만으로는 한계가 있다. [2-8]
- **학습 데이터**의 고갈이 문제인데, 텍스트만으로 학습하는 AI는 더 이상의 데이터를 얻기 어려워 발전이 힘들다. [2-15]
- 멀티모달 AI는 동영상 등의 데이터를 통해 학습 데이터의 고갈 문제에서 벗어날 수 있다. [2-18] ⊕
- AI의 목표는 **AGI**(Artificial General Intelligence)를 이루 통한 학습이 필요하다. [2-19]

[source]: "그런데 멀티모달로 가면 동영상은 텍스트에 몇 십 배, 몇백 배가 되지 않습니까? 자료 양이 그러니까 멀티모달로 가게 되면 학습 데이터의 고갈에서 피할 수가 있는 거죠. "

이게 되네?

1000% 노하우 영상을 마인드맵으로 요약할 수 있다고요?

릴리스 AI의 또 다른 강점은 텍스트 요약뿐만 아니라 마인드맵을 자동으로 생성해 준다는 점입니다. 강의 자료를 준비할 때 마인드맵을 활용하면 내용을 효과적으로 시각화할 수 있어 학습자들이 쉽게 이해할 수 있습니다. 릴리스 AI의 영상 요약본 화면에서 [마인드맵] 버튼을 클릭하면 AI가 자동으로 영상 내용을 분석하여 마인드맵을 생성해줍니다. 이는 텍스트 없이도 강의 내용을 한눈에 정리할 수 있어 강의 슬라이드나 학습 자료를 구성할 때 매우 유용합니다.

06 릴리스 AI는 단순 영상 요약뿐만 아니라 해당 영상과 관련된 주제에 대해 자동으로 질문을 생성하고 새로운 글을 작성해주는 기능도 제공합니다. 릴리스 AI의 영상 요약본 화면을 아래로 스크롤하면 [이해 확장] 섹션이 나타납니다. 예를 들어 분석한 영상의 주제가 'AI는 인간을 대체할 것인가?'라면 AI는 관련된 질문을 자동으로 몇 가지 생성합니다. 여기서 새로고침 버튼을 클릭하면 새로운 질문을 계속해서 생성할 수도 있습니다. 여기서는 질문 중 [AI와 인간의 협력적 관계는 어떻게 형성될 것인가?]를 선택하겠습니다.

특정 질문을 클릭하면 화면에 [edited by 사용자이름]이라는 메시지와 함께 AI가 글을 생성하는 로딩 화면이 나타납니다. 릴리스 AI는 영상 속 정보만을 바탕으로 요약만 하는 것이 아니라, 웹상의 추가 자료를 찾아 관련 주제를 확장하여 새로운 글을 자동으로 작성해주기도 합니다.

> **TIP** 완성된 글은 출처도 함께 제공되므로 더 자세한 내용을 추가로 확인하거나 자료의 신뢰도를 검토할 수 있습니다.

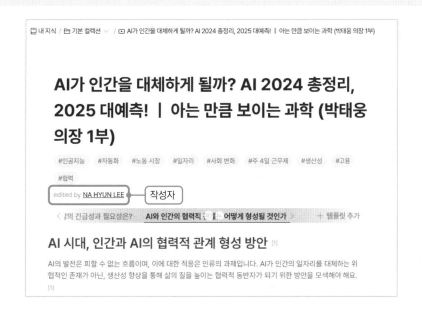

07 작성된 글을 문서 파일로 저장하려면 화면 오른쪽 상단의 [내보내기] 버튼을 클릭하면 됩니다. PDF 등 다양한 형식으로 다운로드할 수 있지만, 이 기능은 유료 플랜 사용자에게만 제공됩니다. 하지만 무료 플랜 사용자에게도 작성된 글을 활용할 수 있는 방법이 있습니다.

작성된 글의 하단에는 복사 아이콘이 있습니다. 이 아이콘을 클릭하면 전체 노트 내용을 한 번에 복사할 수 있습니다. 복사한 내용을 강의 자료 화면에 붙여넣어 활용하면 강의 준비 과정이 훨씬 효율적이겠죠?

유튜브 강의 영상을 하나하나 시청하면서 강의 자료를 준비하는 것은 많은 시간이 소요됩니다. 하지만 릴리스 AI를 활용하면 긴 영상을 AI가 자동으로 요약하고 핵심 용어와 마인드맵을 시각적으로 정리해줄 뿐만 아니라, 관련 주제를 확장하여 새로운 콘텐츠까지 생성할 수 있습니다. 이를 통해 강의 자료를 보다 빠르고 효과적으로 준비하여 학습자들에게 더욱 깊이 있는 정보를 제공해보세요.

미친 활용 57 챗PDF로 강의 자료 빠르게 준비하기

강의를 준비할 때는 관련된 연구 보고서나 논문, 책, 백서 등을 참고하는 일이 많습니다. 하지만 방대한 양의 자료를 하나하나 읽고 정리하는 것은 시간도 많이 걸리고 핵심 내용을 빠르게 파악하기 어려울 때가 많습니다. 예를 들어 '인공지능이 바꾸는 미래 일자리'라는 강의를 준비한다고 하면 먼저 이 주제에 대한 최신 연구 보고서, 정부 보고서, 기업 백서, 학술 논문 등을 조사해야 하지만 PDF 문서가 너무 많고 어디서부터 어디까지 읽어야 할지 막막합니다. 이렇게 긴 문서에서 강의에 필요한 핵심 내용만 빠르게 정리하고 싶다면 어떻게 해야 할까요? 챗PDF를 활용하면 PDF 문서의 주요 내용을 AI가 자동으로 분석하고 요약해줍니다.

01 먼저 구글에 접속해 PDF 형식의 연구 보고서를 검색합니다. 구글 검색 결과는 보통 다양한 웹 페이지로 이루어져 있지만 우리가 원하는 것은 PDF 형식의 문서입니다. 이때는 검색 시 별도의 연산자 기호를 활용하면 원하는 문서를 훨씬 쉽게 찾을 수 있습니다. **구글 검색창에 'AI와 일자리 변화 filetype:pdf'를 입력하고 검색합니다. 이는 'AI와 일자리 변화'라는 검색어가 포함된 PDF 파일만을 검색하라는 뜻입니다.**

검색 결과를 확인하면 해당 검색어와 관련된 내용이 포함된 PDF 파일만 표시됩니다. 검색된 문서 중 'AI 시대, 일자리의 미래와 미래의 일자리'라는 제목의 보고서를 클릭하면 바로 PDF 다운로드가 진행됩니다. 이제 다운로드한 PDF 파일을 챗PDF를 활용하여 요약하고 필요한 정보를 추출해보겠습니다.

02 챗PDF 웹사이트 www.chatpdf.com/ko에 접속합니다. 먼저 왼쪽 메뉴바 중앙의 [로그인] 버튼을 클릭합니다. 구글 계정이 있다면 간편하게 로그인할 수 있습니다.

03 로그인을 완료한 후 화면 중앙의 업로드 박스에 방금 다운로드한 PDF 파일을 드래그 앤 드롭으로 업로드합니다.

04 그럼 화면 왼쪽에는 PDF 파일 원본이, 오른쪽 채팅 화면에는 AI가 자동으로 PDF의 주요 내용을 요약하여 표시합니다. 챗PDF가 해당 문서를 자동으로 분석한 후에는 몇 가지 예시 질문을

제시하는데, 먼저 [이 리포트를 요약해줄 수 있어?]라는 질문을 선택해보겠습니다.

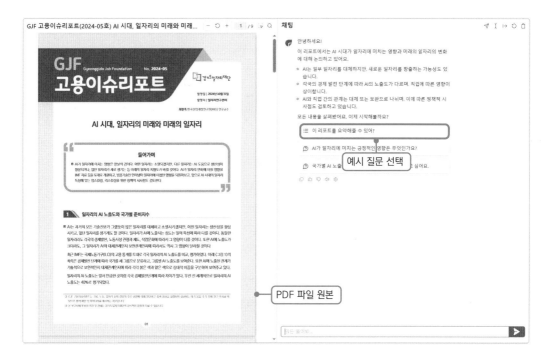

그럼 업로드한 PDF의 전체 내용을 분석한 후 핵심 내용을 요약하여 정리해줍니다. 요약된 내용을 보면 각 문장이 원본 문서의 몇 페이지에서 가져온 것인지 숫자 넘버링으로 표기되어 있습니다. 이 숫자를 클릭하면 원문의 해당 페이지로 바로 이동해 확인할 수 있습니다.

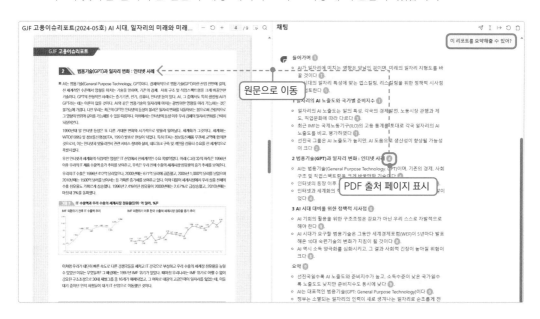

05 이번에는 앞의 예시 질문 중 세 번째 예시 질문을 선택해보겠습니다. [국가별 AI 노출도가 어떻게 다른지에 대해 더 알고 싶어요]를 선택합니다.

그럼 AI가 보고서를 다시 분석한 후 국가별 AI 기술 도입 및 일자리 변화의 차이점을 정리하여 보여줍니다. 마찬가지로 출처 번호를 클릭하면 해당 PDF 페이지로 이동하여 원본 내용을 확인할 수 있습니다.

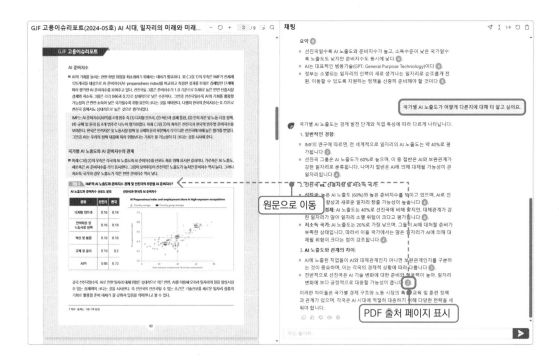

06 이번에는 AI에게 직접 질문해보겠습니다. 채팅창에 '인공지능이 미래의 일자리를 바꿀 수 있을까?'라고 물어보세요.

AI는 업로드된 PDF 파일의 내용을 기반으로 해당 주제에 대해 요약 정리된 답변을 제공합니다.

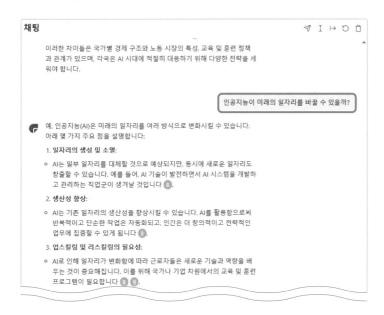

이처럼 챗PDF를 활용해 특정 강의에서 필요한 정보를 빠르게 찾아 정리하면 강의 자료로 활용할 수 있어 매우 효과적입니다.

07 마지막으로 지금까지 챗PDF에서 정리한 파일을 저장하겠습니다.

먼저, 화면 오른쪽 상단에 있는 I아이콘을 클릭하여 채팅 파일의 이름을 '인공지능과 미래의 일자리'로 변경한 후 [확인]을 누릅니다.

08 이어서 저장된 채팅 내용을 파일로 다운로드하겠습니다. 화면 오른쪽 상단의 ⇥ 아이콘을 클릭하여 채팅 내보내기 기능을 실행하면 TXT(텍스트 파일) 형식으로 저장할 수 있습니다. 이렇게 저장한 파일을 열어 강의 자료 문서에 추가하거나 필요한 내용을 복사하여 PPT 슬라이드에 활용하면 됩니다.

이처럼 챗PDF를 활용하면 방대한 PDF 문서라도 AI가 자동으로 요약해주고 원하는 내용을 바로 찾아 정리해주므로 강의 준비 시간을 획기적으로 단축할 수 있습니다. 또한 출처 기능을 통해 원본 문서를 직접 확인할 수 있으므로 신뢰도 면에서도 큰 장점입니다. 여러분도 챗PDF를 활용하여 강의에 필요한 PDF 문서를 분석하고 핵심 내용을 요약하여 효과적으로 활용해보세요!

미친 활용 58 사이스페이스로 참고문헌 검색 및 정리하기

강의를 준비할 때는 신뢰할 수 있는 최신 연구 논문과 공식 참고문헌을 활용하는 것이 가장 중요합니다. 예를 들어 '인공지능이 바꾸는 미래 일자리'라는 주제로 강의를 준비한다고 가정해봅시다. 이 주제를 뒷받침하기 위해 논문, 학술지, 보고서 등 방대한 자료 속에서 필요한 정보를 직접 정리하는 것은 쉽지 않습니다. 이럴 때 사이스페이스^{SciSpace}를 활용하면 논문 검색부터 핵심 내용 요약까지 AI가 자동으로 분석해줘 강의에 필요한 참고문헌을 쉽게 정리할 수 있습니다.

01 강의를 준비할 때 공식 연구 논문을 활용하면 논지의 근거를 명확히 할 수 있고 최신 연구 동향도 반영할 수 있어 효과적입니다. 이를 위해 먼저 사이스페이스 홈페이지 scispace.com에 접속합니다. 화면 오른쪽 상단의 [로그인] 버튼을 클릭한 후 구글 계정으로 간편하게 로그인할 수 있습니다.

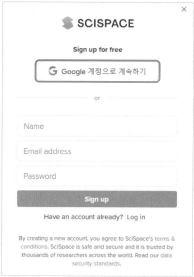

02 메인 화면 중앙이 있는 검색창에 찾고자 하는 주제를 입력합니다. 여기서는 'AI가 일자리 변화에 미치는 영향'이라고 검색하겠습니다. 무료 플랜을 사용하고 있다면 검색 옵션을 [Standard]로 설정하고 오른쪽 화살표 버튼을 눌러 참고문헌을 검색합니다.

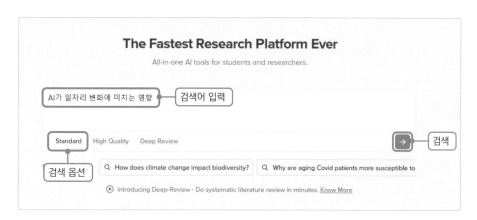

03 입력한 키워드와 관련된 참고문헌 검색 결과가 나타납니다. 한국어로 검색했지만 AI는 영어로 된 연구 논문과 참고문헌을 찾아서 보여줍니다. 검색 결과를 한국어로 확인하고 싶다면 검색창 오른쪽에 있는 ⊕en▾ 버튼을 클릭해 언어를 한국어로 설정하면 됩니다. [Search language]에서 [Korean (ko)]을 선택하면 주요 참고문헌의 요약과 관련 논문의 핵심 내용을 한국어로 확인할 수 있습니다.

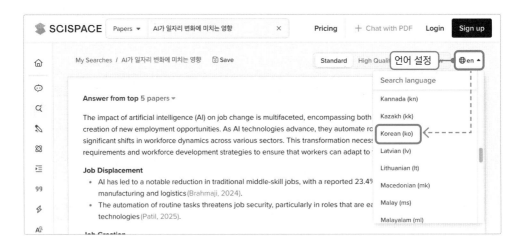

04 검색된 참고문헌 중에서 PDF로 다운로드할 수 있는 논문을 확인해보겠습니다. ❶ 스크롤바를 내려서 ❷ 검색 결과에서 [PDF] 옵션을 체크하면 PDF 형식으로 제공되는 논문만 필터링되어 나타납니다. ❸ 논문을 정렬하고 싶다면 인용 횟수나 발간 연도를 기준으로 정렬할 수 있습니다.

05 이제 선택한 참고문헌의 내용을 노트에 정리해 보겠습니다. 논문 목록에서 원하는 논문의 [Insights] 부분으로 마우스를 이동하면 [Save to Notebook] 버튼이 나타납니다. 버튼을 클릭하면 화면 왼쪽에 [My first notebook]이 생성되고 선택한 논문의 요약 내용이 자동으로 노트에 추가됩니다.

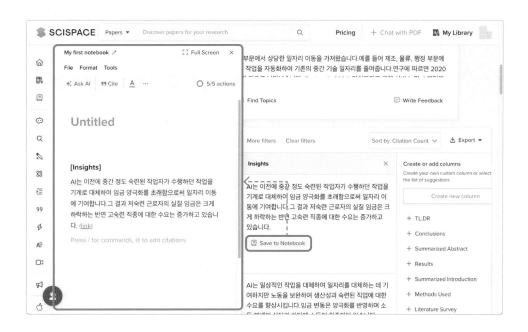

06 노트에는 AI가 자동으로 논문의 핵심 내용을 정리해주지만 추가로 내용을 작성할 수도 있습니다. AI가 생성한 내용을 확인한 후 키보드의 `Tab` 키를 누르거나 화면의 [Accept Suggestion] 버튼을 클릭하면 AI가 제안한 내용이 노트에 적용됩니다. 내용을 추가로 작성하고 싶다면 AI가 자동으로 다음 문단을 생성해주기 때문에 계속해서 내용을 확장할 수 있습니다.

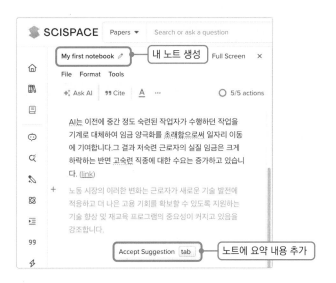

07 서론이나 결론 부분을 AI가 자동으로 작성하도록 시킬 수도 있습니다. 노트 상단의 [Ask AI] 버튼을 클릭한 후 [Write Introduction]을 선택하면 AI가 논문의 서론을 기반으로 강의에 활용할 수 있는 내용을 자동으로 생성해줍니다.

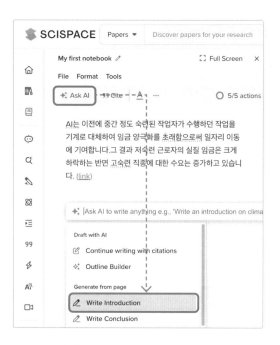

08 이번에는 논문에서 필요한 인용을 추가해봅시다. 인용을 추가하려면 레퍼런스를 넣고 싶은 문장의 끝에 커서를 위치시킨 후 노트 메뉴 상단의 [Cite] 버튼을 클릭합니다. 그러면 [Find references] 창이 나타나며, 여기에서 [Suggestions]를 클릭하면 해당 문장과 관련된 논문 목록이 자동으로 추천됩니다. 제목, 저자, 출판 연도를 확인한 후 적절한 참고문헌을 선택하면 해당 문장에 인용이 적용됩니다.

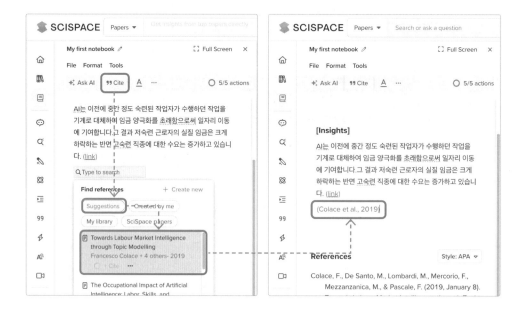

추가된 참고문헌은 본문에 자동으로 삽입되고 노트 하단의 [References] 섹션에도 함께 정리됩니다. 참고문헌 스타일을 변경하려면 [Style: APA] 버튼을 클릭하여 MLA, Chicago 등 원하는 형식으로 수정할 수도 있습니다.

09 이제 작성한 노트에 제목을 추가하겠습니다. 현재 노트의 기본 제목은 [Untitled]로 설정되어 있습니다. 마우스를 제목 부분에 가져가면 AI가 작성된 노트의 내용을 분석하여 적절한 제목을 자동으로 추천해줍니다. 제목을 확인한 후 [Accept Suggestion] 버튼을 클릭하거나 **Tab** 키를 누르면 AI가 제안한 제목이 자동으로 적용됩니다. 물론 AI가 추천한 제목을 그대로 사용할 수도 있지만, 필요에 따라 조금 더 명확한 제목으로 수정하는 것도 가능합니다. 또한 노트를 큰 화면에서 더욱 편리하게 확인하고 싶다면 화면 오른쪽 상단의 [Full Screen] 버튼을 클릭하여 전체 화면 모드로 전환할 수도 있습니다.

7000% 노하우   사이스페이스의 유료 기능은 무료 기능과 무슨 차이가 있나요?

사이스페이스는 무료 플랜과 유료 플랜 간의 기능 차이가 다소 있습니다. 유료 플랜을 사용하면 인용된 참고 문헌의 리스트를 자유롭게 확인할 수 있으며, 작성된 노트를 워드(.docx) 파일로 다운로드할 수도 있습니다. 그러나 무료 플랜에서는 참고문헌 리스트가 일부 가려져 있어 [Unlock references] 버튼을 클릭해야만 추가 적인 정보를 확인할 수 있습니다. 무료 사용자도 참고문헌의 일부 정보를 볼 수 있지만 완전한 인용 목록을 확인 하려면 유료 플랜이 필요합니다. 만약 형식이 갖춰진 논문을 작성하고 파일로 완성해야 한다면 유료 플랜을 이용하는 편이 좋습니다. 유료 플랜을 사용하면 참고문헌을 포함한 전체 논문 파일을 다운로드하고 워드 문 서(.docx)로 내보낼 수 있으며, 자동 인용 기능도 완벽하게 활용할 수 있습니다.

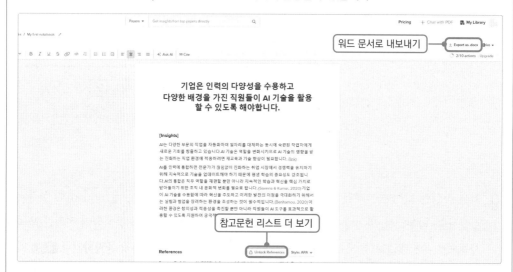

하지만 강의 자료를 준비하는 과정에서 참고문헌의 내용을 보충하기 위한 용도라면 무료 플랜만으로도 충 분합니다. 무료 플랜 사용자라면 검색창 하단에 바로 나타나는 [Answer from top 5 papers] 기능을 사용 하면 입력한 주제에 대한 핵심 요약과 관련된 참고문헌 리스트 5개가 함께 제공됩니다. 여기에서 AI가 자동 으로 정리한 내용을 활용하여 강의 자료를 보충하거나 논문 내용을 참고문헌으로 정리할 수 있습니다. 또한 인용된 참고문헌을 클릭하면 해당 논문 리스트로 바로 이동할 수 있습니다.

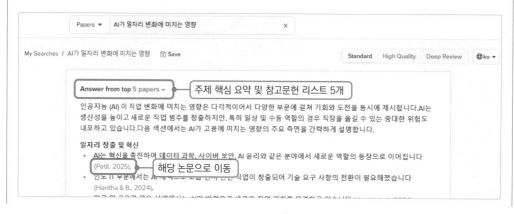

논문의 핵심 요약은 [Insights] 섹션에서 확인할 수 있으며, 논문의 전체 정보를 보고 싶다면 왼쪽의 논문 상세 정보 페이지에서 확인할 수 있습니다.

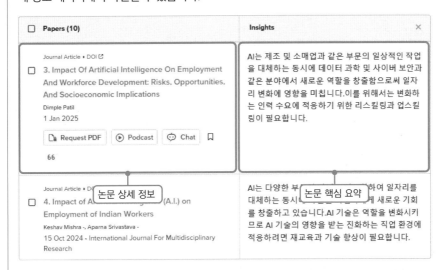

신뢰 있는 강의를 만들기 위해 논문과 참고문헌을 검색하는 과정은 매우 중요하지만 시간이 매우 오래 걸리는 작업이기도 하죠. 사이스페이스를 활용하면 최신 연구 논문을 손쉽게 검색해 논문의 핵심 내용을 AI가 자동으로 정리해주며, 참고문헌까지 정리할 수 있어 강의 준비 시간이 획기적으로 줄어듭니다. 유료 플랜도 여러 좋은 기능을 사용할 수 있지만 무료 플랜을 사용하더라도 핵심 내용을 요약하고 강의 자료를 보충하는 데는 충분히 활용할 수 있습니다. 사이스페이스를 활용하여 여러분의 강의 주제와 관련된 연구 논문을 찾아보고, 신뢰도 높은 강의 자료를 만들어보세요.

미친 활용 59 디스크립트로 영상 수정 텍스트로 하기

강의 영상이나 프레젠테이션 촬영본에서 불필요한 부분을 잘라내거나 실수한 부분을 수정하는 편집 작업은 사실 매우 번거로운 일이죠. 특히 음성을 기반으로 하는 강의 영상이라면 일일이 영상을 확인하며 컷 편집을 하는 것은 시간과 에너지를 너무 많이 소모하여 번거롭습니다. 특히 촬영 중간에 불필요한 '음~', '어~' 같은 군더더기 말이나 내용을 잘못 말한 경우 영상 일부를 삭제해야 할 때가 있습니다. 기존의 영상 편집 프로그램에서는 타임라인을 보며 일일이 직접 편집해야 하지만 디스크립트를 활용하면 영상 속 음성을 변환한 텍스트를 수정하는 것만으로 영상 편집을 손쉽게 할 수 있습니다. 즉, 텍스트 기반 영상 편집이 가능하기 때문에 마치 문서를 편집하듯이 영상 편집을 할 수 있어 편집 속도도 훨씬 빨라집니다.

01 디스크립트 홈페이지 descript.com에 접속하고 화면 오른쪽 상단의 [Sign Up] 버튼을 클릭한 후 로그인합니다. 구글 계정을 사용하면 간편하게 로그인할 수 있습니다.

> **TIP** 로그인이 완료되면 몇 가지 사용자 정보를 입력하는 과정이 진행됩니다. 이 과정도 모두 진행해주세요.

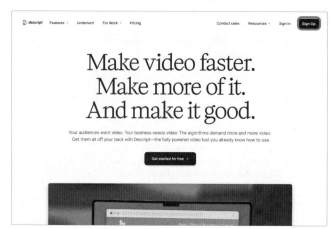 

02 플랜을 선택하는 단계에서는 무료를 선택합니다.

> **TIP** 고급 기능이 필요하다면 이후에 유료 플랜으로 전환해도 되지만 처음에는 무료 플랜을 먼저 사용해보는 것이 좋습니다.

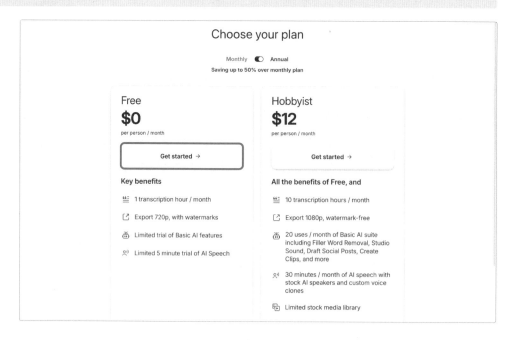

03 팀 멤버를 추가할 것인지 묻는 단계에서는 혼자 실습할 것이므로 별도의 팀원을 추가하지 않고 [Skip, I'll do it later]를 눌러 다음 단계로 이동하겠습니다. 사용자 추가는 프로젝트를 시작한 이후에도 변경할 수 있습니다.

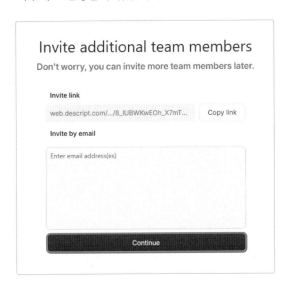

04 설정이 끝나면 대시보드 화면으로 이동합니다. [New Project → Video project]를 눌러 프로젝트를 생성합니다.

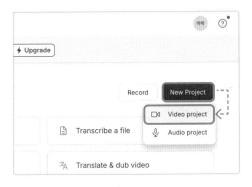

05 그러면 파일을 업로드할 수 있는 화면이 나타납니다. 왼쪽에 동영상 파일을 드래그 앤 드롭하여 업로드하세요. 이때 언어는 [Auto]로 지정하고 잠시 기다리면 영상 업로드와 함께 스크립트를 만드는 과정이 진행됩니다.

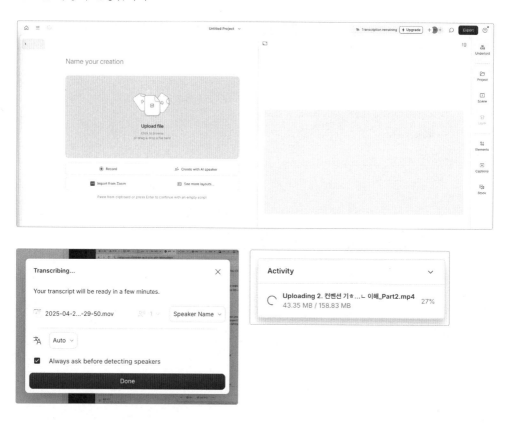

06 파일을 업로드하면 왼쪽에는 음성을 기반으로 하여 만든 스크립트가, 오른쪽에는 현재 선택한 스크립트에 해당하는 미리보기 화면이 보입니다. 이 상태에서 스크립트를 수정할 수 있습니다.

> **TIP** 디스크립트는 아직 한글 지원이 완전하지 않습니다. 하지만 어느 정도 한글을 만들어준다는 선에서는 유용하므로 한번 경험해보기 바랍니다.

07 본격적으로 텍스트를 활용해 영상 수정 작업을 진행해보겠습니다. 기존 영상 편집 방식에서는 타임라인을 보면서 일일이 컷 편집을 해야 하지만, 디스크립트를 사용하면 문서를 수정하듯이 텍스트만 편집하면 됩니다. 먼저 영상의 시각적 구성을 조정하기 위해 장면(Scene)을 구분해보 겠습니다.

영상 내용이 전환되는 부분에 '/' 기호를 입력하면 장면이 자동으로 구분됩니다. 왼쪽 메뉴바 를 보면 각 장면이 구분되어 섬네일로 정리되는 것을 확인할 수 있습니다. 더 정밀한 편집이 필 요하다면 영상의 타임라인을 함께 확인하면서 작업하는 것이 좋습니다. 화면 하단의 [Show timeline]를 클릭하면 영상의 타임라인이 표시되어 보다 직관적인 편집이 가능합니다.

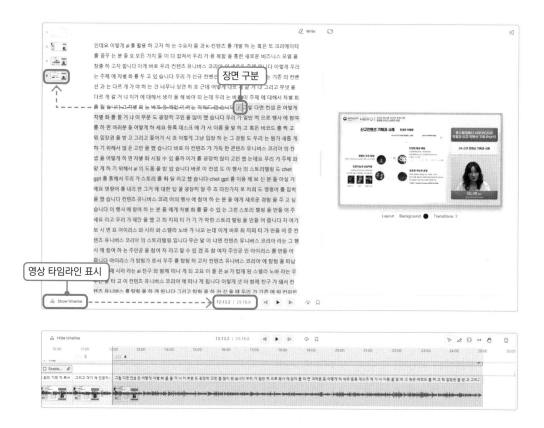

08 이제 텍스트를 수정하여 영상을 편집해보겠습니다. 불필요한 부분을 삭제하려면 삭제하고자 하는 텍스트를 마우스로 드래그한 후 키보드에서 Delete 키를 누르면 해당 텍스트가 삭제되며, 해당 부분 영상도 함께 삭제됩니다.

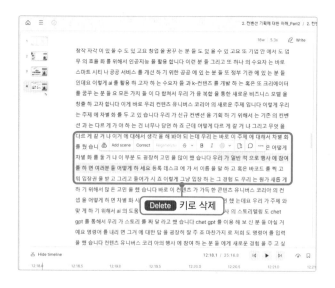

또는 텍스트를 선택했을 때 나타나는 메뉴바 오른쪽의 ⋯ 버튼을 클릭한 후 [Cut]을 선택하면 선택한 텍스트가 삭제되면서 해당 구간의 영상도 함께 잘려나갑니다. 그 외에도 이 메뉴에서 복사, 붙여넣기 등 여러 가지 기능을 사용할 수 있습니다.

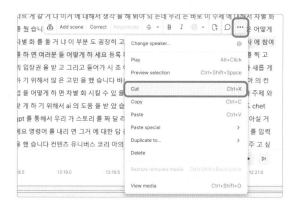

편집된 부분은 왼쪽 스크립트 화면에서 [¦] 기호로 표시됩니다. 영상 하단의 타임라인 바에서도 편집된 부분을 확인할 수 있습니다.

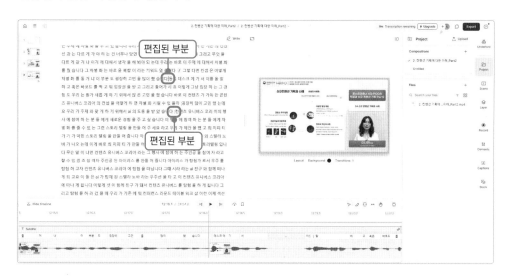

09 영상 편집이 완료되었으니 [Export] 버튼을 클릭해 영상을 내보냅니다. 화면 오른쪽 상단의 [Export] 버튼을 클릭하고 [Video]를 선택합니다. 그럼 [Destination]에서 저장할 위치를 설정할 수 있습니다. 이번에는 영상을 구글 드라이브에 저장해보겠습니다.

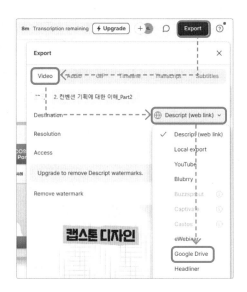

[Google Drive] 옵션이 선택된 상태에서 파일 이름을 변경하려면 [Name] 입력란에 원하는 이름을 입력합니다. 모든 설정이 완료되면 [Sign in to Google] 버튼을 클릭하여 구글 드라이브에 저장합니다.

파일 이름 입력

기존 방식대로 영상을 편집하려면 타임라인을 확인하고 삭제할 부분을 찾아 시간을 체크한 후 반복해서 돌려보는 과정에 많은 시간과 에너지가 소요되었습니다. 그러나 디스크립트를 사용하면 단순히 텍스트만 수정해도 영상이 함께 편집되므로 작업 시간이 상당히 단축되며, 편집 과정도 훨씬 직관적이고 간편합니다. 결과적으로 시간과 에너지를 절약할 수 있으며, 편집 스트레스도 크게 줄어듭니다. 여러분도 디스크립트를 활용하여 텍스트로 간편하게 영상 편집을 시작해보세요.

이게 되네?

챗GPT 미친 기획 × 마케팅 59제

노션 AI, 리스틀리, 구글 트렌드, 퍼플렉시티, 미리캔버스,
달리, 코파일럿 디자이너, 캔바 등 50여 가지 업무 자동화 일잘러 AI 도구 활용

1판 1쇄 발행 2025년 6월 1일

지은이 이나현, 황성민
펴낸이 최현우 · **기획** 박현규 · **편집** 박현규, 김성경, 최혜민
디자인 안유경 · **조판** SEMO
마케팅 버즈 · 피플 최순주

펴낸곳 골든래빗(주)
등록 2020년 7월 7일 제 2020-000183호
주소 서울 마포구 양화로 186 LC타워 4층 449호
전화 0505-398-0505 · **팩스** 0505-537-0505
이메일 ask@goldenrabbit.co.kr
홈페이지 www.goldenrabbit.co.kr
SNS facebook.com/goldenrabbit2020

ISBN 979-11-94383-29-1   93000

* 파본은 구입한 서점에서 바꿔드립니다.

우리는 가치가 성장하는 시간을 만듭니다.

골든래빗은 가치가 성장하는 도서를 함께 만드실 저자님을 찾고 있습니다.
내가 할 수 있을까 망설이는 대신, 용기 내어 골든래빗의 문을 두드려보세요.
apply@goldenrabbit.co.kr

GOLDEN RABBIT

골든래빗
바로가기